**本书受以下项目资助：**

教育部人文社会科学基金项目（20YJC890050）

山西省哲学社会科学规划课题（2019B168）

山西省高等学校科技创新项目（2019L0477）

山西省高等学校哲学社会科学研究项目（201803077）

山西省体育科研课题(19TY126)

山西省经济社会统计科学研究课题（KY[2020]064）

| 国 | 研 | 文 | 库 |

# 区域旅游创新研究

周 成 ——— 著

光明日报出版社

**图书在版编目（CIP）数据**

区域旅游创新研究 ／ 周成著 . －－北京：光明日报
出版社，2021.5

ISBN 978 - 7 - 5194 - 5967 - 3

Ⅰ.①区… Ⅱ.①周… Ⅲ.①区域旅游—旅游业发展
—研究—中国 Ⅳ.①F592.7

中国版本图书馆 CIP 数据核字（2021）第 068214 号

## 区域旅游创新研究

QUYU LÜYOU CHUANGXIN YANJIU

著　　者：周　成

责任编辑：陆希宇　　　　　　　　责任校对：刘欠欠

封面设计：中华联文　　　　　　　责任印制：曹　诤

出版发行：光明日报出版社

地　　址：北京市西城区永安路 106 号，100050

电　　话：010 - 63169890（咨询），010 - 63131930（邮购）

传　　真：010 - 63131930

网　　址：http://book.gmw.cn

E - mail：luxiyu@gmw.cn

法律顾问：北京德恒律师事务所龚柳方律师

印　　刷：三河市华东印刷有限公司

装　　订：三河市华东印刷有限公司

本书如有破损、缺页、装订错误，请与本社联系调换，电话：010 - 63131930

开　　本：170mm×240mm

字　　数：237 千字　　　　　　　印　　张：16

版　　次：2021 年 5 月第 1 版　　印　　次：2021 年 5 月第 1 次印刷

书　　号：ISBN 978 - 7 - 5194 - 5967 - 3

定　　价：95.00 元

# 前　言

　　创新作为促进经济可持续发展的动力、转变经济发展方式的推手，近年来受到我国各级政府、企业和高校的广泛重视。党的十八大报告明确提出要实施创新驱动发展战略，强调科技创新是提高社会生产力和综合国力的战略支撑，必须摆在国家发展全局的核心位置。《"十三五"旅游业发展规划》也指出，我国旅游业要坚持以创新驱动为发展原则，将创新作为我国旅游业发展的新动能，通过理念创新、产品创新、业态创新、技术创新、主体创新等，以构建我国旅游发展新模式、扩大旅游产品新供给、拓展旅游发展新领域、打造旅游发展新引擎、提高旅游发展新能效。

　　当前，我国已进入全民旅游、散客旅游及自驾旅游为主的新阶段，旅游产业在经济社会发展中发挥着越来越重要的作用。然而，在旅游经济快速发展的同时，也面临着产业发展方式粗放、产品科技含量较低、市场供需结构错位、管理体制束缚明显等问题，迫切需要从资源和低水平要素驱动向创新驱动方向转变。此外，传统的以抓点方式为特征的"景点旅游"已难以满足现代大旅游的发展需求，现实要求我们必须从景点旅游模式转变为全域旅游模式，进行旅游发展战略的再定位。而全域旅游战略推进和全域旅游目的地建设是一场具有深远意义的变革，需要运用创新思维、创新理念、创新行动与创新科技来加以实施。

相比我国旅游创新实践的蓬勃发展，创新理论研究却相对滞后，研究内容、方法和视角均存在一定局限。旅游产品创新、旅游市场创新、旅游企业创新等创新类型虽然得到国内学者的较多关注，但技术创新、创新能力与效率评价等方面却较薄弱。研究方法多以定性分析和单一指数实证为主，缺少旅游创新能力的多维分析和区域差异的对比研究。

本书主要内容包含：

（1）基于 Cite Space III 知识图谱软件，对国内外旅游创新相关文献进行可视化研究，并对其发展特点与现有不足进行对比分析。

（2）在借鉴区域创新系统理论、"三螺旋"创新动力理论、区域经济差异理论及利益相关者理论的基础上，搭建了"要素解构—能力评价—区域差异—发展效率—提升策略"的 FARES 分析框架。

（3）运用相关性评判法和解释解构模型，对区域旅游创新要素进行解构、筛选和系统重建，以探索旅游创新内部影响要素的层次结构与相互关系。

（4）从旅游人才知识（*TK*）、科学技术（*ST*）、资源市场（*RM*）、管理机制（*MS*）、景区企业（*SE*）、环境绩效（*EP*）等维度，构建出区域旅游创新能力评价体系，并运用综合评价法对我国各省区域旅游创新能力进行实证研究。

（5）运用不平衡指数、动态变动指数、空间重心法及重心耦合法等分析了区域旅游创新能力在我国的空间集散变化与重心移动轨迹。

（6）选取旅游创新投入产出指标，构建了区域旅游创新的发展效率评价体系，并将环境因素作为控制变量，运用三阶段 DEA 效率模型对各省旅游创新发展效率进行测度。

（7）以旅游创新实证结论为依据，从创新主体的共同参与、创新类型的多点发力、创新能力的区域差异、创新效率的动态提升等方面提出区域旅游创新发展策略。

通过以上分析，本书得出了如下结论。

（1）旅游创新相关研究在国内与国外具有差异性。国外研究主要围绕"旅游创新影响因素的不断细化"领域展开，知识创新一直贯穿于整个研究过程。而国内研究则更多地围绕"旅游创新细分类别的不断丰富"路径展开，同时与国外相比，国内研究更侧重旅游创新的案例实证。

（2）区域旅游创新的影响要素系统由表、中、深三大主层，8个细分层次构成。人才与知识是区域旅游创新的主导因素，而生态环境、管理机制分别是旅游创新发展的自然环境约束和人文关键因子。管理职能转变与体制机制改革是彻底释放区域旅游创新活力的重要途径。

（3）我国区域旅游综合创新能力呈沿海向内陆递减的分布特征。人才知识创新能力由东南向西北方向递减。科学技术与景区企业创新能力表现为东部沿海和长江沿线地区较高，而西北、西南大部分地区较低。资源市场创新能力空间分布较为聚集，中等和较低等级的省区数量众多。此外，管理体制创新能力尚无显著分布规律。

（4）区域旅游创新发展效率在我国呈东高西低的分布特征，创新效率高、中高等级的省区多处于中东部地区，而低效率省区多位于西部内陆。外在环境因素对旅游创新效率影响较大，其中，社会经济水平、科技基础能力的提高可减少旅游就业和高校科研经费的投入冗余，而地区居民消费水平上升在扩大旅游就业和高校科研经费投入的同时，也加大了两种投入要素的浪费。

本书致力于以下方面有所创新和突破。

（1）搭建了具有递进性和模块化的区域旅游创新理论分析框架，实现了旅游创新研究的全面性和系统化。

（2）构建了多维度与动态性的区域旅游创新能力、发展效率评价指标体系。旅游创新能力评价体系由六大维度、24 类要素、68 个细分指标构成，而旅游创新效率测度模型亦考虑了外在环境和随机效应的影响。

（3）多元量化方法的综合运用，形成了区域旅游创新的集成化测度工具。多种量化方法被用于文献综述、系统重建、能力评价、区域差异等分析过程中，很大程度上弥补了以往旅游创新研究方法单一的缺陷。

本书出版仅为起到抛砖引玉的作用，期待能吸引更多有识之士投入旅游创新研究之中。本人自知才疏学浅、水平有限，书中也定有不足和疏漏之处，恳请各位同人批评指正，以便在未来研究中能进一步完善。

周　成

2020 年 4 月 17 日于太原

# 目 录
## CONTENTS

# 第一章

# 绪　论

　　创新作为促进经济可持续发展的动力、转变经济发展方式的推手，近年来受到我国各级政府、高校、企业的广泛重视，尤其是创新驱动发展战略提出后，全社会对创新要素的投入进入持续和高速增长阶段。2016 年，政府工作报告 64 次提到"创新"一词，我国"十三五"规划更是把发展基点放在创新上。创新已经成为我国应对经济问题的"良方"和推动发展的"引擎"（董茂峰，2017①）。旅游创新是旅游产业核心及相关部门创造性活动与过程的总和，是产业创新的构成之一。当前，我国已进入全民旅游的新时代，诸多旅游细分产品层出不穷，旅游新型业态涌现不断，相关发明专利数量剧增。

## 第一节　研究背景与意义

### 一、研究背景

（一）创新驱动发展战略下旅游业转型升级的必然要求

创新是人类经济社会发展的根本动力，也是人类可持续发展的根本保

---

① 董茂峰. 中部六省区域创新效率及影响因素研究 [D]. 太原：中北大学，2017.

障。党的十八大报告明确提出要实施创新驱动发展战略，强调创新是提高社会生产力和综合国力的战略支撑，必须摆在国家发展全局的核心位置。[1] 创新驱动是将创新作为引领各方面发展的首要动力，将科学技术创新、管理制度创新、商业模式创新、文化资源创新等创新类型相结合，促进发展方式转向于依托知识积累、技术进步和劳动力素质提升，实现经济发展走向形态更高级、分工更精细、结构更合理的全新阶段。[2] 改革开放 40 多年来，我国综合国力与人民福祉得到不断提升，经济总量仅次于美国，排名居世界第二。然而，在我国经济发展过程中也面临着资源短缺、环境生态恶化、生产方式粗放、部分行业产能过剩等突出问题。当前，我国经济发展进入新常态，亟须依托创新驱动来创造新的发展引擎，促进经济发展转到以集约型、质量型为主要特征的新轨道。创新驱动发展战略是转变我国经济发展方式的内在要求，是应对国际竞争挑战、谋求国家跨越发展的战略部署。

当前，旅游业已全面融入国家战略体系，并成为中国社会投资热点和综合性产业，走向国民经济建设的前沿。截至 2016 年，全国已有 30 个省（区、市）将旅游业定位为战略性支柱产业、主导产业或先导产业加以优先发展。[3] 然而，在旅游经济快速发展的同时，也面临着产业发展方式粗放、产品科技含量较低、市场供需结构错位、管理体制创新不足等问题。产业增长方式的粗放不利于旅游投入要素的可持续利用，产品科技含量较低制约了旅游资源与产品的深度开发，市场供需结构错位加剧了旅游需求外溢和供给低效，而管理体制创新不足更难以为区域旅游发展提供良好的环境和动力引擎。《"十三五"旅游业发展规划》指出，我国旅游业要坚持以创新驱动为发

① 习近平关于科技创新论述摘编 [EB/OL]. 新华网，2016-03-03.
② 国务院印发国家创新驱动发展战略纲要 [EB/OL]. 中华人民共和国中央人民政府官网，2016-03-03.
③ 中国旅游发展报告 [N]. 中国旅游报，2016-05-19.

展原则，以创新来实现我国旅游业的转型与升级，促进旅游经济从资源产品和低水平要素驱动转向创新驱动发展，通过理念创新、产品创新、业态创新、技术创新等，以构建我国旅游发展新模式、扩大旅游产品新供给、拓展旅游发展新领域、打造旅游发展新引擎、提高旅游发展新能效。

（二）全域旅游背景下区域旅游经济发展的客观诉求

我国旅游业经过40多年的发展，景区景点、宾馆饭店、停车场、游客中心等旅游要素建设成就巨大，这也为新时期的旅游转型发展打下了良好基础。当前，我国已进入全民旅游、散客旅游、自驾旅游为主的全新阶段，旅游业在经济社会发展中发挥的影响和作用愈加重要，而传统的以抓点方式为特征的"景点旅游"已难以满足现代旅游的发展需求，现实要求我们必须从景点旅游模式转变为全域旅游模式，进行旅游发展战略的再定位。全域旅游，指在一定区域内以旅游业为优势产业，通过对区域内经济社会资源尤其是旅游资源、相关产业、生态环境、公共服务、体制机制、政策法规、文明素质等进行全方位、系统化的优化提升，区域资源有机整合、产业融合发展、社会共建共享，以旅游业带动和促进经济社会协调发展的一种新的区域协调发展理念和模式。①

推进全域旅游发展，建设全域旅游目的地是一次具有深远意义的变革，需要运用创新思维、创新理念、创新行动与创新科技来加以实施与推进。通过体制机制创新，破除景区内外的体制壁垒和管理围墙，实现从单一景区景点建设和管理到综合目的地统筹发展转变。通过商业模式创新，寻找新的旅游市场撬动点和盈利增长点，实现旅游收益从传统的门票经济向产业经济转变，从旅游产品价格和供给规模竞争向产品质量和服务水平竞争方向转变。通过资源业态创新，促进旅游产业与农、林、工、商、金融、体育等相关产

① 加快从景点旅游模式向全域旅游模式转变［N］.中国旅游报，2016-02-11.

业的协调，形成综合新产能，实现从封闭的旅游自循环向开放的"旅游+"产业融合方向转变。通过网络营销创新，推动建立和健全旅游电子商务平台，促进网上宣传、在线预订、移动支付、租赁咨询等旅游业务发展，实现由传统旅游营销组合向"互联网+旅游"的市场营销方式转变。通过参与主体创新，在充分发挥旅游景区、餐饮、住宿等核心企业创新的基础上，强化地区旅游行业组织的协调管理作用，积极建设区域旅游高等院校、职业学院和行业科研机构，通过促进相关院校与企业共建旅游"双创"学院或企业内部办学，以实现旅游创新由企业单打独享到社会共建共享方向转变。

（三）供给侧结构性改革下旅游产业结构优化的重要选择

当前，中国经济正在面临不可忽视的供需结构失衡。"供需错位"已成为制约和阻碍我国经济持续性发展的首要问题，一方面，过剩产能已成为我国经济转型的重大包袱；另一方面，产品供给体系中存在高端产品供给不足，而中低端产品过剩的现状。因此，供给侧结构性改革即从生产者、供给端入手，通过产品供给的规模与比例调整，创造有效供给并满足真实内需，着力打造经济发展的新引擎。供给侧结构性改革应当在相关产业的知识理论创新、制度改革创新、技术研发创新等众多方面寻求突破点。以调整增长方式结构为主线，从要素驱动、投资驱动转向服务业发展及创新驱动，通过技术、服务、制度、管理等创新为经济发展提供新动力。

供给侧结构性改革为旅游业供给要素优化提供了重要调整机遇，为激发旅游市场活力提供了巨大发展动能。旅游消费个性化和多样化要求旅游供给侧的资源和产品创新，通过产业融合、业态丰富来满足需求变化；旅游活动深度体验性和大众参与性要求旅游供给侧的科技和知识创新，通过发展人工智能和互联网等技术来增强游客与产品的互动性；旅游消费市场不完善和监管缺位要求旅游供给侧的管理和体制创新，通过实行多规合一、公共服务一体化、旅游监管全覆盖，统筹旅游、公安、工商、物价、交通等监管部门职责，实现由传统"民团式"治安管理、社会管理向全域旅游依法治理转变；旅游消费人群高端化和细分化要求旅游供给侧的人才培育和服务创新，通过培育知名旅游院校和科研机构，鼓励校企交流合作和企业内部办学，进行管理和服务人才培育，提升旅游市场营销能力和旅游产品服务水平。

（四）理论研究与旅游创新实践协调一致的现实需要

近代旅游业自产生以来，各类创新活动便纵贯其发展历程。托马斯·库克包价旅游产品的推出、迪斯尼乐园主题公园的涌现、麦当劳快捷餐饮的产生、全球自驾导航设备的应用、城市共享单车的普及等均是旅游创新活动的成果和表现。中国旅游产业发展中同样充满数量巨大、类型多样的创新实践。旅游企业方面，1923年，上海商业储蓄银行旅行部的诞生标志着中国近代旅游业的开端，也成为我国本土旅游企业创新发展的新起点。改革开放后，北京建国饭店、长城饭店和北京航空食品有限公司等第一批中外合资旅游企业不断出现。如今，旅游企业依托新型科技和"互联网+"，O2O网络旅游公司大量涌现，智慧旅游景区数量不断增加，酒店、餐厅、宾馆的信息管理系统日趋完善。旅游管理体制方面，1978年将中国旅行游览事业管理局改为管理总局，1982年又将管理总局改为国家旅游局，旅游行政监管职能不断完善。近年来，诸多省市顺应旅游经济发展和管理新需求，将旅游局升级为旅游发展委员会，综合协调旅游规划、国土、建设、交通、文物、文化、质监等诸多领域，提升管理统筹能力。旅游产品方面，由改革开放之初的观光和大众旅游、入境旅游接待为主，发展到现今休闲度假旅游、乡村旅游、红色旅游、自驾车旅居车旅游、海洋及滨水旅游、文化旅游、研学旅游、老年旅游、购物旅游等门类齐全、种类丰富的旅游产品体系。总之，现代旅游业具有科技依托化、知识流动化、产业融合化、区域联动化等特征，科技创新、知识创新、业态创新、合作创新等在旅游实践中广泛存在并发挥着愈加重要的作用。

然而，相比旅游创新实践的蓬勃发展，创新理论研究却相对滞后，研究内容、方法和视角均存在一定局限。旅游产品创新、旅游市场创新、旅游企业创新等虽得到国内学者的较多关注，但技术创新、创新能力与效率评价等方面却比较薄弱。研究方法多以定性分析和单一指数实证为主，缺少旅游创新能力的多维分析和区域差异的对比研究。因此，在梳理和整合旅游创新研究文献基础上，对我国旅游创新的概念内涵、要素结构、动态能力、空间差异、提升策略等进行系统性研究具有重要意义。

## 二、研究意义

### （一）理论意义

完善旅游创新研究体系，丰富旅游创新研究方法。旅游活动涉及管理者、协调者、消费者等参与者，此外，旅游产业与交通、住宿、餐饮、医疗、教育、房产等部门联系较密切，这些都决定了旅游创新研究内容和体系的多元性和复杂性，需借助经济学、地理学、管理学、社会学等理论，从多学科、多角度对区域旅游创新问题进行深入分析，只有如此，才能实现区域旅游产业的持续发展和旅游创新理论体系的不断完善。国外关于旅游创新的相关研究起步较早，且具有一定深度，而国内旅游创新研究尽管成果较多，但多数是对国外成果的吸收和借鉴，尚未形成完整的研究范式和理论体系，尤其是旅游创新影响要素识别、创新能力评价体系建构等方面亟须强化。

本研究即从旅游创新概念、要素、能力、效率和策略等方面，力图建构较全面的区域旅游创新的理论体系，突破了以往以科技、知识等某单个维度，或以酒店、旅行社等旅游企业的创新研究局限。此外，尝试采用多种分析方法和计量模型，一定程度上丰富了旅游创新的研究手段。通过知识图谱可视化、综合判别法、解释结构模型、多维评价方法、三阶段 DEA 模型等，梳理了国内外旅游创新相关研究进展，阐述了区域旅游创新影响要素层次结构，构建了较全面的旅游创新能力评价体系，分析了我国各省区域旅游创新的发展效率。

（二）实践意义

提供旅游创新决策依据，指导区域旅游发展实践。本书是国家创新驱动战略在旅游产业中的应用性研究，理论分析和实证研究的落脚点即是总结旅游创新的能力提升路径和效率发展策略，从而促进区域旅游业持续、健康发展。论证之一是通过分析旅游创新的要素构成与层次结构，寻找旅游创新的动力来源和表现方式，为旅游创新要素的投入大小和结构比例提供决策性依据。论证之二是通过空间技术和计量方法，得出各省区旅游创新能力和发展效率在我国的空间分布，这有助于优化我国旅游创新的空间布局和功能区划，促进地区旅游合作创新和优势互补。

对我国 31 个省区旅游创新优势与不足进行对比分析，有助于各地区自我定位和现状评价，只有明确自身所处的位置和短板，才能在旅游产业发展实践中凸显创新潜力。通过对人才知识创新（$TK$）、科学技术创新（$ST$）、资源市场创新（$RM$）、管理体制创新（$MS$）、景区企业创新（$SE$）、创新环境绩效（$EP$）等维度进行能力评价，从而为各地区未来的旅游产业融合发展、管理体制创新发展、科学技术跨越发展、旅游知识有序流动、创新环境良性塑造提供相应的实践指导。

## 第二节　研究目标与主要内容

**一、研究目标**

首先，在系统梳理和全面了解国内外旅游创新研究进展与不足的基础上发现问题。运用科学计量可视化方法对当前国内外旅游创新概念、热点、作者、机构等进行可视化呈现，通过总结现有研究特点和不足引出区域旅游创新研究的必要性。

其次，在构建"要素解构—能力评价—空间差异—发展效率—提升策略"（FARES）分析框架的基础上阐述和分析问题。区域旅游创新影响要素结构如何？能力大小表现如何？区域空间差异如何？投入产出效率如何？本研究通过多种方法和模型的运用，分析和解答以上问题。

最后，在对旅游创新相关内容进行实证的基础上，提出区域旅游创新发展策略以解决问题（王新越，2014[①]）。从旅游创新主体的共同参与、旅游创新类型的多点发力、旅游能力大小的区域差异、旅游创新效率的动态提升等方面提出发展策略，以促进地区旅游产业的优化升级。

**二、主要内容**

本书主要由四部分内容构成，安排如下：

第一，绪论部分，即第一章内容。从国家战略、产业实践、研究现状等方面引出区域旅游创新的研究背景，在阐述本研究理论与现实意义的基础

---

[①] 王新越. 我国旅游化与城镇化互动协调发展研究［D］. 青岛：中国海洋大学，2014.

上，提出本书研究目标、主要内容、分析方法、技术线路及可能的创新点等。

第二，文献综述与理论分析部分，即第二、第三章内容。第二章基于 Cite Space III 知识图谱软件，对国内外旅游创新文献作者、期刊、单位、关键词等进行分析和图形呈现，并归纳、阐述国内外旅游创新研究的重点内容，以宏观了解旅游创新的研究现状和发展特征。第三章则对旅游创新、旅游创新能力、旅游创新效率等概念与特征进行了详细阐述，并引入了创新系统理论、"三螺旋"理论、空间差异理论、利益相关者理论，为后续区域旅游创新分析框架的提出做出理论铺垫。

第三，分析框架构建与阐述部分，即第四、五、六、七章和第八章的策略提出部分。在构建"要素解构—能力评价—空间差异—发展效率—提升策略"的 FARES 分析框架基础上，分章节对该框架内的各板块进行研究。第四章对区域旅游创新的影响要素进行解构和系统重建，从而得出旅游创新的要素结构与层次体系。第五章为区域旅游创新能力的体系构建与综合评价。从人才知识、科学技术、资源市场、管理体制、景区企业、环境绩效等维度，在构建区域旅游创新能力评价体系的基础上，对我国各省区域旅游创新单项和综合能力进行实证研究。第六章则运用不平衡指数、动态变动指数、空间重心法以及重心耦合法等对区域旅游创新能力在我国的空间差异和重心演化特征进行了动态性了解。第七章是旅游创新能力研究基础上的拓展，即基于三阶段 DEA 模型，在考虑外部环境因素和随机效应的基础上，对区域旅游创新发展效率进行量化测度。第八章的策略提出部分，从政府、企业、高校、消费者等创新主体，从管理、科技、知识、业态等创新类别，提出区域旅游创新的能力提升和效率发展策略。

第四，研究结论与讨论部分，即第八章的第一、三节内容。第一节分别对旅游创新的知识图谱状况、要素层次结构、空间差异特征以及区域旅游创新的发展效率等结论进行总结，为我国各省旅游创新发展提供了决策依据。第三节在总结本书现有研究不足的基础上，从创新评价指标体系完善、研究案例和地区聚焦、创新研究链条构建等方面对未来研究方向给予了展望。

## 第三节　研究方法与技术路线

### 一、研究方法

第一，文献梳理与知识计量方法。在旅游创新文献综述中、相关理论引入中以及旅游创新影响要素识别中，均运用到了文献梳理方法，通过相关文献回顾和归纳动态地了解旅游创新研究的主要内容和发展特点（李瑶亭，2013[①]）。此外，本书还运用了知识图谱可视化工具 Cite Space Ⅲ，通过对旅游创新文献发文作者、所属单位、关键词、热点内容进行可视化分析，更为形象地了解国内外旅游创新研究的整体轮廓与历史进程。

第二，要素解构与系统重建方法。在梳理、剖析国内外创新相关文献的基础上，依托专家咨询和相关评判法，对区域旅游创新诸多影响要素进行分解、筛选和进一步归纳，得出区域旅游创新的六大类别、24 个细分影响要

---

① 李瑶亭. 城市旅游产业发展研究［D］. 上海：华东师范大学，2013.

素。之后，基于解释结构模型（ISM）重新构建出由三大主层、8个细分层次构成的区域旅游创新影响要素系统，并对区域旅游创新的层次结构和要素关系进行了阐述。

第三，创新能力与效率评价方法。基于旅游人才知识、旅游科学技术、旅游资源市场、旅游管理体制、旅游景区企业、创新环境效率等维度，本书构建出由68个指标构成的区域旅游创新能力评价体系，基于加权求和法、向量求和法、多边形法、多面体法等对我国区域旅游创新能力进行实证研究。此外，本书还从旅游创新能力体系中选取投入、产出相关指标，构建得出旅游创新发展效率评价体系，并基于三阶段DEA模型对我国各省区的旅游创新发展效率给予实证测度。

第四，空间差异与重心偏移方法。经济基础与资源禀赋的区域差异，使得旅游创新相关要素、发展潜力、能力表现、产出效率等均存在地区差异性和空间集聚性。本书重点考察了区域旅游创新能力的空间差异特征，运用不均衡指数和动态变动指数对其空间集散性进行测度，并在此基础上，运用空间重心法、重心耦合法等考察了旅游创新综合和单项能力的重心轨迹与偏移方向等。

### 二、技术路线

区域旅游创新是产业创新和区域创新两大领域的交叉应用。本书实证内容包含要素解构、能力评价、空间差异、发展效率等几大板块，并以区域旅游创新能力与效率的发展策略作为落脚点。技术路线图见图1：

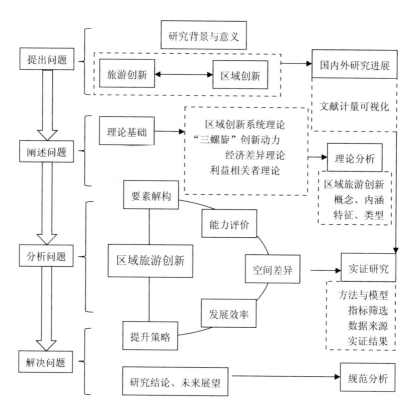

**图 1　区域旅游创新研究的技术路线图**

# 第四节　论文可能的创新与贡献

本书可能的创新与贡献有以下几点：

第一，搭建了具有递进性和模块化的区域旅游创新理论分析框架。与以往基于某一内容或角度的创新研究相比，通过搭建"要素解构—能力评价—区域差异—发展效率—提升策略"的 FARES 分析框架，实现了旅游创新研究的全面性和系统化，框架内各板块层层递进、相互影响、关系明确。尤其在旅游创新的要素解构部分，本书基于相关文献的广泛梳理，对旅游创新影响要素进行细致筛选、解构，并对其层次结构进行了系统性重建。

第二，构建了多维度与动态性的区域旅游创新能力、发展效率评价指标体系。在旅游创新能力评价中，经过广泛征询和系统梳理，构建出由六大维度、24 类影响要素、68 个细分指标构成的旅游创新能力评价体系。而在创新发展效率分析中，不仅选取了创新投入和产出相关指标，还考虑了外在环境要素和随机效应对创新效率测度的影响，这对旅游创新的后续相关研究具有参考意义。此外，研究案例选取我国 31 个省区，研究时段跨度达 12 年，很大程度上弥补了先前旅游创新研究的案例单一性与实证静态性。

第三，多元量化方法的综合运用，形成了区域旅游创新的集成化测度工具。如基于 Cite Space III 的旅游创新知识图谱与文献综述研究方法，基于系统动力学理论和解释结构模型的要素系统重建方法，基于多边形法、多面体法、向量求和法、加权求和法的旅游创新能力评价方法，基于不均衡指数和空间重心分析的旅游创新空间差异方法等，以上量化方法的综合运用和系统集成在一定程度上弥补了以往旅游创新研究中方法单一的缺陷。

第二章

# 旅游创新的国内外研究进展

近年来，国内外旅游创新的研究内容不断丰富、分析视角持续拓展，对现有发文作者、载文期刊、关键内容、研究历程等进行梳理和对比是区域旅游创新研究的重要基础。本章运用基于 Cite Space 知识图谱软件，对国内外旅游创新相关内容进行知识图谱可视化分析，并在此基础上，进一步对旅游创新研究内容进行了归类和综述。

## 第一节　旅游创新研究的知识图谱分析

知识图谱理论与方法近年来成为科学计量研究的最前沿，诸多学者将图形学、计算机、信息学、数学等学科与传统的科学计量学共现方法相结合，通过对某一领域或学科的研究内容进行可视化呈现，以了解研究内容的知识结构与发展历程（秦长江，2009[①]）。知识图谱通过使用多种可视化思维（visual thinking）、可视化发现（visual discovery）、可视化探索（visual explo-

---

[①] 秦长江. 基于科学计量学共现分析法的中国农史学科知识图谱构建研究 ［D］. 南京：南京农业大学，2009.

ration）和可视化分析（visual analysis）技术来揭示一个知识域的动态发展，将科学知识的复杂领域、学科前沿和新生长点以 2D 或 3D 的图像或动画直观地表现出来（张芳芳、周宁等，2007①）。本节即运用 Cite Space III 知识图谱可视化软件，对国内外旅游创新相关研究的作者、机构、关键词、研究内容等进行实证分析，以了解旅游创新研究脉络和结构。

## 一、知识图谱分析方法与数据来源

### （一）知识图谱方法

科学知识图谱是显示科学知识发展进程与结构关系的一种图形，属于科学计量学的范畴（陈悦、刘则渊，2005②）。知识图谱与绘图学、地图学均有重要联系，"地图"主要是一个以二维或三维的空间类型来显示地表形态或者人类各种活动的地理化概念，而"图谱"则是图像以一定空间形式存在，并能在一定时间范围中展现与变化的系统化概念。科学知识图谱能揭示知识之间的联系及知识的进化规律，绘制、挖掘、分析和显示科学技术知识以及它们之间的相互联系。

美国德雷克塞尔大学陈超美博士开发的知识图谱可视化软件 Cite Space，创造性地将可视化技术同科学计量科学相结合，在引文分析和共被引分析等文献计量基础上（Chen，2006③），借鉴了计算机图形学、数据挖掘等技术

---

① 张芳芳，周宁，余肖生. 知识域可视化初探［J］. 数字图书馆论坛，2007（2）：16-25.
② 陈悦，刘则渊. 悄然兴起的科学知识图谱［J］. 科学学研究，2005（2）：149-154.
③ CHEN C M. Cite Space II: Detecting and Visualizing Emerging Trends and Transient Patterns in Scientific Literature［J］. Journal of the American Society for Information Science and Technology，2006，57（3）：359-377.

（林德明、刘则渊，2009①）。Cite Space III 具有可拓展性强、使用简单、可视化结果清晰等特点，能通过对相关文献的发文作者、文章标题、关键词及引文等信息的共引、共词分析，展示某学科或领域的知识基础、研究前沿、知识转折与演进过程。国内对 Cite Space 可视化软件的应用主要分布于图书情报与数字图书馆、科学研究管理、计算机软件及计算机应用、企业经济等学科（侯剑华、胡志刚，2013②），但尚未将其纳入旅游创新研究之中。

（二）数据来源

本章所选数据来源于两大数据库，国内文献以中国学术期刊网络出版库（CNKI）为检索来源。1996 年后国内旅游创新相关文献开始涌现，故检索时间设置为 1996—2016 年；考虑到期刊论文在作者、关键词等方面信息较详细，且可以对发文作者、所在单位进行网络合作分析。此外，核心期刊的文章质量和分析深度具有保障，能较清晰地反映现有旅游创新发展轮廓和水平。因此，本书以"旅游"为主题，以"创新"为篇名，选择"CSSCI、中文核心期刊"作为检索条件，并对其中的会议征稿、新闻报道、人物访谈、书评等不相关文献进行剔除，最终得到 567 条期刊文章作为国内旅游创新分析样本。

国外文献以 Web of Science 为检索来源，检索条件设置为：TS = tourism and TI = innovation，语言设置为：English，时间跨度同样为 1996—2016 年，共得到 1172 篇外文期刊文献。为保证文献计量研究中的样本质量，进一步将文献检索来源设置为 Web of Science 核心合集，即 SCI-EXPANDED、SSCI、A&HCI、ESCI、CCR-EXPANDED、IC，最终得到 185 条期刊文献作为国外旅游创新的分析样本。

---

① 林德明，刘则渊. 国际地震预测预报研究现状的文献计量分析 [J]. 中国软科学，2009（6）：62-70.
② 侯剑华，胡志刚. Cite Space 软件应用研究的回顾与展望 [J]. 现代情报，2013（4）：99-103.

## 二、旅游创新研究的国内外图谱比较

### （一）旅游创新研究所涉的学科与期刊

对旅游创新研究的来源期刊与发文频数进行统计，可得出该研究领域的核心期刊群落及所涉的学科广度。表 1 和表 2 分别列出了国外和国内载文量前 20 位的期刊，从中可知，国外旅游创新来源期刊基本来自旅游、酒店、技术创新以及经济地理领域，多为针对旅游、休闲等产业的研究性期刊，同时，研究深度和质量相对有一定程度的保障。国内旅游创新的载文期刊所涉学科与国外相比类别更多样、内容更宽泛，包含旅游、商贸、管理、科技、农业、生态、民族、地理等学科领域，这也说明我国旅游创新相关研究开始受到各学科的广泛关注，但聚焦性不足且研究深度有待提升。

此外，由表 1 和表 2 文章数的占比可知，国内外旅游创新载文分布均具有一定集聚性，排名第 1 位的"Tourism Management"和"旅游学刊"均占总发文量的 9%~10%，而排名前 10 位的期刊所载论文数占据全部文献的 33%~37%，这说明旅游创新相关研究在国内外均已逐渐形成稳定的核心期刊群，这利于该领域研究的深入性、持续化发展，也有利于旅游创新研究学术共同圈层和平台的形成。

**表 1　旅游创新相关研究的国外载文期刊 TOP20**

| 序号 | 期刊名称 | 文章数 | 占比 |
|---|---|---|---|
| 1 | Tourism Management | 18 | 9.73% |
| 2 | Journal of Sustainable Tourism | 9 | 4.86% |
| 3 | International Journal of Hospitality Management | 6 | 3.24% |
| 4 | European Planning Studies | 6 | 3.24% |
| 5 | Current Issues in Tourism | 6 | 3.24% |

| 序号 | 期刊名称 | 文章数 | 占比 |
|---|---|---|---|
| 6 | Annals of Tourism Research | 6 | 3.24% |
| 7 | Tourism Economics | 5 | 2.70% |
| 8 | Technology Innovation Management Review | 4 | 2.16% |
| 9 | Service Industries Journal | 4 | 2.16% |
| 10 | Scandinavian Journal of Hospitality and Tourism | 4 | 2.16% |
| 11 | Journal of Travel Research | 4 | 2.16% |
| 12 | International Journal of Tourism Research | 4 | 2.16% |
| 13 | International Journal of Contemporary Hospitality Management | 4 | 2.16% |
| 14 | Tourism Geographies | 3 | 1.62% |
| 15 | Tourism Analysis | 3 | 1.62% |
| 16 | Sustainability | 3 | 1.62% |
| 17 | Revue De Geographic Alpine Journal of Alpine Research | 3 | 1.62% |
| 18 | Management Decision | 3 | 1.62% |
| 19 | Journal of Business Research | 3 | 1.62% |
| 20 | Transformations in Business Economics | 2 | 1.08% |

注：根据 Web of Science 数据库统计所得。

**表 2  旅游创新相关研究的国内载文期刊 TOP20**

| 序号 | 期刊名称 | 文章数 | 占比 | 序号 | 期刊名称 | 文章数 | 占比 |
|---|---|---|---|---|---|---|---|
| 1 | 旅游学刊 | 52 | 9.17% | 11 | 生态经济 | 9 | 1.59% |
| 2 | 中国商贸 | 26 | 4.59% | 12 | 企业经济 | 9 | 1.59% |
| 3 | 商业时代 | 19 | 3.35% | 13 | 农业经济 | 9 | 1.59% |
| 4 | 特区经济 | 17 | 3.00% | 14 | 改革与战略 | 9 | 1.59% |
| 5 | 商场现代化 | 15 | 2.65% | 15 | 贵州民族研究 | 8 | 1.41% |
| 6 | 商业研究 | 15 | 2.65% | 16 | 商业经济与管理 | 8 | 1.41% |

| 序号 | 期刊名称 | 文章数 | 占比 | 序号 | 期刊名称 | 文章数 | 占比 |
|------|----------|--------|------|------|----------|--------|------|
| 7 | 安徽农业科学 | 12 | 2.12% | 17 | 人文地理 | 8 | 1.41% |
| 8 | 江苏商论 | 12 | 2.12% | 18 | 经济管理 | 7 | 1.23% |
| 9 | 社会科学家 | 11 | 1.94% | 19 | 科技管理研究 | 7 | 1.23% |
| 10 | 开发研究 | 9 | 1.59% | 20 | 旅游科学 | 7 | 1.23% |

注：根据 CNKI 数据库统计所得。

（二）旅游创新研究的作者与单位合作

通过对研究作者与单位的网络共现分析，可了解学者群落的合作程度及科研机构的团队效应。基于 Cite Space III 软件，分别导入本书所选的 185 篇国外、567 篇国内旅游创新相关文献，设置时间切片（1 year）和分析标准（top 30 most occurred items）①，对国内外旅游创新研究的作者（author）、单位（institution）进行网络合作可视化分析，并得出其知识图谱，其中，网络节点（或字体大小）代表作者发文量或单位出现频次，而节点间连线粗细则表示其合作强度。由研究学者网络共现图谱（图 2、图 3）可知，国外旅游创新发文频次大于 3 的学者有 5 位，分别为 Hjalager A M（9 篇）、Orfila-Sintes F（5 篇）、Martinez-Ros E（3 篇）、Booyens I（3 篇）、Rogerson C M（3 篇），而国内旅游创新发文频次大于 3 的学者有 15 位，即马勇（8 篇）、董观志（7 篇）、袁梅花（4 篇）、唐善茂（4 篇）、张晶（4 篇）、张文建（3 篇）、张宏梅（3 篇）、戴斌（3 篇）、厉新建（3 篇）、翁钢民（3 篇）等。同时，由 Cite Space III 展示的作者网络共现图谱可知，国内外旅游创新发文作者仍多处于单独研究状态，作者间相互合作有待加强。比较而言，国外学者网络连接密度（Density = 0.0066）与国内相比（Density = 0.0016）较高，

① 注：研究学者与所属机构的分析对象为样本文献中每年出现的前 30 名加总量，并非历年作者与机构的全部加总。

国内学者间的科研合作更有待进一步加强。

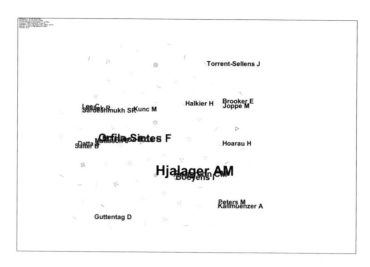

**图2　旅游创新研究的国外学者网络共现图谱**

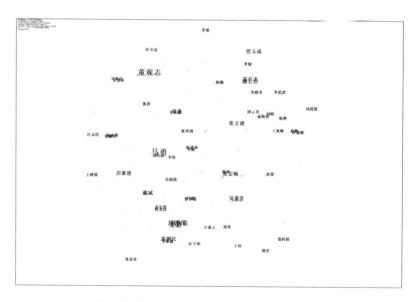

**图3　旅游创新研究的国内学者网络共现图谱**

　　进一步通过文献搜索和精读可知，其国内外学者研究领域各有差异。从国外来看，Hjalager 对旅游创新分析较为系统，内容涉及创新模式（Innovation patterns）、创新系统（Innovation Systems）①、创新案例（Angling Tourism、food innovation、100 Innovations）等，同时，他还致力于对旅游创新的文献梳理（review）② 和理论填补（Repairing innovation defectiveness）③；而 Orfila-Sintes 和 Martinez-Ros 主要聚焦于酒店（Hotel）④、住宿业（Commendation）⑤ 的创新案例实证研究，此外，Booyens 和 Rogerson 对南非区域旅游创新进行了应用分析⑥⑦。就国内而言，马勇对旅游企业人力资源管理创新⑧、旅游产业生态补偿模式创新⑨等内容进行了深入分析，董观志则侧

①　HJALAGER A M. Innovation Patterns in Sustainable Tourism：An Analytical Typology［J］. Tourism Management，1997，18（1）：35-41.

②　HJALAGER A M. A Review of Innovation Research in Tourism［J］. Tourism Management，2010，31（1）：1-12.

③　HJALAGER A M. Repairing Innovation Defectiveness in Tourism［J］. Tourism Management，2002，23（5）：465-474.

④　ORFILA-SINTES F，CRESPI-CLADERA R，MARTINEZ-ROS E. Innovation Activity in the Hotel Industry：Evidence From Balearic Islands［J］. Tourism Management，2005，26（6）：851-865.

⑤　MARTINEZ-ROS E，ORFILA-SINTES F. Training Plans，Manager's Characteristics and Innovation in the Accommodation Industry［J］. International Journal of Hospitality Management，2012，31（3）：686.

⑥　BOOYENS I，ROGERSON C M. Responsible Tourism in the Western Cape，South Africa：An Innovation Perspective［J］. Tourism，2016，64（4）：385-396.

⑦　BOOYENS I，ROGERSON C M. Unpacking the Geography of Tourism Innovation in Western Cape Province，South Africa［J］. Bulletin of Geography-Socio-Economic Series，2016，31（31）：19-36.

⑧　马勇，何彪. 基于信息时代背景下的旅游业人才培养模式创新［J］. 中国人力资源开发，2005（6）：83-85，92.

⑨　马勇，胡孝平. 鄂西生态文化旅游圈生态补偿模式创新对策研究［J］. 湖北社会科学，2010（10）：73-76.

重于对旅游管理教学创新①、粤港澳等区域合作创新②③等方向的研究。此外，袁梅花、唐善茂、张晶等学者对旅游生态创新④有较为深入的分析，张文建的研究则主要聚焦于旅游资源和业态创新领域⑤⑥。

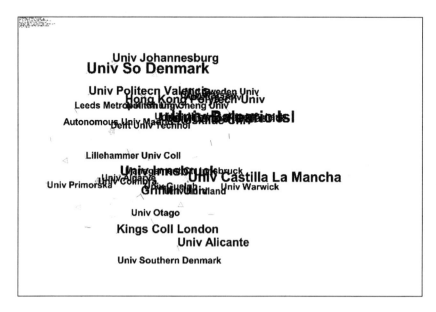

**图 4  旅游创新的国外研究机构网络共现图谱**

由研究单位发文频次可知，国外旅游创新发文频次大于 3 的研究机构共有 13 个，分别为 Univ. Balearic Isl、Univ. So Denmark、Univ. Innsbruck、

---

① 董观志. 旅游管理 3M 教学法的创新与实践 [J]. 旅游学刊，2003（S1）：42-45.
② 董观志. 粤港澳大旅游区发展模式创新研究 [J]. 旅游学刊，2004（4）：49-52.
③ 董观志，刘芳. CEPA 背景下粤港澳旅游合作创新战略研究 [J]. 特区经济，2004（8）：36-37.
④ 袁梅花，张晶，唐善茂. 旅游生态创新评价研究：旅游生态创新问题研究系列论文之二 [J]. 广西社会科学，2010（7）：55-59.
⑤ 张文建. 当代旅游业态理论及创新问题探析 [J]. 商业经济与管理，2010（4）：91-96.
⑥ 张文建. 旅游产业转型：业态创新机理与拓展领域 [J]. 上海管理科学，2011，33（1）：85-88.

Univ. Castilla La Mancha、Univ. Johannesburg、Roskilde Univ.、Hong Kong Polytechnic Univ.、Univ. Alicante、Griffith Univ.、Univ. Politechnic Valencia、Kings Coll London、Univ. Illes Balears、Univ. Carlos III Madrid，而国内研究机构有上海师范大学旅游学院、湖北大学旅游发展研究院、暨南大学深圳旅游学院、桂林旅游高等专科学校、浙江旅游职业学院、南宁市旅游局等 23 个。国内旅游创新研究机构多为高等院校的旅游院系及旅游高职专科院校，国内地方旅游局仅出现 1 次，由以上可知，高等院校构成了国内外旅游创新的研究主体，而政府、公司、行业组织等旅游市场参与者缺乏研究涉入和参与。与此同时，由研究机构网络共现图谱（图 4、图 5）可知，国内外研究单位间的合作网络密度（国外 Density = 0.0063、国内 Density = 0.0016）均很低，旅游创新研究单位和团队间的合作亟须加强。

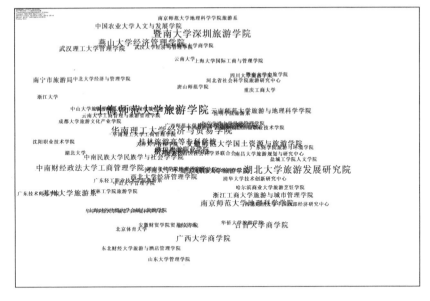

图 5　旅游创新的国内研究机构网络共现图谱

（三）旅游创新研究的主要内容聚类

关键词是一篇论文的核心观点，也是论文主题的高度提炼，对某领域文献进行关键词共现分析有助于了解该领域的研究热点。基于 Cite Space III 对国内外旅游创新所选文献进行关键词（keyword）分析，可生成关键词网络共现图谱（图6、图7）。分别提取国内外旅游创新共现频次前30的关键词列表（表3、表4），并对其进行归类。此外，Cite Space 软件具有引文聚类分析功能，可使有共同引文的文献进行聚类，从而形成某研究领域的主要内容聚类图谱。本研究运用 LLR 算法，通过关键词（keyword）提取名词术语给予命名，得到旅游创新相关研究内容聚类图谱（图8、图9）。

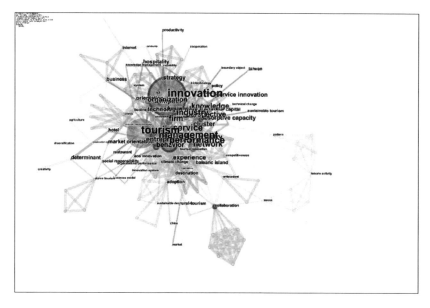

**图6　旅游创新的国外关键词共现图谱**

由表3可知，国外旅游创新研究的高频关键词可分为如下几类，即知识转移与创新（Knowledge、Experience、Knowledge Transfer、Absorptive Capacity、

Adoption）、服务创新（Service、Service Innovation）、组织和机构创新（Organization）、旅游公司与企业创新（Firm、Hotel Industry、Hospitality、Balearic Island）、旅游集群与网络创新（Cluster、Network）、创新构成与影响因素（Knowledge、Entrepreneurship、Management、Technology、Determinant、Social Capital、Impact、Market Orientation）和发展绩效（Performance）等，它们共同形成了国外旅游创新类型划分、驱动因素、创新形式、创新评价等重点研究领域。

表3　旅游创新的国外高频关键词 TOP30

| 序号 | 关键词 | 频数 | 序号 | 关键词 | 频数 |
|---|---|---|---|---|---|
| 1 | Innovation | 70 | 16 | Cluster | 10 |
| 2 | Tourism | 57 | 17 | Experience | 9 |
| 3 | Management | 34 | 18 | Technology | 8 |
| 4 | Performance | 32 | 19 | Knowledge Transfer | 8 |
| 5 | Service | 24 | 20 | Service Innovation | 7 |
| 6 | Industry | 21 | 21 | Absorptive Capacity | 7 |
| 7 | Firm | 17 | 22 | Strategy | 7 |
| 8 | Network | 17 | 23 | Market Orientation | 6 |
| 9 | Knowledge | 13 | 24 | Hospitality | 6 |
| 10 | Perspective | 13 | 25 | Orientation | 6 |
| 11 | Behavior | 12 | 26 | Determinant | 6 |
| 12 | Entrepreneurship | 12 | 27 | Social Capital | 5 |
| 13 | Organization | 12 | 28 | Business | 5 |
| 14 | Hotel Industry | 11 | 29 | Balearic Island | 5 |
| 15 | Impact | 11 | 30 | Adoption | 4 |

注：由 Cite Space III 软件计算导出。

由表 4 可知，国内旅游创新研究的高频关键词可分为旅游服务创新（旅游产业、旅游创新、服务创新、产业融合等）、管理机制创新（旅游管理、制度创新、机制创新等）、产品开发创新（旅游产品、旅游资源、产品创新、旅游商品）、景区企业创新（旅游企业、主题公园）、人才培养创新（人才培养、培养模式）以及旅游业态创新（乡村旅游、体验经济、生态旅游、体育旅游、智慧旅游、电子商务）等几类，研究范式主要为沿着旅游创新的种类划分和案例实证，同时，与国外相比，研究内容更加侧重旅游创新人才培养、地区旅游创新策略等方面的研究。

**表 4　旅游创新的国内高频关键词 TOP30**

| 序号 | 关键词 | 频数 | 序号 | 关键词 | 频数 | 序号 | 关键词 | 频数 |
|---|---|---|---|---|---|---|---|---|
| 1 | 旅游产品 | 20 | 11 | 旅游管理 | 10 | 21 | 创新策略 | 5 |
| 2 | 旅游产业 | 17 | 12 | 旅游资源 | 10 | 22 | 主题公园 | 5 |
| 3 | 旅游企业 | 16 | 13 | 营销创新 | 10 | 23 | 科技创新 | 5 |
| 4 | 服务创新 | 15 | 14 | 生态旅游 | 9 | 24 | 可持续发展 | 5 |
| 5 | 旅游业 | 14 | 15 | 人才培养 | 7 | 25 | 体验化设计 | 4 |
| 6 | 乡村旅游 | 14 | 16 | 创新发展 | 6 | 26 | 电子商务 | 4 |
| 7 | 旅游创新 | 12 | 17 | 体育旅游 | 6 | 27 | 创新机制 | 4 |
| 8 | 产品创新 | 11 | 18 | 产业融合 | 6 | 28 | 培养模式 | 4 |
| 9 | 制度创新 | 11 | 19 | 智慧旅游 | 5 | 29 | 旅游商品 | 4 |
| 10 | 体验经济 | 11 | 20 | 机制创新 | 5 | 30 | 管理创新 | 4 |

注：由 Cite Space III 软件计算导出。

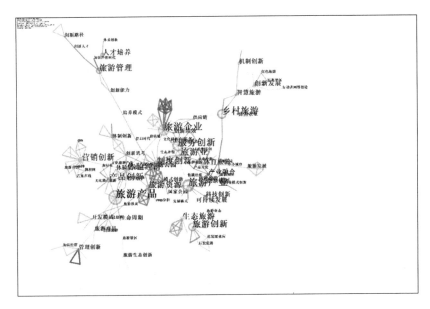

**图 7　旅游创新的国内关键词共现图谱**

对国内外旅游创新关键词进行 Cite Space 聚类分析。从图 8 可知，国外旅游创新研究可细分为 8 个有效聚类（单聚类样本 Silhouette 值在 0.5 ~ 1 之间），按所含关键词规模大小进行排序为：0# knowledge transfer，network，cluster；1 # estonia，segmentation，destination marketing；2 # knowledge，information and communication technology，experience tourism；3#ecosystem service，agriculture，business；4#tourism，alpine tourism，social responsibility；5#travel，leisure activity，destination activity；6#literary history，boston，branding；8#orientation，risk taker，corporate entrepreneurship。从图 9 可知，国内旅游创新研究可分为 11 个有效聚类，分别为：0#旅游产业、旅游业、服务创新；1#体验经济、旅游产品、产品创新；2#旅游企业、财富创造、生产要素；3#开发模式、管理创新、优化创新；4#乡村旅游、创新发展、智慧旅游；5#制度创新、旅游资源、海外旅游者；6#营销创新、青旅在线、web2.0；7#旅游创新、生态

27

旅游、迟发展效应；8#旅游管理、创新路径、西部旅游；12#锦绣中华、实物经营、深圳华侨城；14#旅游发展、名城文化、创新理念。

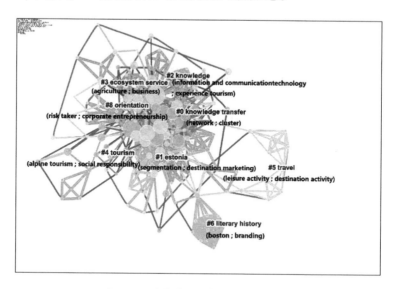

**图 8　国外旅游创新研究的内容聚类**

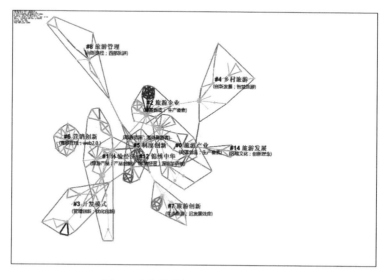

**图 9　国内旅游创新研究的内容聚类**

（四）旅游创新研究的历史演化过程

通过对研究领域的发展时段分析，不仅可了解研究主题的演化过程，还通过对现阶段的内容把握，对未来研究方向做出预测。在对国内外旅游创新研究进行聚类的基础上，基于 Cite Space III 软件的关键词 Timeline 工具，进一步对研究热点的历史演进进行可视化呈现（图 10、图 11）。

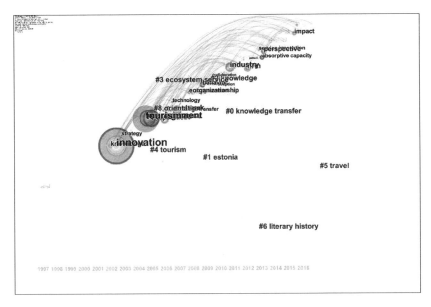

**图 10　国外旅游创新研究的演化过程**

由图 10 可知，近 20 年来，国外旅游创新主要围绕着其"影响因素的不断细化"这一领域展开，同时，知识作为旅游创新的关键动力，一直贯穿于整个研究过程。2000—2005 年，旅游创新的概念开始从创新（innovation）、知识（knowledge）与旅游管理（tourism management）等理论中成形，研究热点开始关注到技术创新（technological innovation）、服务创新（services innovation）、可持续创新（sustainable innovation）等维度。而 2006—2010 年，旅游创新开始向知识转移（knowledge transfer）、网络（network）和集群（cluster）等主题转移，研究内容开始不断深化，影响因素分析涉及企业家精神（entrepreneurship）、组织能力（organization）、企业合作（collaboration）环境（environment）、气候（climate change）等细分因素。2011—2016 年，涉及主题更加广泛，研究内容更多地聚焦于影响因素（determinant）的系统性（system）分析，知识吸收（absorptive capacity）和管理能力（knowledge management）、社会资本（social capital）、市场导向（market orientation）等开始纳入旅游产业（industry）和公司（firm）的旅游创新能力（capability）和绩效（business performance）分析当中。

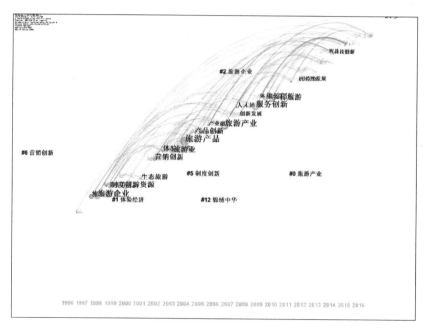

**图 11　国内旅游创新研究的演化过程**

从图 11 呈现的国内旅游创新研究的演化过程可知，其研究更多地围绕"旅游创新细分类别的不断丰富"这一路径展开，同时，与国外相比国内研究更侧重旅游创新的案例实证。1995—2000 年，旅游创新研究在国内开始起步即开始类别细分，1996 年出现"管理创新"，1999 年出现了"制度创新"和"模式创新"，这表明国内旅游创新研究是旅游产业实践对企业管理和政府规制的客观要求催生的。这一时期的研究内容和案例有旅游教育（1998）、旅游资源（1999）、主题公园（1999）等。2001—2010 年，旅游创新细分类型不断深化，多种旅游案例也进入了分析框架。"营销创新（2002）、体制创新（2003）、产品创新（2005）、人才培养创新（2006）、服务创新（2008）、产业创新（2009）"不断出现，在丰富旅游创新研究内容的同时，也表明我国旅游产业实践的迅速发展，各部门和要素开始注重自身创新能力的提升。研究案例有"旅游规划（2002）、体验经济（2003）、中国西部（2003）、粤港澳（2004）、旅游扶贫（2005）、产业融合（2006）、web2.0（2007）、携程网（2007）、电子商务（2008）、会展旅游（2008）、文化遗产旅游（2010）、乡村休闲（2010）"等。2011—2016 年，旅游创新细分类别进入完善和体系化阶段，"文化创新"和"品牌创新"出现于2011 年，"科技创新"出现于2014 年，此外，"体系创新"出现于2015年。研究案例开始出现"低碳旅游（2011）、智慧旅游（2014）、国家公园（2014）、红色旅游（2014）、民族地区（2014）、丝绸之路（2015）、创新人才（2016）、旅游厕所（2016）"等，它们共同构成了近年来旅游创新的国内研究热点。

## 第二节　国内外旅游创新的研究综述

知识图谱的可视化分析通过文献关键词共现和对数似然率算法可为国内外旅游创新绘制简要轮廓和细分类别，但也存在软件命名的不准确性和细分聚类的重叠性等问题。因此,本节通过对旅游创新知识图谱聚类中的代表性文献进行精读,并在此基础上,对旅游创新研究进行类别划分与文献综述。

**一、旅游创新的国外研究综述**

国外关于旅游创新研究开始于对 Schumpeter(1934)创新理论与方法是否适用于旅游业和其他服务行业的探讨。与国内研究相比,国外旅游创新研究较为成熟,并呈现出一定的系统性,主要内容由旅游创新的概念内涵、发展特征、分类维度到旅游创新的影响因素、动力机制,再到旅游创新能力与绩效分析等。

(一)旅游创新的概念、特征与类型研究

旅游创新研究始于创新内涵和类型的界定,它为旅游创新影响因素、动力机制、政策措施等提供了核心理论基础,是旅游创新研究的根基(徐晨,2014①)。Hjalager(1997)② 首先对发明(invention)与创新(innovation)的概念进行了辨别,发明侧重于科学和技术上的革新与进步,但并不考虑任何特定的商业用途和市场推广,而创新则是经济活动主体有目的地将某项发明创造推向市场并实现其价值的过程。Weiermair(2004)③、Decelle(2006)④等赞同 Schumpeter(1934)对"创新"给出的概念,并直接将其引入旅游业,认为旅游创新是先前未在生产工程中出现过的,是关于生产要素的重新组合,

① 徐晨. 旅游企业创新类型及其产生机理研究 [D]. 上海:上海师范大学,2014.
② HJALAGER A M. Innovation Patterns in Sustainable Tourism - An Analytical Typology [J]. Tourism Management, 1997, 18 (1): 35-41.
③ WEIERMAIR K. Product Improvement or Innovation: What is the Key to Success in Tourism [C] //Innovation and Growth in Tourism. Paris: OECD Publishing, 2004: 53-69.
④ DECELLE X. A Dynamic Conceptual Approach to Innovation in Tourism [C] //Innovation and Growth in Tourism. Paris: OECD Publishing, 2006: 85-106.

强调"新"的含义。Volo（2006）① 则从旅游体验的视角对旅游创新进行了界定，以期为旅游企业创新行为的衡量和评估提供标准。Hall 和 Williams（2008）② 进一步认为旅游创新是新产品、服务、创意等从产生到实现的动态性过程，而非静止不变的多种维度组合。

　　传统的创新理论是针对制造业技术创新的研究，作为综合性服务业的旅游产业，其创新形式、创新活动与制造业相比具有自身的独特性。Marta（2003）③ 以服务创新理论为基础，对旅游业创新的特征进行了归纳总结：第一，旅游产品生产和市场消费具有同时性，决定了旅游的产品创新和过程创新难以明确区分，也正是基于此，旅游创新活动逐渐趋向以顾客需求为导向；第二，旅游产业中，生产、经营、服务、售后等从业人员在机构运转和产品服务价值实现过程中扮演着重要角色，可以说人力资本是旅游业创新活动的关键性要素；第三，信息技术（IT）在旅游业创新过程中亦起着至关重要的作用，旅游经济正常运转需要多种而复杂的信息流动与交互过程，而这种基于信息技术的旅游创新成果易于被同行跟风和模仿，且其中很多专利发明不受法律制约和政策保护，这使得在旅游业创新中搭便车现象普遍存在而不受制约，原始旅游创新风险和成本的提高无疑在很大程度上挫伤了旅游企业家的创新创业积极性。

　　Hjalager（1997）④ 认为在旅游环境保护中涉及众多的创新活动，他将其划分为产品创新、管理创新、组织创新、传统过程创新以及基于信息技术的

①　VOLO S. A Consumer Based Measurement of Tourism Innovation［J］. Quality Assurance in Hospitality & Tourism, 2006, 6（3/4）: 73-87.

②　HALL C M, WILLIAMS A M. Tourism and Innovation［M］. London: Routledge, 2008: 5.

③　JACOB M, TINTORE J, AGUILO E, et al. Innovation in the Tourism Sector: Results from a Pilot Study in the Balearic Islands［J］. Tourism Economics, 2003, 9（3）: 279.

④　HJALAGER A M. Innovation Patterns in Sustainable Tourism - An Analytical Typology［J］. Tourism Management, 1997, 18（1）: 35-41.

过程创新等类别。随后，他又对旅游创新的分类进行修改，增加了一种新的旅游创新类别，即分销式创新（Logistics innovation），同时，将之前的传统过程创新与基于信息技术的过程创新两者进行合并，并命名为过程创新（Hjalager，2002）①。进一步，Weiermiar（2004）② 借鉴了 Abernathy-Clark 模型，认为旅游创新可分为常规创新、利基创新、革命创新及结构创新。此外，从创新程度与实践背离程度，将创新划分为渐进性创新和根本性创新两类（Oktadiana，2009③），其中，旅游业创新更具有渐进性趋向。Cruz 和 Martinez 等（2016）④ 在对旅游创新进行文献回顾的基础上，从组织创新、创新策略、产品和过程创新、技术创新、创新知识管理以及创新模型六大类别对旅游创新进行总结和归类。在产业实践中，旅游创新可以是一种或多种创新类型的综合，各类型的旅游创新往往相互融合、彼此渗透，很难进行严格区别和划分。

（二）旅游创新推动机制与影响因素研究

旅游创新需要多种推动因素加以推动和作用。Hjalager（2010）⑤ 在文献综述基础上，总结得出旅游创新由企业家创业精神、技术推动/需求拉动以

① HJALAGER A M. Repairing Innovation Defectiveness in Tourism［J］. Tourism Management，2002，23（5）：465-474.

② WEIERMIAR K. Product Improvement or Innovation：What is the Key to Success in Tourism［C］//Innovation and Growth in Tourism. Paris：OECD Publishing，2004：53-69.

③ OKTADIANA F A. Impact of Innovation Drivers and Types on the Success of Tourism Destination：Findings From Indonesia［C］. Macao，China：the 3rd International Conference on Destination Branding and Marketing，2009.

④ CRUZ A D，MARTINEZ E E V，HINCAPIE J M M，et al. Innovation in Tourism Companies，Where Are They and Where Are They Going? An Approach to the State of Knowledge［J］. Intangible Capital，2016，12（4）：1088-1121.

⑤ HJALAGER A M. A Review of Innovation Research in Tourism［J］. Tourism Management，2010，31（1）：1-12.

及地区创新系统所共同推动，Orfila-Sintes 和 Crespi-Cladera 等（2005）① 对西班牙巴利阿里群岛饭店业的创新行为进行分析，结论显示创新受到饭店类型、供应商、企业规模、市场竞争、人力资本等因素影响。此外，知识流动、市场竞争、创新网络、企业间合作等也是旅游创新的重要影响因素（宋慧林、宋海岩，2013②）。通过文献检索和整理，本书从企业规模、竞争环境、科学技术、旅游需求、人力资本、企业合作等方面分述旅游创新影响因素。

1. 企业规模大小

一般而言，企业创新能力高低和该企业规模关系密切，规模较大的公司具有更高的创新投入、创新活动和创新潜能。Pikkemaat 和 Peters（2005）③、Sundbo 和 Orfila-Sintes 等（2007）④ 通过实证分析证实了这一假说，其案例数据表明旅游企业创新能力大小与其规模边界呈显著的正向关系。Booyens 等（2016）⑤ 通过分析南非西开普敦旅游创新与公司生存关系，认为作为竞争力的表征物，企业规模是旅游创新的重要因素。Hjalager（2002）⑥ 也进一步指出规模较大的旅游企业在创新活动中更具有行业优势，但旅游产品开

---

① ORFILA-SINTES F, CRESPI-CLADERA R, MARTINEZ-ROS E. Innovation Activity in the Hotel Industry: Evidence From Balearic Islands [J]. Tourism Management, 2005, 26 (6): 851-865.

② 宋慧林，宋海岩. 国外旅游创新研究评述 [J]. 旅游科学，2013（2）: 1-13.

③ PIKKEMAAT B, PETERS M. Towards the Measurement of Innovation: Pilot Study in the Small and Medium Sized Hotel Industry [J]. Journal of Quality Assurance in Hospitality & Tourism, 2005, 6 (3/4): 89-112.

④ SUNDBO J, ORFILA-SINTES F, SOENSEN F. The Innovative Behaviour of Tourism Firms -Comparative Studies of Denmark and Spain [J]. Research Policy, 2007, 36 (1): 88-106.

⑤ BOOYENS I, ROGERSON C M. Responsible Tourism in the Western Cape, South Africa: An Innovation Perspective [J]. Tourism, 2016, 64 (4): 385-396.

⑥ HJALAGER A M. Repairing Innovation Defectiveness in Tourism [J]. Tourism Management, 2002, 23 (5): 465-474.

发、服务模式等创新行为又很难受到专利或其他法律机制的保护，这势必也会影响到大型企业的创新力。

2. 市场竞争环境

Zach（2012）①、Souto（2015）②、Jacob 等（2010）③ 认为旅游创新是企业竞争力的重要因素之一，增强旅游创新是提升企业市场竞争力的重要手段。此外，Cavlek 等（2010）④ 指出在全球化背景下，激烈的市场竞争环境会迫使旅游企业创新发展思维并实施创新行为，企业通过开发与众不同的产品或服务以便与同行业竞争者形成对比。Foroughi 等（2015）⑤ 对伊朗德黑兰 346 名旅行社管理人员进行调研，论证出企业竞争强度在开放式服务创新与旅游经营绩效之间起调节性作用，即开发式服务创新对企业绩效具有积极影响，且这种影响力通过竞争强度得以加强。

3. 科学技术推动

全球旅游产业正在发生重大变化，旅游创新主要以两种维度得以表现，即旅游新业态产生和旅游信息通信技术传播（Stamboulis、Skayannis，

① ZACH F. Partners and Innovation in American Destination Marketing Organizations [J]. Journal of Travel Research, 2012, 51（4）: 412-425.

② SHAW G, WILLIAMS A M. Knowledge Transfer and Management in Tourism Organizations: An Emerging Research Agenda [J]. Tourism Management, 2009, 30（3）: 325-335.

③ JACOB M, FLORIDO C, AGUILO E. Research Note: Environmental Innovation as a Competitiveness Factor in the Balearic Islands [J]. Tourism Economics, 2010, 16（3）: 755-764.

④ CAVLEK N, MATECIC I, HODAK D F. Drivers of Innovations in Tourism: Some Theoretical and Practical Aspects [J]. Acta turistica, 2010, 22（2）: 201-220.

⑤ FOROUGHI A, BUANG N A, SENIK Z C, et al. The Role of Open Service Innovation in Enhancing Business Performance: The Moderating Effects of Competitive Intensity [J]. Current Science, 2015, 109（4）: 691-698.

2003①）。关于创新动力和类型描述最为丰富的也是技术创新（Plaza 等，
2011②）。信息通信技术不仅可以促进旅游企业和公司内部创新，同时，对区域旅游规划、城市建设也会起到积极影响。Jimenez-Zarco 等（2011）③ 利用西班牙 100 家旅游公司样本，论证出利用信息通信技术能力是旅游公司服务创新活动的决定因素之一。同时，指出科技进步在促进旅游业发展中往往存在滞后性，这种时间滞后取决于旅游部门的体制变化和吸收能力。Fernandez 等（2011）④ 则通过实证分析得出，信息通信技术可通过改善公司自身的内部知识结构以及公司环境，为企业提供创新能力和竞争优势。Jamhawi 等（2016）⑤ 进一步指出在约旦马达巴的城市管理中和旅游规划中，信息通信技术可以提供更好的管理、分析和决策支持，促进旅游业可持续发展。

从产品创新来看，Huarng（2015）⑥ 认为高科技是企业营销、创新、创业和传播的核心构成，高新技术会促进旅游、服务、品牌和产品的创新。从

---

① STAMBOULIS Y, SKAYANNIS P. Innovation Strategies and Technology for Experience-Based Tourism [J]. Tourism Management, 2003, 24（1）：35-43.

② PLAZA B, GALVEZ-GALVEZ C, GONZALEZ-FLORES A. Orchestrating Innovation Networks in e-Tourism：A Case Study [J]. African Journal of Business Management, 2011, 5 （2）：464-480.

③ JIMENEZ-ZARCO A I, MARTINEZ-RUIZ M P, IZQUIERDO-YUSTA A. Key Service Innovation Drivers in the Tourism Sector：Empirical Evidence and Managerial Implications [J]. Service Business, 2011, 5（4）：339-360.

④ FERNANDEZ J I P, CALA A S, DOMECQ C F. Critical External Factors Behind Hotels' Investments in Innovation and Technology in Emerging Urban Destinations [J]. Tourism Economics, 2011, 17（2）：339-357.

⑤ JAMHAWI M M, HAJAHJAH Z A. It-Innovation and Technologies Transfer To Heritage Sites：the Case of Madaba, Jordan [J]. Mediterranean Archaeology & Archaeometry, 2016, 16（2）：41-46.

⑥ HUARNG K H, YU T H K, LAI W. Innovation and Diffusion of High-Tech Products, Services, and Systems [J]. Journal of Business Research, 2015, 68（11）：2223-2226.

消费者和管理者认知来看，Farsani 等（2016）① 通过对伊朗伊斯法罕城市游客和餐馆经理调查分析，得出旅游消费者和饭店管理者对饭店餐饮业中信息通信技术应用持感兴趣和欢迎态度。

4. 旅游需求拉动

市场需求也是主流旅游研究中的重要问题之一，且被认为是旅游创新的重要推动力（Buhalis，2000②）。Stamboulis 等（2003）③ 认为定制化旅游是当今旅游创新的关键因素，并强调了对新兴产品和服务表现出具有浓厚兴趣的 "领袖用户" 和第一推动客户的重要性。Lee（2011）④ 进一步以航空企业为案例，论证了消费者需求是航空公司进行创新的重要动力之一，例如，乘客乘机体验因飞机航行噪声影响而大打折扣，这促使了一些航空公司在降噪问题上进行技术创新。

旅游消费升级和市场细分会产生更多样、更个性化的需求，从而带动旅游产品和业态的创新（Weiermair，2005⑤）。Weiermair 等（2004）⑥ 通过对人口结构进行调查，得出旅游者年龄对旅游产品需求产生更多细分，人口老龄化促进许多健康相关旅游产品的创新发展。此外，X、Z、Y 三代的脱节生

---

① FARSANI N T, SADEGHI R, SHAFIEI Z, et al. Measurement of Satisfaction with ICT Services Implementation and Innovation in Restaurants（Case Study：Isfahan, Iran）［J］. Journal of Travel & Tourism Marketing, 2016, 33（2）：250-262.

② BUHALIS D. The Tourism Phenomenon：The New Tourist and Consumer［M］// WAHAB C, COOPER C. Tourism in the Age of Globalization, London：Routledge, 2000：69-96.

③ STAMBOULIS Y, SKAYANNIS P. Innovation Strategies and Technology for Experience-Based Tourism［J］. Tourism Management, 2003, 24（1）：35-43.

④ LEE J, MO J. Analysis of Technological Innovation and Environmental Performance Improvement in Aviation Sector［J］. International Journal of Environmental Research and Public Health, 2011, 8（9）：3777-3795.

⑤ WEIERMAIR K. Prospects for Innovation in Tourism：Analyzing the Innovation Potential Throughout the Tourism Value Chain［J］. Quality Assurance in Hospitality & Tourism, 2005, 6（3/4）：59-72.

⑥ WEIERMAIR K, MATHIES C. The Tourism and Leisure Industry：Shaping the future［M］. Binghamton, NY：The Haworth Press, 2004.

活方式会对旅游产品的结构和形象产生重要影响。Shaw 等（1994）① 强调新兴市场消费者收入增加和需求旺盛，会改变全球旅游市场上的产品体系和消费系统，并鼓励旅游企业提高旅游产品质量、创新产品形态，以提升对新兴市场的适应性。

5. 企业人力资本

企业家精神是旅游产品市场定位和竞争力提高的关键因素（Hjalager，2010②）。Paget 等（2010）③ 认为企业创新的关键因素在于企业家是否能准确地识别出市场机遇，并高效率地利用创新社会网络促进创新活动。Nybakk 等（2008）④、Lee 等（2016）⑤ 分别以挪威自然资源旅游企业以及旅游餐厅为案例，论证得出企业家精神对旅游企业的创新和绩效具有重要影响，具有较强创业态度的企业主更有可能改变他们的企业组织方式以促进公司创新。而 Lerner 等（2000）⑥ 则认为旅游企业家往往缺少较成熟的商业技能，因而他们的创新能力大多是较为有限的。

① SHAW G，WILLIAMS A M. Critical Issue in Tourism：A Geographical Perspective［M］. Oxford：Blackwell Publishing，1994.

② HJALAGER A M. A Review of Innovation Research in Tourism［J］. Tourism Management，2010，31（1）：1-12.

③ PAGET E，DIMANCHE F，MOUNET J P. A Tourism Innovation Case：An Actor-Network Approach［J］. Annals of Tourism Research，2010，37（3）：828-847.

④ NYBAKK E，HANSEN E. Entrepreneurial Attitude，Innovation and Performance among Norwegian Nature-Based Tourism Enterprises［J］. Forest Policy and Economics，2008，10（7/8）：473-479.

⑤ LEE C，HALLAK R，SARDESHMUKH S R. Innovation，Entrepreneurship，and Restaurant Performance：A Higher-Order Structural Model［J］. Tourism Management，2016，53，215-228.

⑥ LERNER M，HABER S. Performance Factors of Small Tourism Venture：the Interface of Tourism，Entrepreneurship and the Environment［J］. Journal of Business Venturing，2000，16（1）：77-100.

此外，Sundbo 等（2007）①、Marta 等（2003）② 均认为旅游企业员工在企业创新活动中扮演着重要角色，高素质、负责人的企业员工在旅游企业创新过程中能更好地吸收外部创新知识并促进旅游企业的内部创新。Orfila-Sintes 等（2005）③ 进一步通过实证得出，创新水平较高的旅游企业普遍重视员工技能培训。然而，旅游从业市场存在服务人员技能较低、岗位流动性较大、基础岗位离职率高等特征，很大程度上成为旅游企业依靠人力资本实现创新的瓶颈（OECD，2006④）。Ottenbacher 等（2005）⑤、Martinez-ros 等（2012）⑥ 指出旅游从业者自身的工作能力、对消费者的服务态度、对企业的忠诚度以及对市场的认知度等对旅游创新均具有积极的影响。

6. 企业相互合作

企业间相互合作可以加深知识、技术、资源等交流，促进企业创新能力的提高。Bergin-Seer 等（2008）⑦ 认为，企业间合作能促使行业资源和创新

① SUNDBO J, ORFILA-SINTES F, SOENSEN F. The Innovative Behaviour of Tourism Firms-Comparative Studies of Denmark and Spain [J]. Research Policy, 2007, 36 (1)：88-106.

② JACOB M, TINTORE J, AGUILO E, et al. Innovation in the Tourism Sector：Results from a Pilot Study in the Balearic Islands [J]. Tourism Economics, 2003, 9 (3)：279.

③ ORFILA-SINTES F, CRESPI-CLADERA R, MARTINEZ-ROS E. Innovation Activity in the Hotel Industry：Evidence From Balearic Islands [J]. Tourism Management, 2005, 26 (6)：851-865.

④ OECD. Innovation and Knowledge-Intensive Service Activities [M]. the 3nd Edition. Paris：OECD, 2006：7-13.

⑤ OTTENBACHER M, GNOTH J. How to Develop Successful Hospitality Innovation [J]. Cornell Hotel and Restaurant Administration Quarterly, 2005, 46 (2)：205-222.

⑥ MARTINEZ-ROS E, ORFILA-SINTES F. Training Plans, Manager's Characteristics and Innovation in the Accommodation Industry [J]. International Journal of Hospitality Management, 2012, 31 (3)：686.

⑦ BERGIN-SEERS S, BREEN J, FREW E. The Determinants and Barriers Affecting Innovation Management in SMTES in the Tourist Park Sector [J]. Tourism Recreation Research, 2008, 33 (3)：245-253.

知识的流动与获取，从而增加旅游新产品或新服务的开发渠道。Trigo 等（2012）① 对西班牙 2148 家创新性服务企业进行调查，归纳得出三种合作类型企业：科技合作密集型的服务公司、与客户互动密集型的服务公司以及低合作强度的服务公司，论证得出企业合作模式与创新绩效间存在相关关系，且企业合作不是西班牙服务企业创新的普遍做法。此外，还有学者将创新活动纳入企业合作能力的组成部分。如 Pinto 等（2015）② 通过对葡萄牙、西班牙、爱尔兰和苏格兰等蓝色经济组织的调查与分析，得出的主要结论之一：参与创新活动和提高吸收能力是强化企业间合作的关键因素。

（三）旅游创新的知识管理与转移研究

创新是一个复杂的动态的过程，学术界目前对旅游创新的影响因素类别还存在差异，但学者们一致认同知识对旅游创新的作用，认为知识是创新的重要动力，知识转移是创新行为的关键要素。Cooper（2006）③ 将旅游企业创新知识分为内部和外部两大来源，其中，内部源于资深管理人员和工作人员，而外部来源有客户、供应商、竞争对手、大学等，并指出旅游企业、公司、协会等组织中隐性知识更为丰富，且与显性知识相比更能创造价值，因而知识管理的重点是对隐性知识的分析和管理。Hjalager（2002）④ 将旅游创新的外部知识来源分为业务系统（供应商、竞争对手、商会或行业协会）、技术体系（设备和技术、半成品制造工艺、外包）、基础设施（自然与文化、

---

① TRIGO A, VENCE X. Scope and Patterns of Innovation Cooperation in Spanish Service Enterprises [J]. Research Policy, 2012, 41 (3): 602-613.

② PINTO H, CRUZ A R, COMBE C. Cooperation and the Emergence of Maritime Clusters in the Atlantic: Analysis and Implications of Innovation and Human Capital for Blue Growth [J]. Marine Policy, 2015, 57: 167-177.

③ COOPER C. Knowledge Management and Tourism [J]. Annals of Tourism Research, 2006, 33 (1): 47-64.

④ HJALAGER A M. Repairing Innovation Defectiveness in Tourism [J]. Tourism Management, 2002, 23 (5): 465-474.

景点、交通运输系统）以及法规制度（环境标准、管制标准、技术标准、健康与安全标准法规）。此外，他还深入研究了旅游业知识利用与转移过程，并提出知识转移具有的四个渠道：技术体系、商业体系、基础设施体系以及法律法规体系。知识是推动创新的动力，虽然旅游企业大多利用内部资源进行创新，但外部的、非本地的知识对于增强新的创新具有重要意义（Booyens等，2016①）。

Shaw 等（2009）② 则进一步指出旅游业的知识转移有两大路径，即直接与间接路径，有两个因素和旅游创新密切相关。一是网络要素。在区域旅游经济发展中，相关知识依托产业集群、实践社区、对外直接投资等方式在企业内部、外部以及企业间进行流动，因此，网络对旅游业知识转移起着非常重要的作用。二是人员流动要素。旅游企业员工流动促进了行业知识和信息的跨行业跨部门流动，而游客来访、居民出游等促进了旅游知识的跨地区流动。此外，旅游创新知识的转移也会受到多种要素影响。Weidenfeld 等（2010）③ 认为企业空间邻近性、产品相似性和市场相似性通常会促进企业知识转移和创新溢出效应。而 Weidenfeld（2013）④ 则通过对欧洲跨区域创新体系中旅游知识转移分析，得出相对开放的国际边界上的密集运动对跨区域知识转移和创新扩散具有促进作用。此外，Williams 等（2011）⑤ 以旅游

---

① BOOYENS I, ROGERSON C M. Responsible Tourism in the Western Cape, South Africa: An Innovation Perspective [J]. Tourism, 2016, 64 (4): 385-396.

② SHAW G, WILLIAMS A M. Knowledge Transfer and Management in Tourism Organizations: An Emerging Research Agenda [J]. Tourism Management, 2009, 30 (3): 325-335.

③ WEIDENFELD A, WILLIAMS A M, BUTLER R W. Knowledge Transfer and Innovation among Attractions [J]. Annals of Tourism Research, 2010, 37 (3): 604-626.

④ WEIDENFELD A. Tourism and Cross Border Regional Innovation Systems [J]. Annals of Tourism Research, 2013, 42: 191-213.

⑤ WILLIAMS A M, SHAW G. Internationalization and Innovation in Tourism [J]. Annals of Tourism Research, 2011, 38 (1): 27-51.

产业全球化和国际化为背景，指出劳动力流动和跨国移民等因素对知识转移和旅游创新具有重要推动作用。Cooper（2006）① 认为在旅游业知识转移中，最大的障碍是知识管理系统的费用问题。

（四）旅游创新网络与产业集聚研究

旅游产业网络（network）与集聚（cluster）是旅游企业为获取、分享市场信息、要素资源、客源市场等，而在所达成的共识和默契的基础上形成的合作体系。其中，创新网络（innovation networks）的实施往往是企业产生持续竞争优势的关键，Favre-Bonte 等（2016）② 认为组织间的网络特点与服务创新类型具有相关关系，地理分布和链接特征的网络特点不同，则所实施的创新类型也有区别。Booyens 等（2016）③ 对南非西开普敦的旅游创新网络进行分析，认为虽然外部网络关系对旅游创新具有非常重要的意义，但根植于本地的网络关系仍然是提升地区企业核心竞争力和旅游创新的关键因素。Plaza 等（2011）④ 指出在电子商务旅游业中，创新过程由旅游网络所驱动，网络内部的同伴互助、知识密集型服务业（KIBS）在中小企业创新中具有重要作用。此外，网络管理也是提升旅游竞争力和创新的重要潜力因素。

---

① COOPER C. Knowledge Management and Tourism［J］. Annals of Tourism Research, 2006, 33（1）: 47-64.
② FAVRE-BONTE V, GARDET E, THEVENARD-PUTHOD C. Inter-Organizational Network Configurations for Ski Areas Innovations［J］. European Journal of Innovation Management, 2016, 19（1）: 90-110.
③ BOOYENS I, ROGERSON C M. Unpacking the Geography of Tourism Innovation in Western Cape Province, South Africa［J］. Bulletin of Geography-Socio-Economic Series, 2016, 31（31）: 19-36.
④ PLAZA B, GALVEZ-GALVEZ C, GONZALEZ-FLORES A. Orchestrating Innovation Networks in e-Tourism: A Case Study［J］. African Journal of Business Management, 2011, 5（2）: 464-480.

Romeiro（2010）① 通过对西班牙赫尔特谷乡村旅游商务网络的研究，得出网络管理有助于建立一个有凝聚力的旅游目的地，促进资源得到共享，进而使本地公司更好地应对全球市场的挑战。

集群（cluster）是旅游研究中一个新兴的领域，国外关于发展旅游产业集群的理论和实践研究方兴未艾。Novelli 等（2006）② 指出中小型旅游企业在激烈的市场竞争中处于不利地位，而产业集聚为诸多小体量公司提供了实现创新性经营和合作化发展的重要机遇，而 Bergin-Seers 等（2008）③ 通过对旅游公园的案例分析也印证了以上假设。旅游业的网络与集聚具有多种发展类型，不同的发展类型对旅游企业创新能力和发展效率的提升具有差异性作用，主要类型包括两种，一种是地域型的旅游业网络与集聚，这种类型主要是依托企业空间相邻在某一旅游地从而形成的各类旅游景区、公司、酒店、餐饮等旅游企业的集聚现象，该集聚类型有助于不同旅游企业和公司间通过信息交流实现隐性知识的交流，另一种类型是供应链型的旅游业网络与集聚，这种结构模式下旅游企业间的合作关系是基于旅游产品供应链而形成的，有利于旅游企业创新旅游供应模式、完善旅游产品价值链（宋慧林、宋海岩，2013④）。

---

① ROMEIRO P, COSTA C. The Potential of Management Networks in the Innovation and Competitiveness of Rural Tourism: A Case Study on the Valle Del Jerte (Spain) [J]. Current Issues in Tourism, 2010, 13 (1): 75-91.

② NOVELLI M, SCHMITZ B, SPENCER T. Networks, Clusters and Innovation in Tourism: A UK Experience [J]. Tourism Management, 2006, 27 (6): 1141-1152.

③ BERGIN-SEERS S, BREEN J, FREW E. The Determinants and Barriers Affecting Innovation Management in SMTES in the Tourist Park Sector [J]. Tourism Recreation Research, 2008, 33 (3): 245-253.

④ 宋慧林，宋海岩. 国外旅游创新研究评述 [J]. 旅游科学，2013 (2): 1-13.

（五）旅游创新的评价与绩效研究

旅游创新评价和测度可通过多种层次的方法加以衡量，如公司企业（Orfila‐Sintes 等，2005①；Pikkemaat 等，2005②）、社会网络（Novelli 等，2006③）、区域系统（Hall，2009④）等。Volo（2006）⑤、Jacob 等（2003）⑥、Perez 等（2006）⑦ 基于实证调查，对旅游企业或其他微观层面组织机构的创新绩效及能力进行了衡量。而 Sundbo 等（2007）⑧、Camison（2012）⑨ 借鉴熊彼特的创新概念，通过调查和打分为一个国家或地区提供了创新水平综合指数。目前，国外学者对旅游创新评价与测量的研究路径主要是依据欧洲创新调查（CIS）、意大利服务创新调查（IIS）、澳大利亚与新

① ORFILA‐SINTES F, CRESPI‐CLADERA R, MARTINEZ‐ROS E. Innovation Activity in the Hotel Industry: Evidence From Balearic Islands [J]. Tourism Management, 2005, 26 (6): 851-865.

② PIKKEMAAT B, PETERS M. Towards the Measurement of Innovation: Pilot Study in the Small and Medium Sized Hotel Industry [J]. Journal of Quality Assurance in Hospitality & Tourism, 2005, 6 (3/4): 89-112.

③ NOVELLI M, SCHMITZ B, SPENCER T. Networks, Clusters and Innovation in Tourism: A UK Experience [J]. Tourism Management, 2006, 27 (6): 1141-1152.

④ HALL C M. Innovation and Tourism Policy in Australia and New Zealand: Never the Twain Shall Meet? [J]. Journal of Policy Research in Tourism Leisure and Events, 2009, 1 (1): 2-18.

⑤ VOLO S. A Consumer Based Measurement of Tourism Innovation [J]. Quality Assurance in Hospitality & Tourism, 2006, 6 (3/4): 73-87.

⑥ JACOB M, TINTORÉ J, AGUILÓ E, et al. Innovation in the Tourism Sector: Results from a Pilot Study in the Balearic Islands [J]. Tourism Economics, 2003, 9 (3): 279-295.

⑦ PEREZ A S, BORRAS B C, BELDA P R. 2006. Technology externalities in the tourism industry. In Innovation and product development in Tourism [M]. Berlin Erich Schimidt Verlag, 2006: 39-55.

⑧ SUNDBO J, ORFILA‐SINTES F, SOENSEN F. The Innovative Behaviour of Tourism Firms ‐Comparative Studies of Denmark and Spain [J]. Research Policy, 2007, 36 (1): 88-106.

⑨ CAMISON C, MONFORT‐MIR V M. Measuring Innovation in Tourism from the Schumpeterian and the Dynamic‐Capabilities Perspectives [J]. Tourism Management, 2012, 33 (4): 776-789.

西兰国家创新联合统计调查等，而且以上研究均以描述性统计为研究结果的分析工具（辛安娜、李树民，2015①）。此外，旅游创新的评价可能面临诸多疑问，如单一企业层面的创新是否能用于国家或地区层面的创新评价（Camison 等，2012②）；制造业等产业的创新测量标准能否适用于旅游服务业中（Tribe，1997③）；快速发展的旅游与服务业创新能否用制造业中技术创新指标得以有效衡量。

旅游创新能力对旅游目的地和旅游企业发展绩效（Performance）具有重要影响，且这种影响包括直接性和中介性影响。国外学者多以酒店和餐饮企业为分析案例，方法则多采用管理统计方法，其中回归分析应用最广。Orfila-Sintes 等（2009）④ 提出一个由服务提供者特征、消费者能力和市场驱动所影响的旅游创新行为模型，并以巴利阿里群岛酒店为例，得出该模型对酒店绩效具有积极影响。Tugores 等（2015）⑤ 分别对旅游酒店的环境和非环境创新进行分析，认为非环境创新和一些特殊的环境创新对酒店绩效有积极的影响。Lin（2013）⑥ 分析了服务创新对公司绩效的影响，认为服务创新通过直接和间接等手段，依托服务质量对公司绩效起到积极的中介作用，其

---

① 辛安娜，李树民. 国外旅游创新问题研究的前沿述评 ［J］. 经济管理，2015（6）：110-122.

② CAMISON C，MONFORT-MIR V M. Measuring Innovation in Tourism from the Schumpeterian and the Dynamic-Capabilities Perspectives ［J］. Tourism Management，2012，33（4）：776-789.

③ TRIBE J. The Indiscipline of Tourism ［J］. Annals of Tourism Research，1997，24（3）：638-657.

④ ORFILA-SINTES F，MATTSSON J. Innovation Behavior in the Hotel Industry ［J］. Omega-International Journal of Management Science，2009，37（2）：380-394.

⑤ TUGORES M，GARCIA D. The Impact of Innovation on Firms' Performance：An Analysis of the Hotel Sector in Majorca ［J］. Tourism Economics，2015，21（1）：121-140.

⑥ LIN L. The Impact of Service Innovation on Firm Performance ［J］. Service Industries Journal，2013，33（15/16）：1599-1632.

中，直接性作用大于间接性作用。Chou 等（2016）① 则进一步扩展，认为可持续服务创新、食品服务技术、组织学习、采用创新和组织环境五个因素深刻影响餐饮企业绩效。

## 二、旅游创新的国内研究综述

国内旅游创新研究起步虽较晚，但成果丰富，分析内容和视野得到不断拓宽，且涌现出旅游人才培养、产品业态丰富、政府管理变革等方面的旅游创新内容。与国外研究相比，国内研究主要集中于旅游创新的内容细分和某一维度的实证，具体包括学科建设人才培养创新、旅游科技创新、旅游市场营销创新、旅游管理与体制创新、旅游产品与线路创新、创新能力与创新绩效等类型。

### （一）旅游管理学科创新与人才培养创新

改革开放以来，随着中国旅游产业的快速发展，旅游教育事业经历了从无到有、从小到大的成长之路，并建立起规模庞大、层次齐全、类型多元的旅游教学体系，为我国旅游业发展提供了强大的智力和人力支持。旅游学科和管理人才能力创新一直是旅游创新研究的重要内容。

我国旅游学科建设起步较晚，体系尚未完善，诸多学者从学科创新的必要性和创新模式的构建进行了广泛研究。何建民（2008）② 认为我国旅游高等教育需从两方面进行创新，一是发展具有母学科支撑的旅游管理教育综合

---

① CHOU S F, HORNG J S, LIU C H, et al. Expert Concepts of Sustainable Service Innovation in Restaurants in Taiwan［J］. Sustainability，2016，8（8）：739.
② 何建民. 基于战略管理理论与国际经验的我国旅游高等教育发展定位与创新［J］. 旅游学刊，2008（2）：6-7.

性体系，二是完善适应人才市场的多层次教育课程体系。汪宇明（2008）①也认同在实施世界旅游强国的战略进程中，中国旅游学人应创新旅游科学体系和教育结构，并加快培养适应高素质、复合型旅游人才队伍。董观志（2003）② 则进一步提出模块化（Module）、活动化（Movement）和互动化（Mutualism）相组合的旅游管理3M教学法，对我国高校旅游管理教育实现国际化具有操作性的导向意义。此外，陆林（2010）③ 还提出旅游教育的"1234"创新发展模式，即以职业经理人后备人才为培养目标，以国际化和市场化为价值导向，以案例教学为载体、以实习实训为重点、以职业训练为核心的三马车引领，并注重加强学科基础研究、创新产学研合作模式、强化师资队伍素质和提升教学管理方法。

在信息时代背景下，旅游企业为应对新的市场竞争形势，对人才提出了更高、更新的要求。我国旅游企业和高等院校应抓住网络信息技术带来的机会，在理念、方法、模式和内容等方面大力进行人才培养创新，真正实现我国旅游业人才综合素质和创新能力的提高（马勇，2005④）。当前，我国在旅游管理学生和人才创新能力的培养中存在培养目标、过程、质量检测以及旅游教育自身创新等方面不足，多位学者从不同角度提出了创新人才培养模式，如王飞飞（2016）⑤ 的"三个课堂联动"旅游专业人才培养模式（第一课堂对应"专业知识"，第二课堂对应"实习实践"，第三课堂对应"创新

---

① 汪宇明. 关于旅游科学体系建构与人才培养机制创新的思考［J］. 桂林旅游高等专科学校学报，2008（1）：3-6.
② 董观志. 旅游管理3M教学法的创新与实践［J］. 旅游学刊，2003（S1）：42-45.
③ 陆林，黄剑锋，张宏梅. 基于职业经理人培养目标的旅游本科教育创新发展研究［J］. 旅游学刊，2010，25（8）：59-64.
④ 马勇，何彪. 基于信息时代背景下的旅游业人才培养模式创新［J］. 中国人力资源开发，2005（6）：83-85，92.
⑤ 王飞飞，胡波. "三个课堂联动"旅游管理创新人才培养模式研究［J］. 山西财经大学学报，2016（S1）：84-86.

创业"，通过"三个课堂联动"，实现"知识+素质+能力"三位一体，进而促进旅游管理专业学生素质的全面提高），孙玉景（2011）① 的"通识教育+个性化培养"相结合的创新培养模式，蔡红（2008）② 的旅游人才创新培养ASK 模型（态度、技能和知识相结合）。

### （二）旅游产业的科技创新及其影响作用

科技创新是旅游业发展的核心动力，是旅游创新体系中的重要组成部分，它影响着旅游经济发展的质量与速度，是优化旅游产业结构、变革旅游经济发展方式，继而实现旅游产业转型升级与跨越发展的内生力量和驱动力（王毅，2015③）。在知识经济背景下，提升地区旅游产业的核心竞争力，促进科技在旅游产业中的应用，关键在于找到科技创新与旅游产业的衔接点，并使之转化成市场能力。当前，中国旅游产业存在科技创新能力低下、产业缺乏科技战略、科技管理能力较弱、产业缺乏科技素养等问题，部分旅游寡头抛弃科技管理，以及旅游业发展缺乏内涵发展的理念与科学发展的核心能力等问题。这需要从提升旅游产业的科技含量、提升科技管理水平与能力、建立适应科技管理的发展体系等方面加以解决，从而促进旅游经济的科技创新与内涵发展（徐岸峰，2010④）。

陈昕（2013）⑤ 指出科学技术对开拓新的旅游资源，提高旅游资源综合利用效率，保护旅游资源和旅游环境，扩大旅游活动空间，提高旅游活动质

---

① 孙玉景. 旅游管理专业研究生创新能力培养研究［D］. 沈阳：沈阳师范大学，2011.
② 蔡红，李云鹏. 工商管理学院建制下的旅游高等教育模式创新［J］. 旅游学刊，2008（1）：8-10.
③ 王毅. 我国旅游产业科技创新能力时空演变研究［D］. 南京：南京师范大学，2015.
④ 徐岸峰. 旅游产业科技创新及科技管理策略研究［J］. 科技管理研究，2010，30（20）：33-35.
⑤ 陈昕. 试论旅游产业竞争力的科技方法创新：以云南为例［J］. 云南大学学报（社会科学版），2013，12（4）：101-105，112.

量等方面均具有重要作用。目前，广泛应用于旅游业的科学技术主要有信息通信技术、现代交通技术、旅游资源可持续利用与保护技术、新能源和节能减排技术、生态环境保护技术以及现代康体技术等。王兆峰（2010）① 借鉴生态位理论，探讨了技术创新对旅游经济发展所起到的影响作用，主要表现在以下方面：技术结构是旅游产业结构优化的基础；技术进步是旅游产业结构变动的动力；技术关联是旅游产业内在关联的核心构建；技术的生命周期决定旅游产业生命周期；技术进步引起旅游产业生产要素的变动。此外，技术创新发展水平表现出空间差异性，王毅（2015）② 以旅游业发明专利为依据，利用锡尔系数、探索性空间数据分析以及空间回归模型，对 2004—2013 年我国旅游产业科技创新时空格局演变情况及动力机制进行了研究。

同时，也有学者针对某区域或业态进行旅游技术创新研究，如赵志峰（2016）③ 以渝东南地区旅游小城镇规划和建设为案例，杨琴（2010）④ 以张家界市旅游业技术创新为案例，王志民（2016）⑤ 以江苏省旅游科技创新协同度为案例，江金波（2014）⑥ 以广东省旅游产业结构为案例。总之，旅游产业技术创新是一个系统性工程，它将通过规划创新方向、明确创新内容、开拓创新思路等实现旅游技术创新的发展目标。

①　王兆峰，杨琴. 技术创新与进步对区域旅游产业成长机理作用与动力机制研究［J］. 科技管理研究，2010，30（2）：120-124.
②　王毅. 我国旅游产业科技创新能力时空演变研究［D］. 南京：南京师范大学，2015.
③　赵志峰. 科技创新驱动旅游小城镇的发展路径：以渝东南民族地区为例［J］. 社会科学家，2016（11）：107-111.
④　杨琴. 技术创新与旅游产业成长研究［D］. 吉首：吉首大学，2010.
⑤　王志民. 江苏省区域旅游产业与科技创新协同度研究［J］. 世界地理研究，2016，25（6）：158-165.
⑥　江金波，刘华丰，严敏. 旅游产业结构及其转型升级的科技创新路径研究：以广东省为例［J］. 重庆大学学报（社会科学版），2014，20（4）：16-24.

（三）旅游市场营销理论、模式创新研究

营销理论创新方面，刘曙霞（2009）① 构建了以旅游消费者需求为导向的营销理念创新；以体制完善、队伍建设为重点的营销管理创新；以网络、体验、文化、媒体、协同及多渠道营销为渠道的营销方式创新。此外，沈鹏熠（2008）② 从顾客价值视角，建构了具有动态性、整体性、协同性、层次性的旅游地营销创新理论体系，这一体系不仅可以将旅游供求双方的利益联系起来，而且有利于旅游地顾客价值的深入挖掘和系统升级，从而创新旅游目的地的整个营销系统。胡宇橙（2007）③ 指出 CRM（客户关系管理）可以创新市场营销理念，促进企业技术创新与进步，实现企业业务流程的重构、企业营销与销售的自动化。

营销模式创新方面，徐海燕（2016）④ 认为大数据时代给旅游业营销带来了巨大变革，他构建出一种大数据背景下的"CPCR"旅游营销新模式，即沟通（Communication）、产品（Product）、消费者（Customer）、反应（Retrenchment），并以途牛旅游网为案例，对该模式可行性进行论证。周惠（2013）⑤ 认为旅游电子商务企业（Online Travel Agency）创新了旅游业中"营"与"销"模式，在传统旅行社的基础上，旅游电子商务企业拓展了在线预订模式，将旅游销售从"产品力"时代带入"消费者需求"时代，实现

---

① 刘曙霞. 旅游商品营销创新研究［J］. 中国流通经济，2009，23（10）：61-64.
② 沈鹏熠. 基于顾客价值的旅游目的地营销创新研究［J］. 经济问题探索，2008（11）：133-138.
③ 胡宇橙，钱亚妍. CRM 对旅游企业市场营销创新的借鉴及推动分析［J］. 企业活力，2007（10）：36-37.
④ 徐海燕. 大数据背景下旅游营销创新模式研究［D］. 贵阳：贵州财经大学，2016.
⑤ 周惠. 旅游电子商务企业在旅游营销上的模式创新［D］. 上海：上海外国语大学，2013.

了营销 4P 到 4C 的飞跃。此外，黄小葵（2013）① 对内蒙古、吴亚平（2016）② 对红色旅游、周继霞（2016）③ 对少数民族地区的旅游营销创新进行了广泛的研究。

### （四）政府部门与旅游企业管理体制创新

区域旅游业的健康、可持续发展，不仅需要政府部门的公共管理和体制完善，也需要旅游企业、景区景点的自我管理和互动协调。近年来，我国政府在旅游管理体制机制上创新不断，如依托"互联网+"的智慧旅游城市建设、大数据为媒介的旅游监管平台建设、旅发委为标志的管理组织升级等，但与此同时，旅游管理体制在主体、方式、目标、结果等方面均存在一定问题，亟须通过完善旅游法律体系、强化旅游管理主体的社会责任感、培育公共理性等途径来实现区域旅游可持续发展及服务型政府的建立（乔晶，2009④）。

我国休闲旅游经济面临需求集中和供给刚性的矛盾、休闲娱乐产品水平较低及支撑设施建设滞后等问题（冉斌，2004⑤），亟须政府部门从以下几方面进行制度创新：一是全面实施带薪休假制度；二是加强与休闲相关的各种旅游设施建设；三是大力开发与休闲相关的各种旅游新产品；四是亟须加强社会条件支持系统的配套工作。喻玲（2013）⑥ 则认为政府主导的旅游管理模式具有较大优势，当前，政府旅游管理需要从制度创新理念改变以及政

① 黄小葵，王萌萌，张启峰. 基于技术变革的内蒙古旅游产业发展与营销模式创新研究 [J]. 科学管理研究，2013，31（3）：86-89.
② 吴亚平，石培新，陈志永. 中国梦语境下红色旅游目的市场营销创新 [J]. 贵州社会科学，2016（1）：128-135.
③ 周继霞. 少数民族地区特色旅游商品营销创新研究 [J]. 商业经济研究，2016（8）：69-70.
④ 乔晶. 我国政府旅游管理体制创新研究 [D]. 太原：山西大学，2009.
⑤ 冉斌. 我国休闲旅游发展趋势及制度创新思考 [J]. 经济纵横，2004（2）：25-28.
⑥ 喻玲. 谈契约理论为依托的旅游管理制度创新 [J]. 商业时代，2013（34）：99-100.

府在开发、经营、监管等过程中的职能转变进行体制和制度创新。侯兵（2009）① 认为城市旅游公共管理体制的变革与创新将会成为今后旅游体制改革的重要任务，并进一步提出应从权力制衡和职能分工两个层面明晰城市旅游公共管理体制，进而建构经济杠杆与行政管理相结合的二元式公共管理体系，最终形成多层次、多维度的旅游管理网络体系。王如东（2005）② 基于新公共管理和可持续发展理论，从旅游管理主体、旅游管理过程、旅游管理目标、旅游管理绩效四方面构建了旅游管理新模式，主体包括政府、企业、社会的共同参与，过程为原因导向的预防式治理，而目标是经济、社会、环境的三维整合，绩效即公众（游客）满意、成本最低、效益最大。

部分旅游企业和景区景点的管理体制亦存在责权不明晰、行政治理色彩明显、管理机构单位臃肿、管理绩效低下等问题，创新企业管理体制、理顺景区各方责权关系、完善现代化企业管理、注重旅游活动参与者的利益协调是旅游企业和景区发展的重要方向。周宾美（2014）③ 以湖南外资旅行社为对象，探索了旅行社的运营管理创新机制。研究表明，旅游企业战略（Strategy）、制度（System）、结构（Structure）、员工（Staff）、风格（Style）以及共同价值观（Shared values）等因素在旅游企业管理创新中发挥着重要作用。其中，战略（Strategy）、制度（System）和结构（Structure）属于硬性因素，而风格（Style）、员工（Staff）和共同价值观（Shared values）等属于软性要素。同时，旅行社管理创新最终会经过计调管理、财务管理、导游协调、市场销售和操作运营五大部分的创新反映出来。肖瑶（2007）④ 指出我国旅游

---

① 侯兵，黄震方，徐海军. 外部性视角的城市旅游公共管理体制变革与创新 [J]. 商业经济与管理，2009（6）：74-81.
② 王如东. 政府在旅游管理中的作用及制度创新 [D]. 上海：同济大学，2005.
③ 周宾美. 旅行社运营管理创新机制研究 [D]. 长沙：湖南师范大学，2014.
④ 肖瑶. 基于公司治理理论的旅游景区管理模式创新研究 [D]. 湘潭：湘潭大学，2007.

景区管理存在着所有权主体缺位、高负债下的债权治理软约束、行政性治理色彩鲜明等问题，景区经营管理模式创新势在必行，亟须运用公司治理理论对中国旅游景区管理模式进行创新，使景区拥有独立的法人资格、明确的产权关系以及合理的法人治理结构。董巧红（2014）① 认为五台山景区管理体制存在管理机构臃肿、管理效率低下，条块分割、权责不明，利益均沾、不利发展，财政困难、举步维艰等诸多问题，需要改变政企不分的经营管理模式，协调管理体制机制，促进政府职能转换，打造新时期"小政府、大服务"的服务型政府。此外，张志（2006）② 对大别山景区国家森林公园、钟国（2006）③ 对武汉东湖景区、周启彬（2014）④ 对云南丽江的旅游管理体制创新也进行了有益研究。

（五）旅游产品、旅游线路创新研究

我国旅游产业经历了多年快速发展，但在旅游资源开发运营和旅游产品创新设计等方面仍较为落后，旅游产品和线路重复开发现象严重，旅游服装、纪念品亟须从设计层面进行创新。

当前，我国旅游产品在形式结构、开发设计、文化特色、品牌形象等方面存在不足，亟须从思想观念创新、主题内容创新、人本关怀创新、技术手段创新等进行产品开发（方澜，2010⑤）。与此同时，在旅游产品开发创新中政府、企业、社区居民和游客均扮演重要角色，地方政府是产品创新开发的政策引导者，而旅游企业是主要承担者，此外，社区居民是积极参与者，

---

① 董巧红.五台山景区管理体制创新研究［D］.太原：山西大学，2014.
② 张志，李江风.我国森林旅游业管理体制创新研究：以大别山国家森林公园为例［J］.福建林业科技，2006（1）：168-170，187.
③ 钟国.武汉东湖风景区管理体制创新研究［D］.武汉：华中科技大学，2006.
④ 周启彬.丽江市旅游管理体制创新研究［D］.昆明：云南大学，2014.
⑤ 方澜.论旅游产品创新开发的主要途径［J］.企业经济，2010（3）：137-139.

而广大游客是有力推动者。刘际平（2013）① 以嵩山少林寺为研究对象，在分析其文化旅游产品的开发现状与生命周期的基础上，提出重点突出文化主题、强化资源保护的旅游产品创新开发思路，并认为旅游产品创新开发中应注重产品多样化、精品性、体验性等特征。陈文专（2010）② 则以桃花源风景区为例，提出在旅游产品创新中应遵循市场导向、坚持规划先行，深挖文化内涵、优化产品结构，依托科技创新、加强营销力度等原则。张金霞（2008）③ 指出武汉东湖旅游产品开发中面临文化内涵挖掘不足、品位不高等问题，需要创新开发理念，从类型单一的旅游产品转向多元化的旅游产品体系，从静止不动的旅游产品转向生动形象的旅游产品，从单纯观光的旅游产品转向浸入式、互动式的旅游产品，从"东湖模仿"转向"东湖创造"。此外，李嘉（2006）④ 对红色旅游产品、马耀峰（2013）⑤ 对森林旅游产品、胡举华（2008）⑥ 对上海都市旅游产品、许丽丽（2009）⑦ 对出境修学旅游产品、马丽卿（2005）⑧ 对海洋旅游产品开发创新进行了研究。

国内关于旅游线路创新的研究相对较少，且深度不够。贾玉成（2004）⑨ 认为旅游线路的创新应围绕旅游资源开发、旅游生产力建设以及

---

① 刘际平. 河南省嵩山少林寺景区文化旅游产品创新开发研究［D］. 南宁：广西大学，2013.

② 陈文专. 传统风景名胜区旅游产品创新开发研究［D］. 长沙：湖南师范大学，2010.

③ 张金霞. 武汉东湖文化旅游产品创新研究［J］. 华中师范大学学报（自然科学版），2008（1）：150-154.

④ 李嘉. 大巴山苍溪红军渡旅游区红色旅游产品创新开发研究［D］. 成都：成都理工大学，2006.

⑤ 马耀峰，张春晖. 基于瓶颈破解的我国森林旅游发展理念和产品创新［J］. 旅游科学，2013，27（1）：84-94.

⑥ 胡举华. 上海都市旅游产品创新研究［D］. 上海：华东师范大学，2008.

⑦ 许丽丽. 基于感知价值的出境修学旅游产品创新研究［D］. 济南：山东大学，2009.

⑧ 马丽卿. 体验经济视角下的海洋科技旅游与产品创新设计［J］. 商业经济与管理，2005（6）：65-69.

⑨ 贾玉成. 风景区旅游线路的创新设计［J］. 改革与战略，2004（10）：54-57.

旅游生态环境保护三大目标展开，以市场为导向，以资源为依托，以效益为中心，在旅游线路创新设计和规划中应考虑目的地的选择、空间的合理组织等因素。陈金华（2006）[1] 在分析武夷山旅游线路基础上，提出了武夷山旅游线路创新应突出"世界双遗产"主题，开辟新的旅游线路；同时，注重旧线翻新，注入新的旅游产品创意和内涵；另外，要以热（线）带冷（线），对冷热旅游线路进行巧妙组合；最后，需要进行区域线路合作，把丰富的自然、人文旅游资源组合包装成高品位的旅游线路产品。

（六）旅游创新能力与绩效相关研究

旅游企业创新能力方面，朱龙凤（2008）[2] 认为培育中小型旅行社创新力就是为其构筑核心竞争优势和赢得生存空间，他在分析中小型旅行社企业创新能力内外部影响因素的基础上，构建了由外向内的企业创新力球形评价模型。外部影响因素有社会文化、市场环境、制度环境等，而内部影响因素有企业家精神、组织结构、多种激励因素、企业文化、人力资源管理措施等。企业创新力球形评价模型类似一种核化结构，其中，企业创新精神为企业创新能力的核心，而创新机制、知识储备、创新过程依次围绕共同构成了企业创新力（图12）。杨林（2014）[3] 在充分吸收各类创新能力研究成果的基础上，构建出旅游企业创新能力的评价指标体系，突出旅游企业创新能力评价指标特色及其针对性，得到旅游企业创新能力测评模型。陈音律（2015）[4] 基于层次分析法，建立了基于创新投入能力、创新实施能力和创新产出能力等维度，人力资源创新、技术创新、组织创新等七个方面的中小

① 陈金华，秦耀辰. 论武夷山旅游线路的创新 [J]. 福建林业科技，2006（2）：197–200.
② 朱龙凤. 中国中小型旅行社企业创新力培育研究 [D]. 南昌：南昌大学，2008.
③ 杨林. 旅游企业创新能力测评模型及其应用研究 [D]. 广州：华南理工大学，2014.
④ 陈音律. 温州中小旅行社服务创新能力研究 [D]. 桂林：广西师范大学，2015.

旅行社服务创新能力评价模型，并利用该评价体系对温州中小旅行社服务创新能力进行测评。中小型旅行社培育企业创新力的实质也就是创新精神、知识储备、创新机制、创新过程这四大基本要素能力的培育过程。

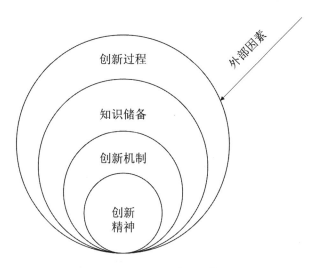

**图 12　企业创新能力结构图**

关于区域旅游创新能力，国内相关研究经历了不断扩展和深化的发展过程。研究内容由单一的科技、品牌、生态等能力走向多元性评价，研究范围由单一城市、省区走向多个区域或城市的对比和测量，研究方法则仍以单一评价和降维评价方法为主。表 5 为国内区域旅游创新能力研究的汇总表，由其可知，现有旅游创新能力评价维度趋于多元化发展，且研究能力类型有不断细化的趋势。

### 表5  旅游创新能力相关研究列表

| 研究者 | 能力类型 | 方法 | 维度 | 案例 |
|---|---|---|---|---|
| 王斌（2015）① | 滨海旅游产业生态创新能力 | 数据包络分析 | 经济子系统、环境子系统、社会子系统 | 滨海地区 |
| 江珂（2012）② | 旅游业创新能力 | 层次分析法、模糊综合评价 | 经济社会环境、产业创新支撑、产业创新投入、产业创新产出、产业创新潜力 | 广州、深圳 |
| 宋晓雨（2015）③ | 旅游产业科技创新能力 | 层次分析法、德尔菲法 | 科技创新基础能力、投入能力、产出能力 | 南京 |
| 李冠颖（2013）④ | 旅游业创新能力影响因素 | 结构方程模型 | 自组织要素：动力、集群、资源、文化、创新能力 | 上海 |
| | | | 产业层次结构：企业、行业、环境、集群、创新能力 | |
| | | | 一般原则建构：思维观念、知识环境、技术推动、人才培养、产业集群 | |
| 李允强（2010）⑤ | 文化旅游产业创新能力 | 调查问卷、因子分析法 | 政府对创新的支持、科研机构的科技创新、教育及资本因素、创新集群及基础设施 | 山西 |

① 王斌. 我国滨海旅游产业生态创新及评价研究［D］. 青岛：中国海洋大学，2015.
② 江珂. 旅游业创新能力测评的指标体系构建及其应用研究［D］. 广州：华南理工大学，2012.
③ 宋晓雨. 旅游产业科技创新能力测评研究［D］. 南京：南京师范大学，2015.
④ 李冠颖. 旅游业创新能力影响因素评价指标体系构建研究［D］. 上海：上海交通大学，2013.
⑤ 李允强. 文化旅游产业创新体系评价指标研究［D］. 济南：山东大学，2010.

续表

| 研究者 | 能力类型 | 方法 | 维度 | 案例 |
|---|---|---|---|---|
| 王毅<br>(2015)① | 旅游产业科技创新能力 | 层次分析、主成分分析 | 科技创新基础能力、科技创新投入、科技创新产出、科技创新潜力 | 全国 |
| 常颖<br>(2013)② | 旅游品牌创新能力 | 问卷调查、耦合分析 | 品牌创新科技人才投入、品牌创新经济收益支撑、品牌创新管理保障功能、品牌创新持久竞争优势 | 浙江 |
| 蒋亚珍<br>(2015)③ | 区域旅游创新能力 | 层次分析法、专家咨询法 | 旅游创新环境、旅游创新投入、旅游创新产出 | 西部地区 |
| 张晶<br>(2009)④ | 旅游生态创新综合指数 | 综合评价法、熵值法、聚类分析 | 目的地系统压力、目的地系统状态、目的地系统响应 | 桂林 |
| 宋慧林等<br>(2010)⑤ | 旅游业技术创新 | 绝对指标评价 | 旅游业专利 | 全国 |

注：作者整理所得

旅游创新绩效方面，刘华丰（2013）⑥通过对江西204家景区景点、旅行社、酒店饭店等旅游企业的问卷调查，对旅游企业内部社会资本、知识管

① 王毅. 我国旅游产业科技创新能力时空演变研究［D］. 南京：南京师范大学，2015.
② 常颖. 旅游品牌创新能力和产业综合实力的耦合分析［D］. 南京：南京师范大学，2013.
③ 蒋亚珍. 区域旅游创新能力评价研究［D］. 南宁：广西大学，2015.
④ 张晶. 旅游生态创新研究［D］. 桂林：桂林理工大学，2009.
⑤ 宋慧林，潘雄锋. 中国旅游业专利发展的区域比较研究［J］. 北京第二外国语学院学报，2010，32（5）：40-44.
⑥ 刘华丰. 旅游企业内部社会资本对服务创新绩效的影响研究［D］. 广州：华南理工大学，2013.

理过程以及企业创新绩效三大关系进行了深入研究。结果表明：旅游公司内部社会资本的结构、关系、认知等对企业服务创新绩效的提升具有正向影响，与此同时，知识管理过程中的知识捕获、编码、流动、应用等对企业服务创新绩效亦具有较大的促进作用。此外，孙娇（2016）① 将关系嵌入、纳入旅游企业创新绩效的影响中，并把知识获取当作中介，探究了三者间存在的关系。关系嵌入性、知识获取分别正向影响旅游企业创新绩效，关系嵌入性正向影响知识获取，知识获取在关系嵌入对旅游企业创新绩效影响中具有中介影响。

## 第三节　国内外研究评价与本书切入

### 一、国内外旅游创新研究评价

通过知识图谱可视化和文献综述可知，国内外关于旅游创新的研究内容不断丰富，从概念特征、影响因素、驱动机制到旅游市场创新、业态创新、科技创新等细分类别，再到旅游地创新发展评价、创新绩效与企业竞争力关系等。此外，与国外旅游创新研究的系统化和深入性相比，国内旅游创新相关研究仍存在如下不足和有待深入之处，如旅游创新影响要素解析凌乱，缺少全面的要素梳理和构建；旅游创新能力评价多为单一维度或区域，缺少全面评价体系的提出和多个区域差异的比较；更多地侧重于创新绩效和创新能力间的关系研究，而缺少旅游创新投入与产出发展效率的分析。

① 孙娇. 关系嵌入对我国旅游企业创新绩效影响研究［D］. 延安：延安大学，2016.

（一）区域旅游创新细分类别多样，但归属性较差

旅游创新到底包含哪些具体类型，这些类型在具体内涵上又是否表现出不同于制造业、其他服务业的特性。国外旅游创新分类主要沿着技术创新分类的思想延续，科技创新的旅游业运用、科技创新的推动作用以及旅游科技创新水平的测度和评价等这些一直是国外旅游创新研究领域的重要构成。国外旅游创新分类从 Hjalager（1997）① 的产品创新、过程创新、管理创新、市场创新、体制创新等维度，到 Weiermiar（2004）② 的常规创新、变革创新、结构创新、利基市场创新，不同学者从市场主体、创新程度、创新要素等维度对旅游创新进行了分类探讨，但从文献综述可知，国外旅游创新细分类别多样，但尚未有较为全面的概括和归属，创新分类有要素交叉和类型空白等现象。

而国内对旅游创新的概念内涵和细分类别理论研究较少，但基于市场结构或资源业态的创新类型案例实证不断涌现，如市场营销创新（刘曙霞，2009③；胡宇橙，2007④）、政府部门管理创新（侯兵，2009⑤）、旅游景区

① HJALAGER A M. Innovation Patterns in Sustainable Tourism – An Analytical Typology ［J］. Tourism Management, 1997, 18（1）：35-41.
② WEIERMIAR K. Product Improvement or Innovation：What is the Key to Success in Tourism ［C］//Innovation and Growth in Tourism. Paris：OECD Publishing, 2004：53-69.
③ 刘曙霞. 旅游商品营销创新研究 ［J］. 中国流通经济, 2009, 23（10）：61-64.
④ 胡宇橙，钱亚妍. CRM 对旅游企业市场营销创新的借鉴及推动分析 ［J］. 企业活力, 2007（10）：36-37.
⑤ 侯兵，黄震方，徐海军. 外部性视角的城市旅游公共管理体制变革与创新 ［J］. 商业经济与管理, 2009（6）：74-81.

和企业创新（肖瑶，2007①；董巧红 2014②）、旅游产品线路创新（刘际平，2013③）等，与此同时，国内还有众多研究文献涉及旅游管理学科建设和人才培养创新的研究。基于旅游产业的行业交叉和创新系统的复杂性，事实上，在旅游产业创新发展过程中，各旅游创新类型往往互相渗透、相互融合，很难严格区分。但从理论研究上看，对现有旅游创新分类研究进行重新整理、筛选、合并和归属，进而形成全面有逻辑的创新分类体系对该问题的深入研究具有理论价值。

（二）创新驱动因素研究不断深入，但系统性较弱

对旅游创新驱动因素和影响要素的分析为研究创新触发机制和创新模式奠定了基础。当前，众多学者沿着归纳和验证现有因素在旅游产业创新活动中的适用性和可靠性这一思路进行了广泛的研究，已经涉及企业家精神（Paget 等，2010④）、科技发展（Huarng，2015⑤）这些具有普遍意义的创新驱动因素。此外，学者们还注意到制度政策、管理模式、企业规模、人力资本、企业家精神、网络集群等相关因素的重要性。与此同时，在国外研究中，知识流动及其管理（Hjalager，2002⑥）与科技要素（Stamboulis 等，

---

① 肖瑶. 基于公司治理理论的旅游景区管理模式创新研究 ［D］. 湘潭：湘潭大学，2007.

② 董巧红. 五台山景区管理体制创新研究 ［D］. 太原：山西大学，2014.

③ 刘际平. 河南省嵩山少林寺景区文化旅游产品创新开发研究 ［D］. 南宁：广西大学，2013.

④ PAGET E, DIMANCHE F, MOUNET J P. A Tourism Innovation Case：An Actor-Network Approach ［J］. Annals of Tourism Research，2010，37（3）：828-847.

⑤ HUARNG K H, YU T H K, LAI W. Innovation and Diffusion of High-Tech Products, Services, and Systems ［J］. Journal of Business Research，2015，68（11）：2223-2226.

⑥ HJALAGER A M. Repairing Innovation Defectiveness in Tourism ［J］. Tourism Management，2002，23（5）：465-474.

2003①）对旅游创新的作用相似，一直被认为是旅游创新活动的重要驱动因素。

通过文献综述可知，虽然旅游创新受多种驱动要素的影响和作用，但国外研究多是基于某一影响要素的案例实证分析，如科技创新对旅游企业竞争力的促进作用、市场竞争环境对旅游景区效应提升等，缺少对驱动要素的系统性分析和层次构建，因而未能了解诸多要素的内在关系和重要性大小。国内关于旅游创新驱动要素的研究成果相对较少，理论研究深度也亟须得以强化。

（三）旅游创新案例分析不断扩展，但地域性不强

国内外旅游创新的研究均注重案例实证，从国外来看，研究案例选取类型较为广泛，其中，酒店是旅游创新案例分析的重点部门，内容涉及酒店产品（Baidal 等②）、技术（Pai 等③）、管理、员工等方面。此外，也有学者对旅游餐饮（Nybakk 等，2008④）、景区企业（Jimenez-Zarco 等，2011⑤）、旅

① STAMBOULIS Y, SKAYANNIS P. Innovation Strategies and Technology for Experience-Based Tourism [J]. Tourism Management, 2003, 24（1）：35-43.

② BAIDAL J, SÁNCHEZ I R, REBOLLO J F V. The Evolution of Mass Tourism Destinations: New Approaches beyond Deterministic Models in Benidorm（Spain）[J]. Tourism Management, 2013（34）：184-195.

③ PAI C K, XIA M L, WANG T W. A Comparison of the Official Tourism Website of Five East Tourism Destinations [J]. Information Technology & Tourism, 2014, 14（2）：97-117.

④ NYBAKK E, HANSEN E. Entrepreneurial Attitude, Innovation and Performance among Norwegian Nature-Based Tourism Enterprises [J]. Forest Policy and Economics, 2008, 10（7/8）：473-479.

⑤ JIMENEZ-ZARCO A I, MARTINEZ-RUIZ M P, IZQUIERDO-YUSTA A. Key Service Innovation Drivers in the Tourism Sector: Empirical Evidence and Managerial Implications [J]. Service Business, 2011, 5（4）：339-360.

行社（Cheng 等，2011①；Ayazlar 等，2014②）以及航空业等创新进行研究。研究地域的选择层次也较多样，包括单一国家层面，如 Trigo 等（2012）③对西班牙旅游企业创新的研究；地理临近或经济联系密切的地区国家群体和数个国家，以及同一国家内部不同地区或城市间旅游创新对比研究。

从国内来看，创新案例类型主要涉及不同旅游院校的课程改革和人才培养创新实践（汪宇明，2008④），对生态旅游、红色旅游、森林旅游、都市旅游等旅游产品创新研究，以及以旅行社、旅游酒店管理创新为主的企业创新研究。从国内旅游创新研究的案例所属区域来看，研究单元多为某一个省区、城市或沿海数个城市的实证分析，而缺少全国层面视角和省区间空间差异的旅游创新研究。

## 二、本书切入视角

本书以区域旅游创新的影响要素作为切入点。在对旅游创新概念内涵、类型划分、驱动因素等进行文献梳理和理论阐述的基础上，认为区域旅游创新是区域创新和产业创新的交叉领域，该概念虽已具有空间辖区和产业边界属性，但旅游要素跨区流动和旅游产业关联性等决定了区域旅游创新影响要素的庞杂和多样。此外，现有国内外研究中对旅游创新的影响要素分类和归纳仍较为零散且未形成完整体系，因此，本文以旅游创新要素识别、筛选、

---

① CHENG S, CHO V. An Integrated Model of Employees' Behavioral Intention toward Innovative Information and Communication Technologies in Travel Agencies [J]. Journal of Hospitality & Tourism Research, 2011, 35 (4)：488-510.

② AYAZLAR R A. Dynamic Packaging Applications in Travel Agencies [J]. Social and Behavioral Sciences, 2014, 131：326-331.

③ TRIGO A, VENCE X. Scope and Patterns of Innovation Cooperation in Spanish Service Enterprises [J]. Research Policy, 2012, 41 (3)：602-613.

④ 汪宇明. 关于旅游科学体系建构与人才培养机制创新的思考 [J]. 桂林旅游高等专科学校学报，2008 (1)：3-6.

解构、重建为研究切入点，通过专家意见和量化测度方法以得到较全面的区域旅游创新要素体系。

以区域旅游创新能力评价为重要目标。对区域旅游创新要素指标进行归类，形成旅游人才知识创新（$TK$）、科学技术创新（$ST$）、资源市场创新（$RM$）、管理体制创新（$MS$）、景区企业创新（$SE$）、创新环境绩效（$EP$）六大维度，进而构建出具有系统性、逻辑性和关联性的区域旅游创新能力评价体系。目前，对旅游地创新水平的测度多聚焦于某一时点的静态表现，样本数据多采用截面数据，缺乏对旅游产业创新过程的量化分析，因此，在本文旅游创新能力评价和区域差异实证分析过程中，注重了发展的时序性和过程性，基于面板数据对我国各省区域旅游创新能力进行综合性研究，以更客观、更科学地识别出各地区旅游创新发展的优势和限制。

第三章

# 区域旅游创新理论基础与分析框架

旅游创新属于区域旅游经济发展范畴，包含旅游业诸多参与部门及多种影响要素，厘清旅游创新相关概念，阐述旅游创新相关理论是本书的重要构成。本章在借鉴系统动力学、空间地理学、区域经济学等理论基础上，尝试构建了"要素解构—能力评价—区域差异—发展效率—提升策略"构成的FARES理论分析框架。

## 第一节　相关概念辨析与界定

### 一、创新与旅游创新

（一）创新的概念与特征

国内学术界公认的"创新"概念源自美国经济学家 Schumpeter 的著作《经济发展理论——对于利润、资本、信贷、利息和经济周期的考察》，他在该书中提出，创新即是在社会经济活动中引入新的发展思想、新的生产方法，通过生产要素、生产环节、生产条件的重新组合和优化，并将其引入新的生产体系中，从而促进生产函数的变化（Hjalager，2002）①。在这之后，创新理论得以不断深化，其概念内涵也得到不断拓展，从初期只强调技术革新的单一要素理论，到后来强调技术革新和制度优化的双要素创新理论，再到将管理创新要素加入的三要素创新理论，后来，创新理论开始演化为多因素驱动，并形成企业创新发展体系。

Drucker（1987）② 将创新划分为技术创新和社会创新两种主要形式，其中，技术创新是利用某种方式为某种自然物赋予新的经济价值，而社会创新则是通过资源配置为社会经济创造一种新的管理机构、手段或方式以实现其社会价值与经济价值。Freeman（1989）③ 重点分析了技术创新，并提出技术创新在经济增长中发挥着关键性作用。North（1989）④ 则提出制度创新决定技术创新，众多的科技发明正是受到了专利保护制度的保障，才得以正常运作并推陈出新。此外，Holt（1988）⑤ 基于知识管理视角对创新进行了界定，认为创新是与创造新事物相关的知识和信息的过程。20世纪90年代初，Dodgson 和 Rothwell 在其著作《创新聚焦：产业创新手册》中提出"第五代创新"，认为系统的一体化与网络化才是创新发展的最高形式⑥。

创新具有如下特点。第一，预期目的性。无论是技术创新、工艺创新还

① HJALAGER A M. Repairing Innovation Defectiveness in Tourism [J]. Tourism Management, 2002, 23 (5): 465-474.

② DRUCKER P F. Social Innovation Management's New Dimension [J]. Long Range Planning, 1987, 20 (6): 29-34.

③ FREEMAN C. The Nature of Innovation and the Evolution of the Productive System [M] //OECD. Technology and productivity - the challenge for economic policy. Paris: OECD, 1991.

④ NORTH D C. The Rise of the Western World: A New Economic History [M]. Cambridge University Press, 1973.

⑤ HOLT K. The Role of the User in Product Innovation [J]. Technovation, 1988, 7 (3): 249-258.

⑥ DODGSON M, ROTHWELL R. 创新聚集：产业创新手册 [M]. 陈劲，等译. 北京：清华大学出版社，2000.

是产品创新，均是基于某种预期目的的，或是为了提高企业生产效率，或是改进生产方式，或者获取竞争优势。第二，后续价值性。创新活动的落脚点是为公司、地区或国家带来具体价值，产生经济、社会、生态等方面的效益。第三，创造超前性。创新以求新为灵魂，思维、理念等超前是产品、管理、市场等创新的前提。第四，过程动态性。创新不是固定不变，而是将科技成果转化为商业化应用，实现其市场价值的动态过程。第五，历史变革性。创新强调新事物的创造、过时或不合理事物的灭亡，是一个又一个具有深刻意义的变革（杨林，2014①）。第六，创新具有区域差异性。从地区范围来看，可分为城市创新、省域创新和国家创新，区域创新代表了创新要素在一定区域内集聚、整合以及推动持续创新的基本能力。

（二）旅游创新概念与特征

旅游创新是产业创新的一种，"旅游创新"一词在现有旅游研究文献中出现频率较高，但学术界对其概念内涵、特征的认识目前仍存有较大分歧。诸多学者认同并直接将熊彼特的"创新"概念引进旅游业（郭峦，2012②；Weiermair，2004③），认为旅游创新是旅游生产要素的重新组合和结构优化，通过引入旅游经济体系中，来促进生产函数的改变。

与此同时，还有研究者从分类学角度对旅游创新的概念进行了阐述，如Hjalager（1997）将旅游创新划分为产品、管理、制度、传统过程创新以及

---

① 杨林. 旅游企业创新能力测评模型及其应用研究 [D]. 广州：华南理工大学，2014.
② 郭峦. 国内外旅游创新研究综述 [J]. 创新，2012，6（2）：47-51，127.
③ WEIERMAIR K. Product Improvement or Innovation：What is the Key to Success in Tourism [C] //Innovation and Growth in Tourism. Paris：OECD Publishing，2004：53-69.

信息控制中的过程创新等①。国内学者郭峦（2011）② 强调旅游创新概念应具有广义和狭义之分。广义上旅游创新囊括了旅游产业内所发生的一切创新活动以及旅游产业外部一切服务于旅游产业的各类型创新。而狭义上的旅游创新为限定在旅游产业内的思想、理念、管理、产品、市场等所有创新活动的总和。结合上述旅游创新概念，本书认为旅游创新是广泛存在于旅游业内部的旅游发展思路、行为活动、资源业态、体制机制、专利发明等方面的整合、更新与创造，以利于区域旅游经济的结构优化与转型发展。

旅游创新区别于传统的制造业创新和其他的服务创新，具有其自身的特点。结合 Marta（2003）③、曾艳芳（2013）④、宋慧林（2013）⑤、宋娜（2012）⑥ 等人对旅游创新特点的研究，得到旅游创新具有下列特点。第一，旅游创新类型广泛，具有多样化的发展特征，不仅包括普遍存在的技术创新，还包括组织创新、制度创新等非技术性的创新。第二，消费者是重要的旅游创新参与主体，旅游产品开发、技术推广、市场营销创新很多均是受消费市场个性化、多样化需求推动的结果，市场消费在创新过程中起着重要倒逼作用。第三，旅游从业人员在区域旅游经济发展和机构运作中扮演着重要角色，人力资本是旅游创新的核心部分。第四，信息技术在当今旅游产业创新中发挥着越来越重要的作用，旅游经济运行充满了多样而复杂的信息流动过程，信息科技客观上支撑着旅游经济的创新发展。第五，新颖范围更为宽

① HJALAGER A M. Innovation Patterns in Sustainable Tourism - An Analytical Typology [J]. Tourism Management，1997，18（1）：35-41.

② 郭峦. 旅游创新的概念、特征和类型 [J]. 商业研究，2011（12）：181-186.

③ JACOB M, TINTORE J, AGUILO E, et al. Innovation in the tourism sector：results from a pilot study in the Balearic Islands [J]. Tourism Economics，2003，9（3）：279.

④ 曾艳芳. 近二十年国外旅游创新研究述评与展望 [J]. 华东经济管理，2013，27（3）：161-165.

⑤ 宋慧林，宋海岩. 国外旅游创新研究评述 [J]. 旅游科学，2013，27（2）：1-13.

⑥ 宋娜. 旅游产业技术创新网络模式与特点 [J]. 企业经济，2012，31（6）：156-159.

泛，不仅包含根本性的变化革新，也包括渐进性的优化提升，同时，还囊括了偶然性的、随机的创新现象，总之，创新频谱较宽。第六，易与其他行业、企业等要素相结合，从而产生旅游合成性创新。基于旅游经济的行业开放性及进入门槛较低的特点，旅游在发展过程中很容易与其他的因素结合产生旅游创新。第七，旅游创新常常是跨区域进行的，如出游过程是客源地游客与目的地资源、社会在相互合作的条件下完成的，甚至有些主题性旅游线路和产品是多个旅游地通过跨地区产品串联而形成的。

## 二、区域创新

### （一）区域创新概念与特征

区域创新（Regional Innovation）是近年来研究区域发展问题普遍使用的一个概念。这一概念主要借鉴了国家创新的理论和方法，通过经济理论与创新理论相结合，来研究特定区域的创新问题，因此，区域创新也可以认为是国家创新在区域层面上的一个延伸和深化。而所谓的国家创新（National System of Innovation）是指一个国家内部各相关机构、部门、企业之间通过相互作用而形成的，以推进创新的网络体系（冯之浚，2000①）。

最早将国家创新理论应用于区域研究的学者是英国学者菲利普·库克（Cooke，1993②）。他认为区域创新主要是地域空间上彼此关联、互相分工的公司企业、高等院校、科研机构等共同构成的区域创新组织体系。此外，Wiig（1995）、Asheim（1997）、Cassiolato（1999）等人也从不同角度论述了

---

① 冯之浚. 国家创新系统研究纲要［M］. 济南：山东教育出版社，2000.
② COOKE P. Regional Innovation System：An Evaluation of Six European Cases［C］// GETIMIS P，KAFKALAS G. Urban and Regional Development in New Europe. Athens：Topos，1993：133-154.

区域旅游创新的概念（刘曙光，2004①）。国内学者关于区域创新研究始于20世纪90年代，冯之浚（1999）、王辑慈（1999）、黄鲁成（2000）等学者对区域创新进行了相应的定义。顾新（2005）② 指出区域创新在一国的一定区域范围内，将新的区域经济发展要素或这些发展要素的新组合引入区域经济系统，创造一种新的更为有效的资源配置方式。

国内外关于区域创新的概念虽有不同表述，但其具有一致性的内涵。第一，区域创新发生是在一定区域内部，是区域内有特色的、与地区资源相关的、推进创新的制度组织网络。第二，区域创新核心涉及一定区域内的创新要素、创新资源优化配置，创新机制的变革完善等。第三，区域创新包含主体性要素、资源性要素和环境性要素三种系统（李安方，2009）③。第四，区域创新的表现形式主要包含创新环境、创新潜力、创新能力、创新效率等多个方面。下文依据本书核心内容，拟从创新能力和创新效率两方面进行概念阐述。

（二）区域创新能力

何为区域创新能力，国内外诸多学者对其进行了不同角度的理解和阐述（范柏乃、陈玉龙，2015④）。Schiuma 和 Lerro（2008）⑤ 指出区域创新能力是某一地区现有的以及潜藏的全部创新能力的总和，不仅包含现已表现在外的创新能力，同时还囊括了那些通过环境改善、条件创造而激发出的内在创

---

① 刘曙光. 区域创新系统：理论探讨与实证研究［M］. 北京：中国海洋大学出版社，2004.

② 顾新. 区域创新系统论［M］. 成都：四川大学出版社，2005.

③ 李安方. 社会资本与区域创新［M］. 上海：上海财经大学出版社，2009.

④ 范柏乃，陈玉龙，段忠贤. 区域创新能力研究述评［J］. 自然辩证法通讯，2015，37（5）：95-102.

⑤ SCHIUMA G, LERRO A. Knowledge-based Capital in Building Regional Innovation Capacity［J］. Journal of Knowledge Management, 2008, 12（5）：121-136.

新机制。同时，有学者从创新活动与资源配置角度解读区域创新能力。如 Cooke（2001）① 认为区域创新能力是诸多区域创新主体通过相互交流合作，促进地区创新要素的使用、优化的高效配置能力，其核心内涵即是对创新资源要素的有效配置。此外，Quatraro（2009）②、Tura（2005）③ 亦对区域创新能力进行了概念界定。

国内学者对区域创新能力概念的研究经历了内容不断拓展、深度不断强化的过程，黄鲁成（2000）④ 认为区域创新能力是以区域内技术能力为基础的、实施产品创新和工艺创新的能力。柳卸林等（2002）⑤ 则从知识管理的视角出发，强调区域创新能力是某一地区将创新相关知识转化为新型产品、新型工艺和新型服务的能力表现。本书认为，区域创新能力是在一定地域范围内，企业、高校和研究机构、科技中介服务和金融机构、政府等各类市场行为组织，为经济发展提供原始动力而做出的新产品研发、新工艺推广、新服务创造、新制度变革等方面的创造性行为。

（三）区域创新效率

区域创新效率近年来也开始逐渐受到国内外学者的广泛关注。关于"效率"最为著名的概念阐述有帕累托效率，萨缪尔森（1992）⑥ 认为效率是"经济在不减少一种物品生产的情况下，就不能增加另一种物品的生产的状

① COOKE P. Regional Innovation Systems, Clusters and the Knowledge Economy [J]. Industrial and Corporate Change, 2001, 10 (3): 945-975.
② QUATRARO F. Diffusion of Regional Innovation Capabilities: Evidence from Italian Patent Data [J]. Regional Studies, 2009, 43 (10): 1333-1348.
③ TURA T, HARMAAKORPI V. Social Capital in Building Regional Innovative Capability [J]. Regional Studies, 2005, 39 (8): 1111-1125.
④ 黄鲁成. 关于区域创新系统研究内容的探讨 [J]. 科研管理, 2000, 21 (2): 43-48.
⑤ 柳卸林, 胡志坚. 中国区域创新能力的分布与成因 [J]. 科学学研究, 2002 (10): 550-556.
⑥ 萨缪尔森, 诺德豪斯. 经济学 [M]. 高鸿业, 等译. 北京: 中国发展出版社, 1992: 45-48.

态，即处于生产前沿面上的经济实体是有效的"。Farrel（1957）① 认为效率包括技术效率和配置效率，其中，技术效率表现为在既定投入条件下实现产出最大，或在既定产出水平下使得投入最小的能力，而配置效率是在给定价格水平下实现最优化投入组合的能力。区域创新是一个从创新资源投入创新成果产出的动态过程，因而也存在着创新发展效率的问题（白俊红，2016②）。

区域创新效率即指一定地域范围内，各类创新投入要素在一定的情况下所能实现的最大产出能力，或在创新产出能力一定的情况下，如何实现创新要素的最小化。潘雄锋等（2015）③ 将区域创新效率定义为区域创新体系实现其承担的社会经济职能的好坏与实际效果。早期创新效率研究主要集中于国家创新效率的宏观性层面，如 Wang（2003）④ 对 23 个 OECD 国家和 7 个非 OECD 国家研发效率的研究，Diza-Balteiro 等（2006）⑤ 对西班牙林业部门创新活动与生产率之间的考察，Sandra 等（1997）⑥ 对 18 个欧洲国家的 DEA 效率分析。区域创新效率的研究成果较为丰富，学者们基于不同测度方法，多以省际数据为依据，对区域创新效率水平进行测算或者横向对比。如

---

① FARREL M J. The Measurement of Productive Efficiency [J]. Journal of Royal Statistical Society, 1957, 120 (30): 253-281.

② 白俊红. 中国区域创新效率的测度与实证研究 [M]. 南京: 南京师范大学出版社, 2016.

③ 潘雄锋, 杨越. 区域创新体系运行的基本理论框架及中国的实证研究 [M]. 北京: 科学出版社, 2015.

④ WANG E C. R&D Efficiency and Economic Performance: A Cross-Country Analysis Using the Stochastic Frontier Approach [J]. Journal of Policy Modeling, 2003, 29 (2): 345-360.

⑤ DIZA-BALTEIRO L, HERRUZO C, MARTINEZ M, et al. An Analysis of Productive Efficiency and Innovation Activity Using DEA: an Application to Spain's Wood-Based Industry [J]. Policy and Economic, 2006, 8 (7): 762-773.

⑥ ROUSSEAU S, ROUSSEAU R. Data Envelopment Analysis as a Tool for Constructing Scientometric Indicators [J]. Scientometrics, 1997, 40 (1): 45-56.

刘顺忠和官建成（2002）① 基于 DEA 方法中的 CCR 模型，对我国 31 个省、市、区创新效率大小的实证研究。刘树和张玲（2006）② 使用 2000 年和 2003 年我国专利截面数据，同样采用 DEA 效率评价模型，对各省区专利发展的有效性进行了深入研究。此外，白敏怡（2007）③ 将我国分为东部、东北部、中部和西部四个地区，之后，基于 SFA 模型对各区创新效率进行了实证分析。

### 三、区域旅游创新

（一）区域旅游创新的概念与特征

借鉴上文对旅游创新、区域创新等概念的文献梳理和理论分析，本书拟对区域旅游创新做出概念界定和特征阐述，并将其作为能力评价、空间差异、发展效率等实证研究的依据。区域旅游创新（Regional tourism innovation）是一个地区为实现旅游经济的转型升级和持续发展，辖区内政府部门、相关企业、高等院校、科研机构、行业组织以及旅游消费者等利益相关者有效配置旅游相关资源，并将其转化成为旅游新产品、新工艺、新技术、新业态、新体制的所有创造性活动的总和。其具有行业指向性和空间限定性，区域创新更加侧重地区空间上的多部门、多领域的系统性、交互性创新，不仅包含工业制造业部门，也包括农业技术、第三产业服务部门等方面，而区域旅游创新则更侧重于旅游核心要素部门以及与旅游业相联系的相

---

① 刘顺忠，官建成. 区域创新系统知识吸收能力的研究 ［J］. 科学学研究，2001（4）：98-102.

② 刘树，张玲. 我国各省市专利发展有效性的 DEA 模型分析 ［J］. 统计研究，2006（8）：45-48.

③ 白敏怡. 基于共同前沿函数法的中国区域创新体系效率的评估 ［J］. 上海管理科学，2007（3）：4-9.

关部门创新，属于产业创新的一种形式。与旅游创新概念相比，更强调地域和辖区属性，所有的创新活动包括旅游产业创新都是某一空间尺度中各类创新主体的行为集合，旅游创新虽更有跨地区、跨部门和跨产业的合作与协调特点，但从全局而言，旅游创新仍具有区域差异和空间归属。与宏观范围的国家旅游创新与微观尺度的城市旅游创新、旅游企业创新以及景区景点创新不同，区域旅游创新更聚焦于中观尺度的区域层面，以城市连片区、省域或省域连片区等作为分析标准，是该区域内旅游资源、科技、管理、业态等综合创新的体现。

区域旅游创新具有如下特征。第一，区域旅游创新由多种利益相关者共同参与和相互协调而不断推进。旅游产业的综合性和涉及部门的广泛性，决定了区域旅游创新并非单一部门能够完成，而是由政府管理部门、市场经营企业、行业中介组织、地方科研单位等共同参与形成。第二，区域旅游创新具有空间差异性和跨区合作性。基于资金、人力、土地等旅游创新投入要素的区域禀赋差异，以及各地区社会经济文化等环境因素的差别影响，导致区域旅游创新的潜力、能力、效率等存在空间差异特征。此外，旅游信息、游客等资源流动性较强，客源地和目的地之间的旅游行为往往是跨地区的，这就决定了区域旅游创新具有跨区域合作性和开放性。第三，区域旅游创新的影响要素具有多元性和类型广泛性。旅游资源、市场、业态、体制、技术、环境等都在一定程度上影响区域旅游创新发展，如何利用优势资源开拓多元性的旅游业态并优化旅游市场结构，如何依托先进科技变革旅游方式和内容，如何通过体制创新推动旅游发展均是区域旅游创新的重要部分。

## （二）区域旅游创新能力

依据 Schiuma（2008）①、Mavridis（2005）② 以及国内学者黄鲁成（2000）③、甄峰（2000）④、邵云飞（2006）⑤ 等对区域创新能力的概念定义，并结合 Hjalager（1997）⑥、Weiermair（2012）⑦ 和郭峦（2011）⑧ 等对旅游创新的阐述，本书认为，区域旅游创新能力（Ability of regional tourism innovation）是特定地域范围内政府部门、旅游企业、科研结构等各类旅游创新主体通过对资金、人力、知识、技术等要素的有效配置与合理优化的能力。这种能力不仅包含现有的旅游创新要素整合能力，也包含潜在的、未来的旅游创新能力。区域旅游创新能力的核心内涵是对旅游创新各类要素的有效配置，而外在表现是旅游新产品、新服务、新体制、新工艺的转化和运用。

区域旅游创新能力具有如下特征。第一，成因多元性。基于旅游经济的综合性以及创新能力的多维性，区域旅游创新能力的形成机制与动力来源受地区社会经济、科教文化、产业结构、资源业态、管理体制等多种因素的影响。第二，系统综合性。区域旅游创新能力是由多种要素构成、相互影响、

---

① SCHIUMA G, LERRO A. Knowledge-based Capital in Building Regional Innovation Capacity [J]. Journal of Knowledge Management, 2008, 12 (5): 121-136.

② MAVRIDIS D G. The Intellectual Capital Performance of the Japanese Banking Sector [J]. Journal of Intellectual Capital, 2004 (1): 92-115.

③ 黄鲁成. 关于区域创新系统研究内容的探讨 [J]. 科研管理, 2000, 21 (2): 43-48.

④ 甄峰, 黄朝永, 罗守贵. 区域创新能力评价指标体系研究 [J]. 科学管理研究, 2000, 18 (6): 16-19.

⑤ 邵云飞, 谭劲松. 区域技术创新能力形成机理探析 [J]. 管理科学学报, 2006, 9 (4): 1-11.

⑥ HJALAGER A M. Innovation Patterns in Sustainable Tourism - An Analytical Typology [J]. Tourism Management, 1997, 18 (1): 35-41.

⑦ WEIERMAIR K. Product Improvement or Innovation: What is the Key to Success in Tourism [C] //Innovation and Growth in Tourism. Paris: OECD Publishing, 2004: 53-69.

⑧ 郭峦. 旅游创新的概念、特征和类型 [J]. 商业研究, 2011 (12): 181-186.

共同促进的巨系统，系统内部具有表层、中层和根本性影响要素，对各类要素进行解构和系统构建是区域旅游创新能力提升的前提（冯学钢、周成，2016①）。第三，影响关联性。构成区域旅游创新能力的人才知识、科学技术、资源市场、景区企业、管理体制等各要素间是相互影响和关联的，区域旅游创新能力是相互关联的统一体，若某一方面区域旅游创新要素或维度存在短板，将影响区域旅游综合创新能力的提升。第四，区域差异性。不同的区位条件、资源条件、市场条件、社会文化条件，隐含着不同强度和不同类型的区域旅游创新要素禀赋、能力大小和效率高低，也决定了不同类型的区域旅游创新发展策略和提升路径。第五，发展动态性。区域旅游创新能力是动态发展的，之前的旅游创新要素通过必要手段进行整合和优化才能形成区域旅游创新潜力，而潜力具有后发性和潜藏性，一旦具备了发展条件即可转化为区域旅游创新实际能力。

（三）区域旅游创新效率

效率往往是与生产率联系在一起的，通常是考察产出与投入之间的关系（潘雄锋等，2015②）。《大英百科全书》对生产率的定义比较规范，即生产活动中产出与投入之比，通常以平均数的形式体现。这里的投入可以是单一投入要素，如劳动生产率、资本生产率以及知识生产率等，此时的生长率即是单要素生产率；也可以是多要素生产率或称为全要素生产率（刘明广，2014③）。新经济增长理论认为，一个国家或地区的经济增长主要取决于要素投入的增加和生长率的提高，与经济增长类似地，区域旅游创新产出的提高

---

① 冯学钢，周成. 区域反季旅游概念、特征与影响因素识别［J］. 东北师范大学学报（哲学社会科学版），2016（3）：35-41.

② 潘雄锋，杨越. 区域创新体系运行的基本理论框架及中国的实证研究［M］. 北京：科学出版社，2015.

③ 刘明广. 区域创新系统的效率评价与演化［M］. 广州：中山大学出版社，2014.

也主要取决于创新要素投入的增加和生产率的提高。诸多学者将效率分解为技术效率、配置效率、规模效率以及技术进步等，它们都对生产率起到正向影响的作用。

本书将区域旅游创新效率（Efficiency of regional tourism innovation）定义为一定地域范围内，在既定旅游投入要素下实现最大的产出，或在既定旅游创新产出水平下实现最小投入的能力。如果将区域旅游创新效率的测量与生产率联系起来，可以认为区域旅游创新等于评价对象的实际效率与最优生产效率之比。

区域旅游创新效率有如下特点。第一，投入产出要素类型多样，投入包括土地、资金、技术、人员等，产出要素包含旅游类专利、论文专著、创新人员、旅游经济收入、旅游人次等。本书在第七章中即运用投入产出双变量指标，对我国各省区旅游创新效率进行实证分析。第二，受所在地区社会、经济、文化等外在环境及随机变量影响。旅游创新效率属于社会经济产业部门，必然受到所在外界环境要素的正向影响或方向制约，因此，在旅游创新效率测算中必将对外在影响因素和随机变量加以考量。

## 第二节　区域旅游创新的相关理论基础

### 一、区域创新系统理论

（一）区域创新系统理论的缘起

一般认为，区域创新系统（Regional Innovation System）最先由 Philip

Cooke 在 1992 年最先提出（胡明铭，2004①）。他强调区域创新系统是地域空间上彼此关联、互相分工的公司企业、高等院校、科研机构等共同构成的区域性组织体系，而这种体系支持并产生创新。此外，Asheim 也被认为是区域创新系统理论研究的重大贡献者之一，他认为区域创新系统是由支撑机构环绕的区域集群（马鹏龙，2006②），并认为区域创新系统主要由两类行为主体及其之间互动关系构成：第一类创新主体为在地区产业集群中起主导作用的核心公司与企业；而第二类创新主体则是那些起到制度保障、结构链接、公共服务等作用的组织，如技术扩散代理机构、行业协会、科研和高等教育组织、职业培训组织、金融保险公司等，这些组织在区域创新中同样具有重要支撑作用（Asheim 和 Isaksen，2002③）。

区域创新系统将创新行为主体、创新类型和创新网络落实到了空间地区层面，近年来，区域创新系统开始受到王亮（2010）④、胡宝民（2006）⑤、王丰阁（2015）⑥、苏屹等（2016）⑦ 国内学者的广泛关注。区域创新系统难以唯一和准确定位，但可确定其内部的基本内涵，即区域创新系统是一个社会系统，其中，知识获取和流动是创新系统中的重要活动，它不仅重视创新主体的绩效大小，更强调不同创新活动参与者间的相互协作关系（胡明铭，

① 胡明铭. 区域创新系统理论与建设研究综述［J］. 外国经济与管理，2004（9）：45-49.

② 马鹏龙. 区域创新系统效率评价［D］. 长春：吉林大学，2006.

③ ASHEIM B T, ISAKSEN A. Regional Innovation Systems：The Integration of Local Sticky and Global Ubiquitous Knowledge［J］. The Journal of Technology Transfer，2002，27（1）：77-86.

④ 王亮. 区域创新系统资源配置效率研究［M］. 杭州：浙江大学出版社，2010.

⑤ 胡宝民. 河北省区域创新系统研究［M］. 石家庄：河北科学技术出版社，2006.

⑥ 王丰阁. 区域创新系统对产业结构演进的影响［D］. 武汉：华中科技大学，2015.

⑦ 苏屹，姜雪松，雷家骕，等. 区域创新系统协同演进研究［J］. 中国软科学，2016（3）：44-61.

2008①）。

广义的区域创新系统涵盖全球创新系统、国家创新系统、区域创新系统和地方创新系统以及企业创新系统等。而狭义的区域创新系统则指介于国家创新系统和地方创新系统之间的空间创新系统，如省、市、区级创新系统等。如图13所示，在广义的区域创新系统层次结构中，每个层次的创新系统都有自己独有的特征和规律。一般来说，高层次创新系统以低层次创新系统为载体，并通过低层次系统来体现。低层次创新系统是高层次创新系统的子系统或创新元，且其行为活动受高层次系统的制约和支配，也就是说，低层次创新系统的发展和变化是以高层次创新系统作为背景来展开的（潘雄锋、杨越，2015②）。

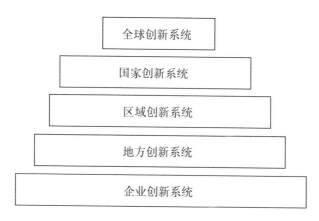

**图13 广义的区域创新系统层次**

---

① 胡明铭.区域创新系统：评价、发展模式与政策［M］.长沙：湖南大学出版社，2008.
② 潘雄锋，杨越.区域创新体系运行的基本理论框架及中国的实证研究［M］.北京：科学出版社，2015.

## （二）区域创新系统的结构类型

区域创新系统具有多种表现形式和类型划分，较为典型的区域创新系统结构类型有 Autio 的 "二元创新系统模型"①，Radosevic 的 "四要素模型"②，Andersson 和 Karlsson（2002）的 "以集群为中心的区域创新系统模型"③，Padmore 和 Gibson 的 "GEM" 模型④。其中，"二元创新系统模型"（图14)⑤ 强调区域创新系统是由受到某地区经济、社会、文化、生态等环境所影响的两大系统组成，即知识应用与开发子系统、知识生产与扩散子系统。

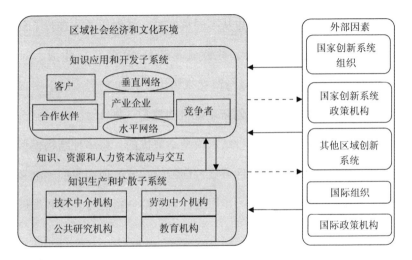

**图 14 Autio 的 "二元创新系统模型"**

① AUTIO E. Evaluation of RTD in Regional Systems of Innovation［J］. European Planning Studies，1998，6（2）：131−140.

② RADOSEVIC S. Regional Innovation Systems in Central and Eastern Europe：Determinants，Organizers and Alignment［J］. Journal of Technology Transfer，2002（27）：87−96.

③ ANDERSSON M，KARLSSON C. Regional Innovation Systems in Small & Medium−Sized Regions：A Critical Review & Assessment［A］. JIBS Working Paper Series，2002：2.

④ PADMORE T，GIBSON H. Modeling Systems of Innovation Ⅱ. A Frame work for Industrial Cluster Analysis in Regions［J］. Research Policy，1998（26）：625−641.

⑤ AUTIO E. Evaluation of RTD in Regional Systems of Innovation［J］. European Planning Studies，1998，6（2）：131−140.

而 Radosevic（2002）① 从组织者、联盟和决定性要素视角对中东欧区域创新系统进行分析，并建构了区域创新系统四要素框架模型，认为国家的、区域的、行业的以及微观的影响要素通过资源交流和信息合作等形成区域创新系统（胡明铭，2006②）。此外，他进一步强调，这些影响要素从潜在优势转化为现实优势需经由网络动员和不同的网络联盟来加以实现，因此，培育网络、网络组织者以及进行网络联盟动员是当务之急。

与此同时，国内学者近年来也从不同角度对区域创新系统进行了刻画和类别划分，如胡志坚（1999）③、黄鲁成（2000）④ 等，官建成、刘顺忠（2003）⑤ 从区域创新系统的比较与演化视角出发，建立了适用于中国经济社会体制和科技发展水平的区域创新系统机构模型（图15）。区域旅游创新系统具有多种类型，且尚未有一种结构模型是最优的，将多种结构模型进行综合理解和运用具有现实意义，区域旅游创新的系统梳理为我们理解和剖析区域旅游创新影响要素系统，进一步探究区域旅游创新能力表现和发展效率奠定了基础。

① RADOSEVIC S. Regional Innovation Systems in Central and Eastern Europe：Determinants，Organizers and Alignment ［J］. Journal of Technology Transfer, 2002（27）：87-96.
② 胡明铭. 区域创新系统评价及发展模式与政策研究 ［D］. 长沙：中南大学，2006.
③ 胡志坚，苏靖. 区域创新系统理论的提出与发展 ［J］. 中国科技论坛，1999（6）：21 -24.
④ 黄鲁成. 关于区域创新系统研究内容的探讨 ［J］. 科研管理，2000（2）：43-48.
⑤ 官建成，刘顺忠. 区域创新系统测度的研究框架和内容 ［J］. 中国科技论坛，2003（2）：24-26.

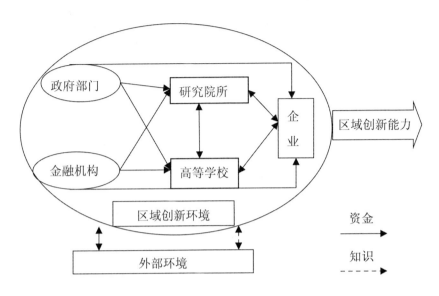

**图15 我国区域创新系统结构图**

## 二、"三螺旋"创新动力理论

### （一）"三螺旋"创新理论的缘起

"三螺旋"创新理论（Triple Helix Model）描述了在知识商品化的不同发展阶段，多种区域创新主体间的多重关系，即大学、产业与政府三大主体在创新过程中以社会经济的发展需求为引导，在长期正式和非正式的合作与交流中，三种力量经相互促进、彼此影响所形成的螺旋性、复合性上升关系。"三螺旋"创新关系突破以往大学与产业构成的双螺旋线性结构，创建了基于大学、产业与政府的三螺旋网状的创新发展模式，旨在加强学术研究、产业发展、行政管理之间的合作强度，并促进区域经济社会的整体协同创新。

（黄晓颖，2013①）。20 世纪 90 年代，美国社会学家 Henry Etzkowit 首次提出"三螺旋"概念，并将其引入了社会学之中，合理地解释了知识经济时代下高校科研、产业发展、政府管理三者的相互关系。1995 年，Henry Etzkowitz 和 Loet Leydesdorff 出版《大学与全球知识经济：大学—产业—政府关系的三重螺旋》，并发表了论文《三重螺旋——大学、产业与政府的关系：以知识为基础的经济发展的实验室》，这标志着"三螺旋"创新理论的诞生。

"三螺旋"模型主要分为三种不同的发展模式。第一种为"国家社会主义模式"（见图 16），在该模式中，政府是区域创新行为的主导，全面领导区域旅游创新的方向与方式，对大学和产业间的关系起着控制和协调作用，而大学与产业则是附属于政府创新。在这种结构中，只有在明确的目标、明智的领导以及大量的投入要素下，才会产生较理想的效果（王向华，2012)②。同时，该模式也存在着官僚主义蔓延、压制思想碰撞、缺少创新激励、限制信息交流等缺陷。第二种为"自由放任模式"（见图 17），在该模式中，大学、产业和政府间有着高度确定的关系以及明显的边界。大学为创新提供科研和创新人才，而政府只有在市场失灵的情况下才起协调和引导作用。同时，该模式亦缺少机构间的互动，且当个体在两个机构中起着双重作用时会产生利益冲突（周春彦，2005③）。

① 黄晓颖. 基于三螺旋理论的区域创新模式的研究［D］. 大连：大连理工大学，2013.
② 王向华. 基于三螺旋理论的区域智力资本协同创新机制研究［D］. 天津：天津大学，2012.
③ 亨利·埃茨科威兹. 国家创新模式：大学、产业、政府"三螺旋"创新战略［M］. 周春彦，译. 北京：东方出版社，2014.

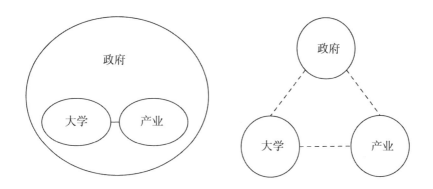

**图 16　国家社会主义三螺旋创新模式　图 17　自由放任三螺旋创新模式**

第三种为"重叠式模式"（见图 18），通常所指的"三螺旋"创新模式即为该类型。在该模式中，政府、大学与产业是各有重叠、相互影响的网络性结构，且在各自的交界面上出现了混合性组织，大学、产业和政府在完成它们的传统功能外，还会兼顾执行其他部门的一些功能。例如，高等院校不仅承担科学研究、人才培养的功能，同时创造了衍生性产业，并可作为创新组织和协调者，有行政管理的功能；政府不仅负有管理职责，同时还可直接参与产业运营，并为高等院校、研究机构提供在重点项目科技攻关上的支持；产业亦可协助政府管理部门制定本地区的创新发展政策和长远规划，此外，通过与大学、研究机构展开合作，参与开发研究活动。如今，学术界对"三螺旋"创新理论的研究早已突破了大学、产业、政府三大创新主体，更是进一步提出了"第四螺旋""双三螺旋"等假设（资武成等，2009[①]）。

---

① 资武成，罗新星，陆小成. 基于三螺旋理论的产学研创新集群模式研究［J］. 科技进步与对策，2009，26（6）：5-8.

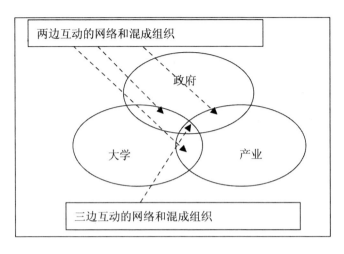

**图18　重叠型的三螺旋创新模型**

### （二）区域旅游创新的动力来源

如同"三螺旋"创新模型所示，区域旅游创新的要素积累、能力提高、效率发展均是以地方旅游、工商税务等为代表的管理部门，以高等院所、研发机构为代表的科研部门，以及旅游企业、社会组织和旅游消费者等所构成的产业部门相互协调、共同促进的"螺旋式"上升过程。三者的互动关系不仅包含创新要素部门的横向流动，还包含创新路径的纵向提升，其本质是旅游创新的历史进程结果（见图19）。

1. 产业实践和市场需求是区域旅游创新的原始动力

旅游消费结构升级、旅游企业市场竞争倒逼旅游管理部门进行体制和机制创新，随着旅游市场规模扩大，消费需求个性化不断加强，各地催生房车、邮轮、露营、创业、科考等新的旅游业态和在线旅游、自驾旅游、共享旅游、互换旅游等形式，使得传统旅游管理出现薄弱环节和缺失空地，体制机制尚未建立和完善，市场需求倒逼旅游主管部门加强市场管理和体制变

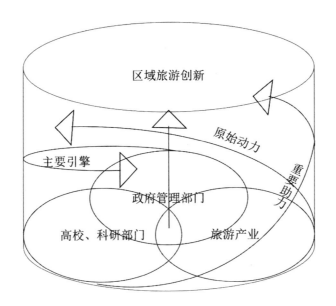

**图 19　区域旅游创新的"三螺旋"模型**

革；此外，旅游科技变革和高端服务人才需求促使高校科研机构旅游知识的创新和创新人才的培养。新型科技和发明在旅游行业的广泛应用，新型业态的层出不穷，使得旅游院校人才培养出现供需结构性矛盾，产业实践促使新型旅游服务人员和创新性旅游人才的培养。

2. 政府管理和政策引导是区域旅游创新的主要引擎

区域旅游管理部门中的组织架构和管理制度未能完全适应变化迅猛的旅游产业发展，且先进地区旅游管理和体制变革为政府管理提供学习依据和变革参考。在中国的旅游产业创新发展中，政府管理无疑起着重要作用，先进的、科学的、合理的旅游监管机制和组织机构对区域旅游企业、景区等创新活动主体起重要推动作用，近年来，随着全域旅游示范区建设的不断推进，各地旅游管理部门为适应旅游业作为地区支柱性产业的需求，积极推动"1+3+N"旅游管理体制的创新。相反，落后的、僵化的旅游管理体制和机构设置则会在很大程度上限制甚至阻碍区域旅游企业、景区、知识、人才等创新。

**3. 高校教育和科研创新是区域旅游创新的重要助力**

市场需求是驱动，管理创新是引导，而高校和科研院所可作为两者的重要纽带和协调组织，起到区域旅游创新体制润滑、效率加速和能力催化的作用。高校不仅为旅游企业培育和提供未来创新性人才，而且高等院校、科研机构也是旅游创新知识的重要产出地，会产出数量众多可直接用于旅游产业的发明专利、科研论文和行业报告等。此外，一些院校旅游智库可为区域旅游企业、政府管理部门提供旅游发展的决策咨询服务，为区域旅游业创新发展提供重要助力。

### 三、区域经济差异理论

#### （一）区域经济差异理论的缘起

在各个国家或地区发展中，区域经济差异普遍存在。适度差异对局部区域经济社会发展可起到促进作用，通过辐射带动和扩散效应实现更大空间尺度的经济发展，但如果差异过大则会阻碍地区经济发展，并对社会稳定产生一系列的负面作用（李小菊、李豫新，2006①）。目前，学术界对区域经济差异较一致的看法：一定时期内各区域间人均意义上的经济发展总体水平存在非均等化现象。世界上经济较好的国家大致经历了一个从不平衡到平衡、由新的不平衡再到新的平衡的循环往复发展历程（聂秀萍，2007②）。学者们对区域经济差异进行了研究，提出的理论包括早期的古典区位理论、近现代的均衡发展理论和非均衡发展理论等。

---

① 李小菊，李豫新. 我国区域经济差异研究的理论与实践评述 [J]. 新疆农垦经济，2006（2）：48-53.

② 聂秀萍. 我国区域经济协调发展的财税政策研究 [D]. 长沙：长沙理工大学，2007.

　　区域均衡发展理论是关于发展中国家经济发展模式或战略的一种理论，它产生于 20 世纪 40 年代。平衡化增长是指在一个国家内，国民经济的各个部门同一时期进行大规模的投资，使国民经济各部门按同一比率或不同比率得到全面发展，从而实现国民经济工业化和现代化的目的。区域均衡发展理论强调区域内各产业得到均衡发展，生产力得到均衡布局，投资得到速度均衡，最终达到地区经济的整体性、全面性、均衡性发展。不可否认，区域均衡发展理论在历史上为许多国家尤其是发展中国家的经济发展指明了方向，提供了重要思路，但客观上也存在着诸多弊端：不同地区间资源禀赋、科技水平、管理能力等方面存在空间差异，从而限制了区域间的平衡增长；平衡增长过分受到国家行政干预与计划经济的影响，使得经济增长活力不足；平衡增长并未充分理解到"效率与公平"之间的相互关系，过度重视"公平"而忽略了"效率"的激励和带动效应，从而最终限制国家经济的整体、长远与协调发展（李小菊、李豫新，2006①）。

　　"不平衡增长"是针对均衡增长理论而提出和发展起来的，该理论最早由美国经济学家 A. O. Hirshaman 在其所著的《经济发展战略》一书中提出（李航星，2003②；胡艳君、莫桂清，2008③）。区域非均衡发展理论重视地区累积性优势的作用，那些具有发展优势条件的地区，刺激经济增长不仅易于实现和操作，而且确实能起到显著的效果，但对那些发展基础弱且不具备优势条件的地区来说，经济发展缓慢甚至出现倒退的现象，最后可能会被经济发展优势地区遗忘。非均衡发展理论从理论高度向人们阐述并展示了一个

①　李小菊，李豫新. 我国区域经济差异研究的理论与实践评述 [J]. 新疆农垦经济，2006（2）：48-53.

②　李航星. 区域经济差异分析理论的发展对西部大开发的启示 [J]. 经济体制改革，2003（5）：151-154.

③　胡艳君，莫桂青. 区域经济差异理论综述 [J]. 生产力研究，2008（5）：137-139，143.

真实的经济发展世界，非均衡性在这一世界中属于发展常态，具有绝对性，而均衡发展只是某一阶段甚至某一瞬间的现象，具有相对性。

近年来西方区域经济差异理论在理论体系和研究方法等方面取得了突破性的进展，如一些学者以新经济地理理论为基础，从产业集聚、外部经济、规模经济等视角对区域经济差异的形成原因进行分析；还有运用 Theil 指数、Geni 系数和 Williamson 系数等方法对地区差异进行分解、测度和评价；此外，有研究者还借鉴了新古典增长模型，从区域内生增长以及递增收益的视角来分析地区经济趋同或者趋异发展的问题。这些理论方法虽然还需在实践中不断丰富和改进，但它们无疑给我们提供了一些极具借鉴意义的研究区域差异的理论路径和方法体系（张怀英、蒋辉，2007①）。

（二）区域旅游创新的地区差异

旅游创新由创新主体要素（企业、政府、旅游消费者、大学、中介组织等），创新类型要素（技术、知识、资本、体制、业态等）以及环境要素（政治、经济、文化、生态等）等构成。旅游创新能力是由专利、科技、出游能力等表层要素，人才、科教、经济基础、旅游景区等中层要素，以及生态环境、管理机制等根本性要素构成，我国幅员辽阔，气候环境多样，加之科教文卫水平和旅游资源禀赋具有复杂重叠特征，使得由诸多创新要素所构成的旅游综合创新能力具有区域差异特征。此外，地区旅游创新投入要素和创新能力的区域差异又会导致旅游创新发展效率的速度不一致、地区不均衡，因此，正视我国旅游创新要素、能力和效率的空间差异，通过管理体制和机制改革，促进区域间旅游资源与市场的互补合作，是实现我国区域旅游创新协调发展的重要途径。

---

① 张怀英，蒋辉. 区域经济差异理论对民族地区经济协调发展的启示 [J]. 科技和产业，2007（3）：18-21.

### 四、利益相关者理论

（一）利益相关者理论的缘起

利益相关者理论（Stakeholder Theory）研究真正起步于 20 世纪 60 年代，美国学者 Asnoff（1965）最早将该词引入管理学和经济学，指出企业如果想要确定一个理想的发展目标，就需将诸多涉及企业利益且可能产生利益冲突的各个主体加以综合考虑，这些主体可能包含公司股东、管理人员、企业员工、产品供应商、后向分销商等。关于利益相关者概念的表述很多，但尚未形成普遍认同的定义。其中，弗里曼（1984）将利益相关者定义为"能够对组织目标实现施加影响或者被组织在实现目标的过程中影响的群体或个人"，这一概念直观而形象地描述了各利益相关者与组织间的关系（牛瑞芹，2008①），当然这个概念对利益相关者的界定相当宽泛，顾客、股东、雇员、供应商、债权人等主体必然在此概念界定之内，环境、媒体、社区、公众等可以想到的组织和个人也或大或小、或直接或间接地影响企业的生产经营活动。

利益相关者理论自诞生之日起，便受到管理学、伦理学、法学和社会学等众多学科的关注。利益相关者理论在旅游研究领域的缘起和可持续旅游发展密不可分，早在 1984 年，在《我们共同的未来》中即强调了利益相关者权益保护在可持续旅游中的重要性，可持续旅游发展在让许多参与主体得以受益的同时，也势必对另一部分群体的正当利益产生影响。因此，利益相关者理论的引入是可持续旅游发展的基本要求与内在要义。Jane Robson 等（1996）② 基于利益相关者理论分析了旅游经营商所涉及的多种利益参与者

---

① 牛瑞芹. 试论环境保护中的公众参与问题 ［D］. 成都：西南交通大学，2008.

② ROBSON J, ROBSON I. From Shareholders to Stakeholders：Critical Issues for Tourism Marketers ［J］. Tourism Management，1996，17（7）：533-540.

（图20），之后，Ryan（2002）① 在前人基础上，对潜在的利益相关者进行了补充修订。

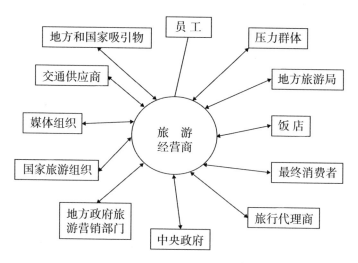

**图 20 旅游经营商所涉及的 12 类利益相关者**

李正欢等（2006）② 认为利益相关者理论在旅游研究中的应用主要包括三大内容：利益相关者管理理论与管理方法研究、在旅游地运营和旅游规划的运用以及其应用效果评价。而王波等（2008）③ 则认为利益相关者理论在旅游中的运用大多集中于其旅游利益相关者的细分，在旅游规划和管理决策中的调查研究，以及利益相关者之间冲突与协作的解决对策等方面。夏赞才

① RYAN C. Equity, Management, Power Sharing and Sustainability: Issues of the "New Tourism" [J]. Tourism Management, 2002 (1): 17-26.
② 李正欢，郑向敏. 国外旅游研究领域利益相关者的研究综述 [J]. 旅游学刊，2006 (10)：85-91.
③ 王波，章仁俊. 基于利益相关者理论的国内外旅游应用研究综述 [J]. 特区经济，2008 (7)：156-158.

（2003）① 认为利益相关者理论首先体现于地区旅游发展规划中（Marsh 等，1987②），如地区旅游产品开发、经济运行中的公众参与问题（Keogh，1990③）、社区旅游规划中不同参与者之间的相互合作等（Jama，1995④），此外，旅游营销、生态旅游、旅游伦理等领域也开始引用利益相关者理论进行理论研究与管理实践。

## （二）区域旅游创新的利益相关者

区域旅游创新是辖区内企业、政府、高校、行业组织、科研机构等利益相关者共同参与旅游创新要素配置、促进旅游创新效率提升、实现旅游发展方式转型的过程。本书在梳理旅游创新和区域创新等相关文献基础上，尝试构建区域旅游创新的利益相关者示图（图21），以了解各旅游创新参与者所处的角色和地位。首先，旅游创新各利益相关者的创新行为均受到所在地区政治、经济、文化、生态、社会等外在因素的影响。生态环境制约着区域旅游资源丰度和质量，社会经济条件对旅游资源的规划、挖掘和旅游市场的开发与优化提供资金和技术条件，政治环境从宏观上影响地区旅游经济的发展方向、市场秩序和法制规范，此外，地区文化可为旅游创新发展提供文化依托和创新氛围，创新创业文化氛围对区域旅游创新发展起着至关重要的作用。

---

① 夏赞才. 利益相关者理论及旅行社利益相关者基本图谱［J］. 湖南师范大学社会科学学报，2003（3）：72-77.
② MARSH N R，HENSHALL B D. Planning Better Tourism：The Strategic Importance of Tourist-Residence Expectations and Interactions［J］. Tourism Recreation Research，1987，12（2）：47-54.
③ KEOGH B. Public Participation in Community Tourism Planning［J］. Annals of Tourism Research，1990，17（3）：449-465.
④ JAMAL T B，GETZ D. Collaboration Theory and Community Tourism Planning［J］. Annals of Tourism Research，1995，22（1）：186-204.

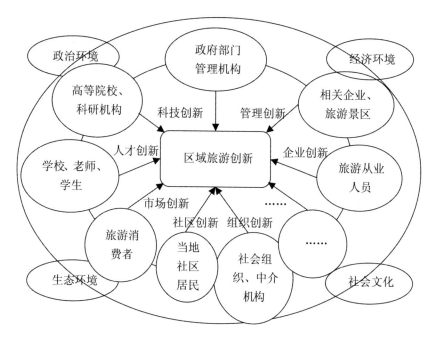

**图 21　区域旅游创新的利益相关者示图**

其次，由图 21 可知旅游创新由政府部门、管理机构、相关企业、旅游景区、旅游从业人员、社会组织、中介机构、高等院校、科研机构、旅游消费者等多种主体共同构成，这些主体在旅游活动中的市场行为促成了不同类型的旅游创新，如政府管理机构、旅游景区参与的管理创新，高校和科研院所参与的知识人才创新，旅游企业、景区参与的科技创新，社会组织、中介机构参与的组织创新等。其中，政府部门管理机构不仅包括国家旅游局的总体领导，也包含省、市、区等地区旅游、工商、税务等相关部门和组织。高等院校和科研单位，不仅是旅游创新人才、未来旅游从业者的培养单位，也是旅游科学和发明研究，旅游创新知识创造的重要主体，科研院校的旅游规划、决策咨询机构为区域旅游发展提供诸多决策功能。此外，旅游消费者不仅是旅游活动的参与者，同时也通过旅游活动促使了旅游科技的应用、旅游资源的革新以及旅游管理的优化。旅游企业、旅游景区是区域旅游创新的重要力量，众多的旅游创新成果均来自旅游经营者（企业）出于降低运营成本、提升经济效益的努力，如智慧景区打造、在线旅游票务服务、餐厅清洁能源使用等。

## 第三节　区域旅游创新 FARES 分析框架

### 一、现有旅游创新分析框架的反思

目前，关于旅游创新的研究框架主要集中于以下几类。

第一，旅游创新"概念—特征—维度"研究。国外学者 Hjalager (1997)①、Weiermair（2004)②、Decelle（2006)③等对旅游创新的概念阐述延续了熊彼特的"创新"概念，强调新技术、新产品、新要素的新组合。Hall（2008)④ 等则认为旅游创新是新产品从产生到实现的动态性过程。在此基础上，一些学者对旅游创新与制造业创新进行对比联系，得出其具有产品和过程创新难以区分性、信息技术的较强依托性、旅游从业人员在创新中起关键作用等特征。Sundbo 和 Gallouj（1998)⑤ 将服务创新分为产品创新、

---

① HJALAGER A M. Innovation Patterns in Sustainable Tourism – An Analytical Typology [J]. Tourism Management, 1997, 18（1）：35-41.

② WEIERMAIR K. Product Improvement or Innovation：What is the Key to Success in Tourism [C] //Innovation and Growth in Tourism. Paris：OECD Publishing, 2004：53-69.

③ DECELLE X. A Dynamiac Conceptual Approach to Innovation in Tourism [C] // Innovation and Growth in Tourism. Paris：OECD Publishing, 2006：85-106.

④ HALL C M, WILLIAMS A M. Tourism and Innovation [M]. London：Routledge, 2008.

⑤ SUNDBO J, GALLOUJ F. Innovation in Services：SI4S Project synthesis Work 3/4 [R]. The European Commission, 1998.

过程创新、组织创新以及市场创新四种类型。此外，国内学者虽未明确将旅游创新进行多维度划分，但涌现出众多针对单项旅游创新的分析，如旅游人才培养创新、旅游科技创新、旅游市场营销创新、旅游产品和线路创新、旅游管理创新等。

第二，旅游创新"影响要素—发展绩效"研究。依据相关研究所得，旅游创新影响因素包括社会意识、社会福利（Weiermair、Mathies，2004①），企业员工素质、企业家精神（Hjalager，2010②；Sundbo、Orfila - Sintes，2007③），技术推动、需求拉动（Buhalis，2000④），企业规模（Pikkemaat、Peters，2005⑤；Booyens、Rogerson，2016⑥），市场竞争及信息科技（Jimenez - Zarco、Martinez - Ruiz，2011⑦；Jamhawi、Hajahjah，2016⑧）等。宋慧林（2012）⑨对我国酒店企业创新的影响因素进行研究，构建出"酒店

---

① WEIERMAIR K, MATHIES C. The Tourism and Leisure Industry：Shaping the future ［M］. Binghamton, NY：The Haworth Press, 2004.

② HJALAGER A M. A Review of Innovation Research in Tourism ［J］. Tourism Management，2010, 31（1）：1-12.

③ SUNDBO J, ORFILA-SINTES F, SOENSEN F. The Innovative Behaviour of Tourism Firms —Comparative Studies of Denmark and Spain ［J］. Research Policy, 2007, 36（1）：88-106.

④ BUHALIS D. The Tourism Phenomenon：The New Tourist and Consumer ［M］// WAHAB C, COOPER C. Tourism in the Age of Globalization. London：Routledge, 2000：69-96.

⑤ PIKKEMAAT B, PETERS M. Towards the Measurement of Innovation：Pilot Study in the Small and Medium Sized Hotel Industry ［J］. Journal of Quality Assurance in Hospitality & Tourism, 2005, 6（3/4）：89-112.

⑥ BOOYENS I, ROGERSON C M. Responsible Tourism in the Western Cape, South Africa：An Innovation Perspective ［J］. Tourism, 2016, 64（4）：385-396.

⑦ JIMENEZ-ZARCO A I, MARTINEZ-RUIZ M P, IZQUIERDO-YUSTA A. Key Service Innovation Drivers in the Tourism Sector：Empirical Evidence and Managerial Implications ［J］. Service Business, 2011, 5（4）：339-360.

⑧ JAMHAWI M M, HAJAHJAH Z A. It-Innovation and Technologies Transfer To Heritage Sites：the Case of Madaba, Jordan ［J］. Mediterranean Archaeology & Archaeometry, 2016, 16（2）：41-46.

⑨ 宋慧林. 酒店企业创新的影响因素及效应分析 ［D］. 大连：东北财经大学, 2012.

创新因素—酒店创新绩效—酒店企业生存"的分析框架，论证得出酒店外部知识源于内部资源对其创新均具有正向影响。肖瑶（2007）[①] 认为当前制约旅游景区创新发展的重要因素是管理存在着所有权主体缺位、行政性治理色彩鲜明等问题，景区经营管理模式创新势在必行。沈鹏熠（2008）[②] 从顾客价值视角建构了"旅游景区营销创新—旅游地吸引力提高"理论框架，全面创新旅游景区营销手段不仅有利于围绕顾客价值的挖掘，也有利于旅游景区和所在地旅游吸引力的提升。

第三，旅游创新"单项能力—综合能力"研究。单项创新能力评价主要针对旅游科技、服务、制度、品牌等方面。常颖（2013）系统构建"旅游品牌创新与产业综合实力的评价体系——品牌创新与综合实力两大系统的耦合协调"的分析框架，并对浙江省进行了案例实证分析。宋慧林（2010）[③] 以专利作为旅游科技创新的基本变量，对我国东、中、西部旅游技术创新的区域非均衡性及其变化进行了研究。同样，王毅（2017）[④] 也对旅游科技创新进行了指标体系构建和全国层面的区域实证，论证得出中国旅游科技创新能力总体不断提高，但空间分布极不均衡。此外，卢卫等（2010）[⑤] 对生态旅游创新能力进行了"内涵提出—机理分析—提升策略"的系统分析。李璐汐

① 肖瑶. 基于公司治理理论的旅游景区管理模式创新研究 ［D］. 湘潭：湘潭大学，2007.
② 沈鹏熠. 基于顾客价值的旅游目的地营销创新研究 ［J］. 经济问题探索，2008（11）：133-138.
③ 宋慧林，马运来. 我国旅游业技术创新水平的区域空间分布特征——基于专利数据的统计分析 ［J］. 旅游科学，2010，24（2）：71-76.
④ 王毅，陈娱，陆玉麒，等. 中国旅游产业科技创新能力的时空动态和驱动因素分析 ［J］. 地球信息科学学报，2017，19（5）：613-624.
⑤ 卢卫，黄武，曾令锋，等. 大明山生态旅游创新能力提升研究 ［J］. 广西师范学院学报（自然科学版），2010，27（4）：80-85.

（2014）① 对旅游管理专业的学生创新能力进行分析，形成"学生创新能力限制性因素识别—学生创新能力培养和提升"的分析过程。

旅游综合创新能力分析方面，江珂（2012）② 构建了"旅游创新能力综合测评指标—广深案例选取与实证测评"的分析框架，并开发了以"创新支撑、创新投入、创新产出和创新潜力"为维度的能力评价体系。李冠颖（2013）③ 则以上海市为例，基于"旅游创新能力影响因素筛选—创新能力评价体系建构"框架，按自组织要素、产业层次结构构建了旅游创新能力影响因素评价体系。

现有旅游创新的研究链条仍需进一步延伸，理论分析框架仍需进一步健全。在概念内涵方面，多以侧重于传统领域（制造业）创新概念的延伸和界定；在影响要素方面，多是针对某一（或几大要素）旅游创新能力的影响要素分析；在能力表征方面，有的以专利等单一数据为分析依据，有的虽建立了创新评价体系，但所选指标较为片面；在创新绩效方面，多为旅游创新绩效与企业生存能力、竞争力等关系研究，缺少旅游创新投入产出效率的实证分析，且尚未考虑旅游创新外在环境对旅游创新发展效率的影响。

## 二、区域旅游创新的 FARES 分析框架

本书从概念内涵切入，延伸到要素解构，推进到能力分析，扩展到效率测度，最后回归到策略提出，构建了较完善的旅游创新理论分析框架，将

---

① 李璐汐. 高校旅游管理专业学生创新能力培养研究［D］. 大连：辽宁师范大学，2014.
② 江珂. 旅游业创新能力测评的指标体系构建及其应用研究［D］. 广州：华南理工大学，2012.
③ 李冠颖. 旅游业创新能力影响因素评价指标体系构建研究［D］. 上海：上海交通大学，2013.

其命名为 FARES 分析框架，即 "Factors deconstruction，Ability evaluation，Regional difference，Development efficiency，Promotion strategy" 的字母简称（图 22）。

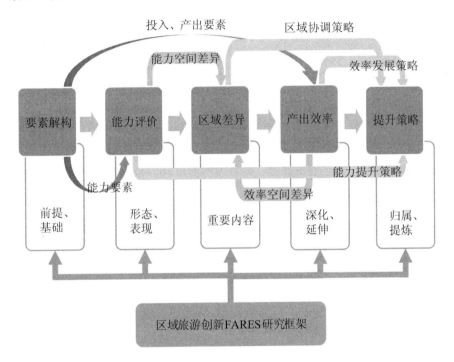

**图 22 区域旅游创新 FARES 分析框架图**

## （一）要素解构（Factors deconstruction）

区域旅游创新是旅游企业、高等院校、地方政府、旅游消费者等多元主体共同参与的创造性活动总和，它是涉及旅游创新主体、创新对象、创新要素、创新环境等诸多要素所构成的复杂性巨系统，如何厘清该系统中的要素结构与层次关系是区域旅游创新研究的基础。一般而言，要素分解有扎根理论法（陶斌，2013①；马睿智，2016②）、专家咨询法（高欢，2015③；孙颖、陈通等，2009④）、降维分析法（张良祥、连洪业等，2016⑤）、解构方程法（沈玉芳，2008⑥；朱传耿、孙姗姗等，2008⑦）、文献归纳法（赵玉忠，2009⑧）等，本书则从文献梳理法和专家判别法对区域旅游创新相关要素进行筛选、归纳，进一步基于解释结构模型，将较零散的旅游创新要素体系进行重新构建，形成区域旅游创新的要素层次系统。

（二）能力评价（Ability evaluation）

要素解构和系统重建是研究基础，而能力评价和区域差异则是区域旅游创新的重要内容。关于创新能力、竞争力的测度和评价方法众多，如何构建客观而全面的评价体系，并辅之科学的测度方法是旅游创新能力研究的关键。本书拟从人才知识（$TK$）、科学技术（$ST$）、资源市场（$RM$）、管理机制（$MS$）、景区企业（$SE$）、环境绩效（$EP$）等维度构建区域旅游创新能力评价体系，并就各维度进行量化表征。此外，创新能力测度不仅需要选取多样性的方法进行综合测评，而且需要就不同方法测度的有效性进行比较论证。

---

① 陶斌. 我国企业生态化的影响要素研究 ［D］. 大连：大连理工大学，2013.
② 马睿智. 后发企业国际化过程中资源重构的影响因素研究 ［D］. 大连：大连理工大学，2016.
③ 高欢. 儒家人文精神与团队领导力影响要素研究 ［D］. 济南：济南大学，2015.
④ 孙颖，陈通，毛维. 物流信息服务企业服务创新过程的关键影响要素研究 ［J］. 科学学与科学技术管理，2009，30（8）：196-199.
⑤ 张良祥，连洪业，彭迪，等. 黑龙江省冰雪装备制造业创新成长影响要素与战略研究 ［J］. 冰雪运动，2016，38（4）：83-86，91.
⑥ 沈玉芳. 产业结构演进与城镇空间结构的对应关系和影响要素 ［J］. 世界地理研究，2008，17（4）：17-25.
⑦ 朱传耿，孙姗姗，李志江. 中国人口城市化的影响要素与空间格局 ［J］. 地理研究，2008（1）：13-22，241.
⑧ 赵玉忠. 我国制造业质量管理影响要素分析与评价 ［D］. 天津：天津大学，2009.

（三）区域差异（Regional difference）

区域差异的平衡问题在我国由来已久，改革开放以来，区域差异的不断拉大开始引起国内外诸多专家及各地方政府部门的高度关注（吴爱芝、杨开忠等，2011①）。如何正确认识和有效缩小旅游创新的区域差异，对于促进地区旅游经济的协调发展、创新发展、有序发展具有重要的实践意义。区域差异研究是旅游创新要素解构、能力评价的延伸和深化，旅游创新投入要素与区域社会经济发展水平是否存在空间一致？区域旅游创新能力在我国呈现怎样的空间形态和集散趋势？沿海省市的旅游创新产出效率是否实现了效率前沿？本书即运用动态变动指数、重心分析法等对区域旅游创新的空间差异进行实证分析，以便为各地区采取针对性策略提供理论依据。

（四）发展效率（Development efficiency）

区域旅游创新不仅有能力大小表征，亦有效率高低差异。目前，关于创新效率测度的方法主要包括传统和前沿面两种类型，传统测度方法主要包括单因素指标和层次分析两种方法，而前沿面评价法主要包括数据包络和Malmquist 指数法（李志刚，2016②）。旅游创新效率受到经济发展水平、政策、基础设施、居民收入水平等方面的因素影响，且这些因素不是孤立的、线性的，它们可能相互促进，也可能相互掣肘，进而对旅游创新效率产生影响。因此，本书运用三阶段 DEA 效率模型，在考虑外部环境和随机效应的基础上，对我国省区旅游创新发展效率进行分析，为旅游创新效率的提升提供理论基础。

（五）提升策略（Promotion strategy）

区域旅游创新实证研究的目的在于充分了解现有问题、掌握空间差异和

---

① 吴爱芝，杨开忠，李国平. 中国区域经济差异变动的研究综述［J］. 经济地理，2011，31（5）：705-711.

② 李志刚. 内蒙古科技人力资本创新效率研究［D］. 北京：北京科技大学，2016.

明细提升方向，从而为创新能力提升和效率发展提出针对性策略。因此，提升策略是研究框架的最后环节，也是现有研究内容的总结和提炼。现有关于旅游创新的策略分析多集中于提高科技应用水平（陈昕，2013①；江金波，2014②）、创新旅游营销手段（沈鹏熠，2008③）、破解旅游体制束缚（王如东，2005④）、革新旅游教学手段（王飞飞，2016⑤）等单一方面。本书则在区域旅游创新要素解构、能力评价、区域差异及发展效率的实证基础上，从多元创新主体共同参与、促进创新能力空间协调、构建创新效率良好环境等方面提出区域旅游创新的发展策略。

① 陈昕. 试论旅游产业竞争力的科技方法创新：以云南为例 ［J］. 云南大学学报（社会科学版），2013，12（4）：101-105，112.
② 江金波，刘华丰，严敏. 旅游产业结构及其转型升级的科技创新路径研究：以广东省为例 ［J］. 重庆大学学报（社会科学版），2014（4）：16-24.
③ 沈鹏熠. 基于顾客价值的旅游目的地营销创新研究 ［J］. 经济问题探索，2008（11）：133-138.
④ 王如东. 政府在旅游管理中的作用及制度创新 ［D］. 上海：同济大学，2005.
⑤ 王飞飞，胡波. "三个课堂联动" 旅游管理创新人才培养模式研究 ［J］. 山西财经大学学报，2016（S1）：84-86.

# 第四章

# 区域旅游创新要素解构与系统重建

深入解析区域旅游创新要素构成与层次结构是旅游创新能力评价的前提基础。本章即从旅游创新利益相关者、旅游创新类型结构等视角，对区域旅游创新影响要素进行识别和筛选，并在此基础上重建了旅游创新要素的层次系统。

## 第一节　区域旅游创新的影响要素解构

### 一、影响要素识别方法与过程

（一）相关性评判法

相关性评判法是一种基于专家咨询和意见反馈的评判方法，根据数学隶属度原则，可以将定性判断问题转化为量化研究，从而对受多种要素影响的现象或者事物做出总体评判（冯学钢、周成，2016①），该方法具有系统性

---

① 冯学钢，周成. 区域反季旅游概念、特征与影响因素识别［J］.东北师范大学学报（哲学社会科学版），2016（3）：35-41.

好、操作性强、结果清晰等优点，因而适用于各种非确定性问题的解决。

相关性评判法的具体步骤为：

（1）成立专家咨询小组，保证小组成员对研究问题进行初步了解，并保证持有不同意见的人员进入小组。

（2）建立评价对象的分析维度，并在广泛征求小组意见、参考相关领域研究成果的基础上，形成研究对象的初步影响要素识别，并进行编码和归类。

（3）根据系统工程学原理，确定关联评语集 $X = \{X_1, X_2, \cdots, X_n\}$。通过专家打分得到影响要素关联性矩阵 $R'$，其中，$i$ 为要素个数，$j$ 为评语集个数。

$$R' = \begin{bmatrix} r'_{11} & r'_{12} & \cdots\cdots & r'_{1n} \\ r'_{21} & r'_{22} & \cdots\cdots & r'_{2n} \\ & \cdots\cdots\cdots\cdots & \\ r'_{m1} & r'_{m2} & \cdots\cdots & r'_{mn} \end{bmatrix}$$

并根据关联性矩阵计算该研究对象的关联评价矩阵 $R$，其中，$r_{ij} = d_{ij}/da$，$d_{ij}$ 为第 $i$ 个因素选择 $j$ 评价值的专家人数，$da$ 为参加评价的总人数。

$$R = \begin{bmatrix} r_{11} & r_{12} & \cdots\cdots & r_{1n} \\ r_{21} & r_{22} & \cdots\cdots & r_{2n} \\ & \cdots\cdots\cdots\cdots & \\ r_{m1} & r_{m2} & \cdots\cdots & r_{mn} \end{bmatrix}$$

（4）计算得出研究对象备选因素的关联性评价值 $Y$，根据专家意见设定关联阈值，进而对要素进行甄选和剔除。关联性评价值的计算方法为：

$$Y = RX^T = (y_1, y_2, \cdots, y_n)^T$$

（二）区域旅游创新要素解构过程

（1）邀请9位旅游、休闲和会展领域专家，他们来自华东师范大学、复旦大学、上海交通大学、辽宁师范大学、山西财经大学等高校以及山西省、北京市、大连市等政府旅游管理部门，同时，邀请以上高校11名旅游管理专业的硕博研究生组成区域旅游创新影响要素咨询小组。

（2）广泛参考国家创新、区域创新、旅游创新与创新系统等方面研究成果，并咨询专家小组建议，对所收集到的区域旅游创新要素进行划分和归类，经过详细识别，本书将影响要素划归为人才知识创新（TK）、科学技术创新（ST）、资源市场创新（RM）、管理体制创新（MS）、景区企业创新（SE）、创新环境绩效（EP）六大维度，初始要素集合可表示为：$f = (f_1, f_2, f_3 \cdots, f_{36})^T$。（见表6）

表6　旅游知识人才创新维度要素解构

| 文献来源 | 要素指标 | 指标归类 |
|---|---|---|
| 《中国区域创新能力评价报告2016》① | 教育经费支出 | 政府旅游教育引导 |
| 《2010国家创新体系发展报告——创新型城市建设》② | 人均财政性教育经费支出 | |
| 《区域创新评价——理论、方法与应用》③ | 教育投资增长率、地区人口中大专以上学历所占比重 | |
| 《我国区域知识竞争力研究》④ | 教育投资占GDP比重、教育投资增长率 | |

---

① 中国科技发展战略研究小组，中国科学院大学中国创新创业管理研究中心. 中国区域创新能力评价报告 2016 ［M］. 北京：科学技术文献出版社，2016.
② 国家创新体系建设战略研究组. 2010 国家创新体系发展报告：创新型城市建设 ［M］. 北京：科学出版社，2011.
③ 罗掌华. 区域创新评价：理论、方法与应用 ［M］. 北京：经济科学出版社，2011.
④ 相丽玲. 我国区域知识竞争力研究 ［M］. 北京：北京邮电大学出版社，2012.

续表

| 文献来源 | 要素指标 | 指标归类 |
|---|---|---|
| 王斌（2015）① | 旅游院校学生数、旅游科研人数 | 旅游创新人才发展 |
| 宋晓雨（2015）② | 旅游从业人员素质、旅游科研人员数量 | |
| 蒋亚珍（2015）③ | 每年旅游培训人数 | |
| 李冠颖、武邦涛（2013）④ | 旅游业人才提供、人员流动渠道 | |
| 《创新综合评价指标的质量评估》⑤ | 20~29 岁年龄段中新毕业的理工科学生比例、接受高等教育人数在总人口中的比重 | |
| 《我国区域知识竞争力研究》⑥ | 知识从业者数量和结构 | |
| 许鹏（2009）⑦ | 批准旅游科研项目数量 | 旅游课题承接情况 |
| 蒋亚珍（2015） | 旅游科研经费投入、科研经费支出 | |
| 《中国走向创新型国家的要素：来自创新指数的依据》⑧ | 国家自然科学基金面上项目经费额 | |
| 《中国区域创新能力评价报告2016》 | 国家创新基金获得资金、国家创新基金数量 | |
| 《中国创新发展报告（2016）》⑨ | 科技项目承接数量 | |
| 《我国区域知识竞争力研究》 | 国家和地方创新基金获得资金 | |

---

① 王斌. 我国滨海旅游产业生态创新及评价研究［D］. 青岛：中国海洋大学，2015.
② 宋晓雨. 旅游产业科技创新能力测评研究［D］. 南京：南京师范大学，2015.
③ 蒋亚珍. 区域旅游创新能力评价研究［D］. 南宁：广西大学，2015.
④ 李冠颖，武邦涛. 上海旅游业创新能力影响因素评价模型研究［J］. 河北工业科技，2013（4）：223-226，232.
⑤ 张明倩. 创新综合评价指标的质量评估［M］. 上海：上海人民出版社，2015.
⑥ 相丽玲. 我国区域知识竞争力研究［M］. 北京：北京邮电大学出版社，2012.
⑦ 许鹏. 旅游企业技术创新能力的要素构成与综合评价［J］. 工业技术经济，2009（3）：142-145.
⑧ 纪宝成，赵彦云. 中国走向创新型国家的要素：来自创新指数的依据［M］. 北京：中国人民大学出版社，2008.
⑨ 陈劲. 中国创新发展报告（2016）［M］. 北京：社会科学文献出版社，2017.

续表

| 文献来源 | 要素指标 | 指标归类 |
|---|---|---|
| 宋晓雨（2015） | 国内和国外发表旅游论文数 | 旅游知识产出规模 |
| 蒋亚珍（2015） | 旅游规划方案执行数、旅游专利申请授权数 | |
| 《中国创新发展报告（2015）》① | 单位 R&D 经费科技期刊论文数、单位研究人员科技期刊论文数 | |
| 《2010 国家创新体系发展报告——创新型城市建设》② | 论文、出版物和驰名商标数量 | |
| 《中国走向创新型国家的要素：来自创新指数的依据》③ | 国内中文期刊科技论文数 | |
| 李冠颖、武邦涛（2013）④ | 知识与信息流动畅通 | |
| 江珂（2012）⑤ | 含旅游专业的高等院校和职业院校数量 | 旅游科研单位规模 |
| 宋晓雨（2015）⑥ | 含旅游专业的高等院校数量 | |
| 《区域创新评价——理论、方法与应用》⑦ | 国家工程技术研究中心、国家重点实验室 | |
| 《中国走向创新型国家的要素：来自创新指数的依据》 | 国家实验室数量、国家工程技术研究中心数量 | |
| 《中国创新发展报告（2015）》⑧ | 科技研发机构数 | |

① 陈劲. 中国创新发展报告（2015）［M］. 北京：社会科学文献出版社，2016.
② 国家创新体系建设战略研究组. 2010 国家创新体系发展报告：创新型城市建设［M］. 北京：科学出版社，2011.
③ 纪宝成，赵彦云. 中国走向创新型国家的要素：来自创新指数的依据［M］. 北京：中国人民大学出版社，2008.
④ 李冠颖，武邦涛. 上海旅游业创新能力影响因素评价模型研究［J］. 河北工业科技，2013（4）：223-226，232.
⑤ 江珂. 旅游业创新能力测评的指标体系构建及其应用研究［D］. 广州：华南理工大学，2012.
⑥ 宋晓雨. 旅游产业科技创新能力测评研究［D］. 南京：南京师范大学，2015.
⑦ 罗掌华. 区域创新评价：理论、方法与应用［M］. 北京：经济科学出版社，2011.
⑧ 陈劲. 中国创新发展报告（2015）［M］. 北京：社会科学文献出版社，2015.

续表

| 文献来源 | 要素指标 | 指标归类 |
|---|---|---|
| 《2010 国家创新体系发展报告——创新型城市建设》 | 政府发布的鼓励创新各项政策落实情况 | 知识创新政策效应 |
| 蒋亚珍（2015）① | 政府出台旅游发展扶贫政策法规 | |
| 《国家创新指数报告 2016—2019》② | 反垄断政策效果 | |

注：文献来源栏中报告、书籍类为题名；论文类为作者名

（3）确定各个要素与上级旅游创新维度的关联性大小评语集，并对关联性进行评估。根据系统工程学原理，确定关联评语集 $X = \{X_1, X_2, X_3, X_4\}$ = {攸关，很重要，次重要，一般} = {1, 0.75, 0.5, 0.25}。通过专家打分和汇总得到影响因素关联性矩阵 $R'$，并根据关联性矩阵确定区域反季旅游影响因素的关联性评价矩阵 $R$（冯学钢、周成，2016③）。

$$R = \begin{bmatrix} R_1 \\ R_2 \\ \cdots \\ R_{36} \end{bmatrix} = \begin{bmatrix} r_{11} & r_{12} & r_{13} & r_{14} \\ r_{21} & r_{22} & r_{23} & r_{14} \\ \cdots\cdots\cdots\cdots\cdots\cdots \\ r_{361} & r_{362} & r_{363} & r_{364} \end{bmatrix}$$

（4）计算得出备选影响因素的关联值，并对影响因素进行识别与筛选。关联性评价值的计算方法为：

$$Y = RX^T = (y_1, y_2, \cdots\cdots, y_{25})^T$$

根据区域旅游创新初始因素的专家打分情况，我们将关联阈值设置为 $Y = 6.5$，将小于 6.5 的要素 $f_1$、$f_6$、$f_7$、$f_{12}$、$f_{13}$、$f_{18}$、$f_{19}$、$f_{24}$、$f_{27}$、$f_{30}$、$f_{34}$、$f_{36}$ 筛

① 蒋亚珍. 区域旅游创新能力评价研究 [D]. 南宁：广西大学，2015.

② 中国科学技术发展战略研究院. 国家创新指数报告 2016—2017 [M]. 北京：科学技术文献出版社，2017.

③ 冯学钢，周成. 区域反季旅游概念、特征与影响因素识别 [J]. 东北师范大学学报（哲学社会科学版），2016（3）：35-41.

选去除，最终得到其余 24 个区域旅游创新影响因子，即构成了区域旅游创新的要素集合，如表 7 中 $S_1 \sim S_{24}$ 所示。

**表 7　区域旅游创新影响因素的识别与筛选**

| 总体 | 维度 | 编码 | 初始要素 | 关联矩阵 | | | | 关联评价值 | 识别因素 |
|---|---|---|---|---|---|---|---|---|---|
| | | | | 攸关 | 很重要 | 次重要 | 一般 | | |
| 区域旅游创新能力要素 | 旅游人才知识创新 | $f_1$ | 政府旅游教育引导 | 6 | 4 | 5 | 5 | 0.638 | — |
| | | $f_2$ | 旅游创新人才发展 | 10 | 8 | 2 | 0 | 0.850 | $S_1$ |
| | | $f_3$ | 旅游课题承接情况 | 7 | 4 | 5 | 4 | 0.675 | $S_2$ |
| | | $f_4$ | 旅游知识产出规模 | 8 | 5 | 6 | 1 | 0.750 | $S_3$ |
| | | $f_5$ | 旅游科研单位规模 | 10 | 3 | 4 | 3 | 0.750 | $S_4$ |
| | | $f_6$ | 知识创新政策效应 | 4 | 3 | 7 | 6 | 0.563 | — |
| | 旅游科学技术创新 | $f_7$ | 地区科创整体水平 | 5 | 3 | 9 | 3 | 0.625 | — |
| | | $f_8$ | 政府科技投入力度 | 10 | 5 | 4 | 1 | 0.800 | $S_5$ |
| | | $f_9$ | 旅游专利申请规模 | 9 | 4 | 5 | 2 | 0.750 | $S_6$ |
| | | $f_{10}$ | 高新技术产业发展 | 9 | 6 | 4 | 1 | 0.788 | $S_7$ |
| | | $f_{11}$ | 科技研发人员情况 | 9 | 5 | 4 | 2 | 0.763 | $S_8$ |
| | 旅游资源市场创新 | $f_{12}$ | 科技场馆发展布局 | 2 | 4 | 5 | 9 | 0.488 | — |
| | | $f_{13}$ | 旅游市场秩序维护 | 7 | 3 | 4 | 6 | 0.638 | — |
| | | $f_{14}$ | 资源业态规模丰度 | 7 | 5 | 3 | 5 | 0.675 | $S_9$ |
| | | $f_{15}$ | 旅游资源吸引能力 | 8 | 6 | 4 | 2 | 0.750 | $S_{10}$ |
| | | $f_{16}$ | 旅游市场结构优化 | 6 | 7 | 3 | 4 | 0.688 | $S_{11}$ |
| | | $f_{17}$ | 地区旅游出游能力 | 5 | 7 | 5 | 3 | 0.675 | $S_{12}$ |
| | 旅游管理体制创新 | $f_{18}$ | 旅游资源规划开发 | 5 | 3 | 5 | 6 | 0.588 | — |
| | | $f_{19}$ | 创新创业激励机制 | 7 | 3 | 4 | 6 | 0.638 | — |
| | | $f_{20}$ | 旅游管理机制转变 | 7 | 6 | 4 | 3 | 0.713 | $S_{13}$ |

续表

| 总体 | 维度 | 编码 | 初始要素 | 关联矩阵 | | | | 关联评价值 | 识别因素 |
|---|---|---|---|---|---|---|---|---|---|
| | | | | 攸关 | 很重要 | 次重要 | 一般 | | |
| 区域旅游创新能力要素 | 旅游管理体制创新 | $f_{21}$ | 旅游政务在线服务 | 6 | 7 | 3 | 4 | 0.688 | $S_{14}$ |
| | | $f_{22}$ | 行业组织规模数量 | 7 | 3 | 7 | 3 | 0.675 | $S_{15}$ |
| | | $f_{23}$ | 旅游市场信息推广 | 8 | 5 | 3 | 4 | 0.713 | $S_{16}$ |
| | 旅游景区企业创新 | $f_{24}$ | 旅游管理平台建设 | 6 | 3 | 6 | 5 | 0.625 | — |
| | | $f_{25}$ | 旅游景区规模质量 | 8 | 4 | 6 | 2 | 0.725 | $S_{17}$ |
| | | $f_{26}$ | 高新技术企业规模 | 6 | 8 | 3 | 3 | 0.713 | $S_{18}$ |
| | | $f_{27}$ | 旅游企业技术研发 | 7 | 3 | 3 | 7 | 0.625 | — |
| | | $f_{28}$ | 旅游企业赢利能力 | 9 | 2 | 3 | 6 | 0.675 | $S_{19}$ |
| | | $f_{29}$ | 企业家创新的精神 | 10 | 6 | 2 | 2 | 0.800 | $S_{20}$ |
| | 旅游创新环境绩效 | $f_{30}$ | 在线旅游企业布局 | 5 | 4 | 6 | 5 | 0.613 | — |
| | | $f_{31}$ | 社会经济文化基础 | 6 | 8 | 3 | 3 | 0.713 | $S_{21}$ |
| | | $f_{32}$ | 区域自然生态环境 | 5 | 7 | 5 | 3 | 0.675 | $S_{22}$ |
| | | $f_{33}$ | 旅游接待规模变化 | 10 | 5 | 3 | 2 | 0.788 | $S_{23}$ |
| | | $f_{34}$ | 区域经济发展绩效 | 7 | 3 | 4 | 6 | 0.638 | — |
| | | $f_{35}$ | 旅游行业从业人数 | 8 | 4 | 6 | 2 | 0.725 | $S_{24}$ |
| | | $f_{36}$ | 创新环境治理效果 | 6 | 4 | 3 | 7 | 0.613 | — |

注：作者自行制作

## 二、区域旅游创新的影响要素分析

基于文献梳理和相关性评判法，本书最终从人才知识创新（TK）、科学技术创新（ST）、资源市场创新（RM）、管理体制创新（MS）、景区企业创新（SE）、创新环境绩效（EP）六大维度筛选解构得出 24 个影响要素指标。

（见表8~表12）

### （一）旅游人才知识创新

在旅游人才知识创新维度中，创新人才发展、旅游课题承接、旅游知识产出、旅游科研单位四个要素得以保留，而旅游教育引导和创新政策效应因不具有统计意义得以删除。区域旅游创新归根结底是旅游人才的创新，旅游人才是推动我国旅游业发展的第一资源，他们具有一定的专业知识、专门技能，并能够进行创造性劳动，提供高质量旅游服务，进而为旅游业发展做出贡献。近年来，我国旅游人才发展规模、质量取得较大突破，建立起了较为完善的旅游人才培养结构（何建民，2008[①]）。与此同时，国家实施了旅游行政管理人才调训工程、西部旅游人才援助工程、旅游行业名家进课堂工程、导游人才队伍优化工程、旅游企业人才开发示范工程、旅游企业经营管理人才素质提升工程等旅游创新人才工程[②]。

同时，旅游创新知识产出对区域旅游经济发展具有重要作用，旅游科研单位的教研人员通过论文、报告、专利等知识生产，并使之投入旅游产业的生产与运营中，可大大促进地区旅游经济的转型升级。2016年，我国开设旅游管理类本科专业的普通高等院校604所，开设旅游管理类的高职高专院校1086所，开设旅游类专业的中等职业院校924所（余昌国、曾国军，2016)[③]。此外，国家对旅游科研支持的重要指标为课题数量和经费投入，这对旅游科研单位和人员的旅游知识创造和转化具有重要促进作用。

---

① 何建民. 基于战略管理理论与国际经验的我国旅游高等教育发展定位与创新［J］. 旅游学刊，2008（2）：6-7.

② 一张"成绩单"透视旅游人才培养大格局：2015年度万名旅游英才计划综述［EB/OL］. 国家旅游局网站，2017-08-15.

③ 余昌国，曾国军. 旅游管理学科人才培养与产业需求［J］. 旅游学刊，2016，31（10）：18-19.

## （二）旅游科学技术创新

在旅游科学技术创新维度中，政府科技投入、旅游专利规模、高新技术产业以及科技研发人员四个要素被保留，其中，政府科技投入力度对旅游科技创新相关性最大。科技创新不仅是区域经济发展的重要引擎，同时也是旅游产业创新发展的重要标准，虽有研究表明，旅游服务业与其他工业产业相比，科技创新能力和产出较低，多为其他行业科技创新的引入，而服务创新形式相比较多（Marta、Tintore 等，2003①）。在区域旅游创新系统中，旅游企业以中小规模为主，创新动力不足，科研水平较弱，因此，政府担负着创新主导和引领性角色，政府的人力、资金等要素投入对区域旅游科技创新具有决定性作用（见表 8）。

同时，高新技术产业发展可为该区域旅游科技研发和应用提供宏观环境，一般而言，高新技术产业发展水平高的地区或城市对应其旅游科研能力和专利申请规模也较高。此外，科技研发人员规模、质量不仅是地区高新技术产业发展的重要知识来源，同时也是旅游相关发明和专利申请的主要力量。旅游发明专利不仅包含发明、外观、实用新型等相关类型，还包含度假、休闲、酒店、园林、娱乐等众多产业领域，是一个区域旅游科技创新的重要表征要素（宋晓雨，2015②）。

表 8　旅游科学技术创新维度要素解构

| 文献来源 | 要素指标 | 指标归类 |
|---|---|---|
| 《区域创新评价——理论、方法与应用》 | 技术市场交易金额 | 地区科创整体水平 |
| 陈音律（2015） | 信息管理化水平 | |

---

① JACOB M, TINTORE J, AGUILO E, et al. Innovation in the Tourism Sector: Results from a Pilot Study in the Balearic Islands [J]. Tourism Economics, 2003, 9 (3): 279.
② 宋晓雨. 旅游产业科技创新能力测评研究 [D]. 南京: 南京师范大学, 2015.

| 文献来源 | 要素指标 | 指标归类 |
|---|---|---|
| 蒋亚珍（2015） | 每年地方旅游局获得财政拨款数 | 政府科技投入力度 |
| 许鹏（2009） | 旅游研究开发经费比重 | |
| 宋晓雨（2015） | 旅游科技活动投入占总投入比重 | |
| 《中国走向创新型国家的要素：来自创新指数的依据》 | 科技经费支出 | |
| 《中国区域创新能力评价报告2016》 | 政府研发投入资金、研发投入占 GDP 比重 | |
| 《区域创新评价——理论、方法与应用》 | 每万人研发经费支出、技术引进费用支出、财政科技经费投入 | |
| 宋晓雨（2015） | 旅游发明专利量、科技成果转化率 | 旅游专利申请规模 |
| 许鹏（2009） | 特色旅游技术转化率 | |
| 王毅（2015） | "旅游、游憩、休闲、度假"等20个关键词等发明授权数 | |
| 《中国区域创新能力评价报告2016》 | 外观设计、实用新型、发明专利申请数 | |
| 《国家创新指数报告 2016—2017》 | 三方专利数占世界比重 | |
| 《2010 国家创新体系发展报告——创新型城市建设》 | 百万人口拥有发明专利数量、专利的转化比率 | |

| 文献来源 | 要素指标 | 指标归类 |
|---|---|---|
| 《中国区域创新能力评价报告2016》 | 高新技术企业家数、高新技术增长率 | 高新技术产业发展 |
| 《区域创新评价——理论、方法与应用》 | 高新技术产值、高新技术产值占GDP比重、高新技术产品出口额 | |
| 《我国区域知识竞争力研究》 | 高新技术人才市场成交金额、高新技术产业产值 | |
| 《国家创新指数报告2016—2017》 | 高技术产业出口占制造业出口比重 | |
| 《中国区域创新能力评价报告2016》 | 研究与试验发展全时人员当量 | 科技研发人员情况 |
| 《区域创新评价——理论、方法与应用》 | 每万人中的研发人员数、研发人员中科学家与工程师数量 | |
| 《中国创新发展报告》 | 研发人员数量、科技活动人员占从业人员比例 | |
| 《我国区域知识竞争力研究》 | 研发人员增长率、科学家工程师数量 | |
| 《中国走向创新型国家的要素：来自创新指数的依据》 | 科技活动人员总数、科学家与工程师数量、R&D人员数 | |
| 《国家创新指数报告2016—2017》 | 科技人力资源培养水平 | |
| 《中国区域创新能力评价报告2016》 | 科技馆数量、科技馆当年参观人数、科技馆数量增长率 | 科技科普发展情况 |
| 《我国区域知识竞争力研究》 | 科技普及组织数量、大型科研基础设施数量 | |

注：作者自制

### （三）旅游资源市场创新

在旅游资源市场创新维度中，资源业态丰度、资源吸引能力、旅游市场结构以及旅游出游能力四类要素得以保留。其中，旅游资源吸引能力成为该维度中相关度最高的因素，这说明旅游资源市场创新的重要目的即是提升对游客的吸引力，这也是旅游资源市场价值实现的重要途径（表9）。

旅游资源是该区域旅游经济得以长远发展的物质依托，由于我国幅员广大、自然环境多样、发展历程悠久，旅游资源种类和规模具有较强的地区差异，旅游资源丰富而独特的地区具有更好的产业发展优势（周成、冯学钢等，2016①），同时，基于地区经济支撑和开发模式革新，新的旅游资源可以被开发和创造，从而使旅游吸引物更加丰富多样。此外，资源吸引力是旅游资源优势转化为市场优势的关键，影响旅游资源吸引力大小的因素有市场距离、开发程度、资源独特性以及服务配套设施等，在某种程度上，提升旅游资源吸引能力是区域旅游创新发展的重要目的和方向。

与此同时，区域旅游创新也需要旅游市场规模与结构优化。国内与入境旅游市场结构，城市与乡村旅游客源结构，大众观光、休闲度假、商务会议、研学科教等客源结构均对旅游创新发展具有影响，多元丰富和层次合理的市场构成有益于旅游经济的长远发展，而过分依赖某一客源市场则可能导致旅游创新和发展活力不足（周彩屏，2008②；李瑞、郭娟等，2013③）。此外，区域旅游消费者出游能力是旅游经济发展的有生力量和重要依托，旅游者出游能力提高、旅游消费升级、旅游需求扩大会对区域旅游创新发展提供

---

① 周成，冯学钢，唐睿. 我国反季旅游发展评价与区域差异：基于旅游供需视角 [J].
经济管理，2016，38（10）：155-167.
② 周彩屏. 基于SSM方法的入境旅游市场客源结构分析：以浙江省为例 [J]. 旅游学
刊，2008（1）：46-51.
③ 李瑞，郭娟，马子笑，等. 我国滨海地区入境旅游市场结构特征分析 [J]. 经济地
理，2013，33（12）：202-207.

市场方面的倒逼作用。

表9　旅游资源市场创新维度要素解构

| 文献来源 | 要素指标 | 指标归类 |
|---|---|---|
| 《2010 国家创新体系发展报告——创新型城市建设》 | 社会治安维护情况、有无鼓励创新的市场竞争环境 | 旅游市场秩序维护 |
| 《国家创新指数报告 2016》 | 知识产品保护力度 | |
| 《区域创新评价——理论、方法与应用》 | 新产品开发数量、新产品产值 | 资源业态规模丰度 |
| 江珂（2012） | 旅游节庆活动/展销会举办次数 | |
| 江珂（2012） | 4A 级旅游景区占全部景区景点比重、各类省级以上景区增幅 | 旅游资源吸引能力 |
| 陈音律（2015） | 新产品推出频率、种类、受欢迎度 | |
| 蒋亚珍（2015） | 百万人文化馆（点）、图书馆、公路、铁路、高速公路拥有量、航空吞吐量 | |
| 王斌（2015） | 高弹性收入占旅游收入比重 | 旅游市场结构优化 |
| 宋晓雨（2015） | 旅游市场需求强度 | |
| 江珂（2012） | 旅游国际市场占有率、外商直接投资额 | |
| 王斌（2015） | 居民旅游消费价格指数、城镇居民可支配收入 | 地区旅游出游能力 |
| 江珂（2012） | 旅游规划资质单位数量 | 旅游资源规划开发 |
| 《区域创新评价——理论、方法与应用》 | 新产品开发数量、新产品产值 | |
| 许鹏（2009） | 新旅游产品比重、销售率、利税率 | |

注：作者自制。

（四）旅游管理体制创新

在管理体制创新维度中，管理机制转变、政务在线服务、行业组织规模及市场信息推广四类要素得以保留，其中，旅游管理机制转变和旅游市场信息推广相关度相同（0.713），两者相互依托互相促进，在区域旅游管理体制创新中发挥着同等重要的作用（表10）。

旅游管理体制在地区旅游创新发展中具有重要作用，体制变革和机制突破是旅游市场要素充分发挥作用的关键，而政府部门是旅游活动的管理者和体制创新的发起人。截至2017年8月，全国已有23个省、自治区、直辖市建立了旅游发展委员会，这大大地增强了旅游产业综合协调能力，有效解决了综合产业和综合监管需求与原有体制之间的矛盾。国家旅游局启动"全域旅游示范区"创建工作以来，各地区更是加快了旅游业管理体制和执法机制改革创新，诸多省市创建单位率先推广设立了综合性旅游管理机构和旅游警察、旅游法庭、旅游工商分局等"1+3"管理模式，适应现代旅游综合产业、综合执法要求①。

与此同时，旅游行业组织是对政府官方旅游管理机构的补充，旅游行业组织的成立主要是为加强旅游行业内部的沟通与协作，实现行业自律，保护消费者权益，同时，促进旅游行业及行业内部各单位的发展。我国旅游行业组织可分为旅游交通机构或企业组织、饭店与餐饮业组织、旅行社协会组织、地方导游协会、乡村旅游协会、中国旅游车船协会，以及由旅游专家和研究人员组成的旅游学会等，他们对协调旅游市场主体行为、加强行业信息交流、促进区域旅游创新具有重要作用。此外，旅游政务在线服务是政府管

---

① "1+3"模式：旅游市场综合监管的"创新体"［EB/OL］.品橙旅游网，2017-10-12.

理部门对外发出旅游通告、进行旅游信息推广的重要方式。总而言之，在旅游服务产业中，市场信息是最为重要的资源和财富，政府部门通过政务服务实现市场的监管和行为引导，旅游企业与社会组织通过信息推广实现自身的市场价值。

表10　旅游管理体制创新维度要素解构

| 文献来源 | 要素指标 | 指标归类 |
|---|---|---|
| 《2010 国家创新体系发展报告——创新型城市建设》 | 政府设立有效的创新协调和激励机制、有没有鼓励创新的竞争文化 | 创新创业激励机制 |
| 陈音律（2015） | 创新激励机制 | |
| 蒋亚珍（2015） | 政府颁布旅游创新的鼓励政策、法规、奖励 | |
| 宋晓雨（2015） | 旅游创新法律法规 | |
| 蒋亚珍（2015） | 地市级以上旅游局数量 | 旅游管理机制转变 |
| 《中国区域创新能力评价报告2016》 | 政府行政管理改善程度 | |
| 《2010 国家创新体系发展报告——创新型城市建设》 | 政府的诚信、透明度和办事效率 | |
| 《国家创新指数报告 2016》 | 政府规章对企业负担的影响 | |
| 《2010 国家创新体系发展报告——创新型城市建设》 | 政府发布创新政策信息和通知 | 旅游政务在线服务 |

| 文献来源 | 要素指标 | 指标归类 |
|---|---|---|
| 蒋亚珍（2015） | 旅游协会数量 | 行业组织规模数量 |
| 《中国区域创新能力评价报告2016》 | 市场中介组织发育 | |
| 《2010国家创新体系发展报告——创新型城市建设》 | 创新中介组织服务水平 | |
| 《我国区域知识竞争力研究》 | 信息中心、咨询机构、科普组织数量 | |
| 《国家创新指数报告2016》 | 信息化发展水平 | 旅游市场信息推广 |
| 陈音律（2015） | 市场需求分析能力、开拓能力 | |
| 专家咨询 | | 旅游管理平台建设 |

注：作者自制

## （五）旅游景区企业创新

在景区企业创新维度中，旅游景区规模质量、高新技术企业规模、旅游企业营利能力、企业家创新精神四类要素最终保留，它们分别代表了旅游企业规模、科创、能力、精神等几个方面。其中，企业家精神被咨询小组多数专家认为是影响旅游企业或景区创新的最相关因素（0.80），这说明旅游企业领导力和创新精神的重要性（表11）。

在旅游经济创新发展过程中，旅游企业始终是创新主体和主要力量，旅游企业和景区的规模数量对地区旅游创新能力的提高起到重要作用，数量众多的旅游企业具有规模效应和知识溢出效应。与此同时，旅游企业营利能力大小不仅关系企业先进管理理念、先进科技手段的引用，更关系其在旅游市场中的生死存亡与正常发展。此外，高新技术企业能为地区旅游经济和部门带来数量众多的专利、发明、技术、人员等创新要素，从而促进区域旅游创新能力的提升。如前所述，企业家领导能力和创新精神不仅对区域系统创新有重要作用，也是地区旅游企业创新发展的关键因素（田桂成，2013）①。近年来，携程、驴妈妈、马蜂窝等在线旅游企业布局快速，传统旅游景区智慧化、网络化加快，创意型、主题型的酒店、宾馆等企业加速发展，这不仅需要强大的网络科技运用能力、跨界资源整合能力，更需要旅游企业家的创新思维和创新精神（宦震丹、王艳平，2014）②。

**表 11　旅游景区企业创新维度要素解构**

| 文献来源 | 要素指标 | 指标归类 |
|---|---|---|
| 蒋亚珍（2015） | 旅游企业数量、新增旅游企业数量 | 旅游景区规模质量 |
| 宋晓雨（2015） | 新增智慧旅游景区、智慧酒店、旅游企业数量 | |
| 王斌（2015） | 土地资源、水资源总量、建成区绿化覆盖率 | |
| 宋晓雨（2015） | 旅游高新技术企业数量 | 高新技术企业规模 |
| 《中国区域创新能力评价报告2016》 | 高新技术企业数量、高新技术企业占规模以上工业企业数比重、高新技术企业增长率 | |
| 《我国区域知识竞争力研究》 | 有科技活动和科技机构的企业数 | |
| 《我国区域知识竞争力研究》 | 地区国家新技术产业开发区企业 | |
| 《我国区域知识竞争力研究》 | 科技型上市公司数量、增长率以及净资产收益率 | |

---

① 田桂成. 酒店与旅游产业中的创新与企业家精神［J］. 社会科学家，2013（S1）：51-54.

② 宦震丹，王艳平. 企业家精神视角下的工业遗产旅游情景［J］. 廊坊师范学院学报（自然科学版），2014，14（4）：80-83.

| 文献来源 | 要素指标 | 指标归类 |
|---|---|---|
| 蒋亚珍（2015） | 新技术不断被旅游企业引进 | 旅游企业技术研发 |
| 《中国区域创新能力评价报告2016》 | 规模以上工业企业研发人员数、研发人员增长率、研发机构企业数 | |
| 《中国创新发展报告》 | 设立科技机构的企业数占全部企业比例 | |
| 《世界竞争力年鉴》 | 企业研究与开发支出额、人均企业研发支出额 | |
| 王斌（2015） | 旅游企业营业收入、旅游企业个数、旅游企业全员劳动生产率 | 旅游企业营利能力 |
| 《创新综合评价指标的质量评估》 | 新产品销售额占企业销售额比重 | |
| 蒋亚珍（2015） | 旅游企业利润、营业收入、品牌建设 | |
| 陈音律（2015） | 创新业务收入以及所占营业收入比重 | |
| 《2010国家创新体系发展报告——创新型城市建设》 | 企业技术开发费占销售收入比重 | |
| 李冠颖、武邦涛（2013） | 企业家创新精神 | 企业家创新精神 |
| 陈音律（2015） | 创新企业文化建设 | |
| 江珂（2012） | 企业家信心指数 | |
| 许鹏（2009） | 企业家创新愿望以及规划、决策、组织能力 | |
| 专家咨询 | | 在线旅游企业布局 |

注：作者自制

（六）旅游创新环境绩效

在创新环境绩效维度中，社会经济文化基础、区域自然生态环境、旅游接待规模变化、旅游行业从业人数四类要素被保留。前两类要素从社会、经济、文化、生态方面为旅游创新提供了发展环境，而后两类要素则从旅游发展规模（经济效益）和从业人数变化（社会效益）角度阐述旅游创新的绩效问题，其中，旅游接待规模变化与旅游环境绩效维度相关性较高（0.788），这也说明区域旅游创新的重要目的之一仍是提升地区旅游产业的经济产出和发展规模（表12）。

社会经济文化基础包含了经济、社会、文化等维度的多方面因素，他们不仅是区域旅游业长远发展的重要保障，同时也为旅游创新提供资金保障和文化依托。旅游经济作为地区产业结构的一部分，处于宏观社会经济文化环境中，会受到汇率变动、居民收入、消费价格指数等经济变量影响，职业结构、社会保障、就业政策等社会因素影响（刘春济、冯学钢，2014）[1]，以及文化传统、历史沿革、地区风情等文化因素作用（卢松、张捷等[2]；姜辽、苏勤等，2013[3]）。区域自然生态环境为旅游资源和业态创新提供良好的生态基础，生态环境较好和环境改造能力较强的地区在旅游创新发展中具有较大的优势（周成、冯学钢等，2016）[4]。

---

[1] 刘春济，冯学钢. 入境旅游发展与我国经济增长的关系［J］. 经济管理，2014，36（2）：125-135.

[2] 卢松，张捷，苏勤. 旅游地居民对旅游影响感知与态度的历时性分析：以世界文化遗产西递景区为例［J］. 地理研究，2009，28（2）：536-548.

[3] 姜辽，苏勤，杜宗斌. 21世纪以来旅游社会文化影响研究的回顾与反思［J］. 旅游学刊，2013，28（12）：24-33.

[4] 周成，冯学钢，唐睿. 区域经济—生态环境—旅游产业耦合协调发展分析与预测：以长江经济带沿线各省市为例［J］. 经济地理，2016，36（3）：186-193.

　　旅游接待规模变化是旅游经济发展中最直接的指标，是旅游创新能力提升的经济绩效表现。客源市场庞大、游客消费升级可为旅游目的地带来众多的旅游创新需求①，而旅游收入增加、税收提高又会为地区旅游景区、企业创新运营和政府管理创新带来强大的资金支持（林玉虾、林璧属，2017）②。此外，旅游创新发展还需要重视其社会效应，其中，旅游从业人数的增加是解决社会就业和福利等问题的重要性指标（王尔大、高威，2016）③。近年来，随着互联网、移动互联网和大数据技术的创业创新不断出现，在线租车、在线度假租赁、VR 旅游、旅游互联网金融、旅游大数据中介公司等新业态不断出现，旅游业已成为社会广泛就业的重要渠道（鄢慧丽，2015）④。2015 年，旅游创业创新拉动直接就业约为 339. 45 万人，占全国旅游直接就业的 12. 13%；直接和间接旅游就业合计约为 952. 3 万人，占全国旅游综合就业的 12. 04%⑤。

① 全域旅游大词汇［EB/OL］. 中华人民共和国文化和旅游部，2017-07-12.

② 林玉虾，林璧属. 世界遗产的旅游效应及其对遗产保护的影响：来自中国旅游人数和旅游收入的经验证据［J］. 经济管理，2017，39（9）：133-148.

③ 王尔大，高威. 我国旅游就业影响因素研究：基于省级面板数据的实证分析［J］. 商业研究，2016（12）：179-184.

④ 鄢慧丽. 基于投入产出的广义旅游业就业效应测度［J］. 系统工程，2015，33（10）：87-92.

⑤ 2020 年我国旅游总就业将达 5000 万人［EB/OL］. 中华人民共和国文化和旅游部，2016-12-18.

**表 12　旅游创新环境绩效维度要素解构**

| 文献来源 | 要素指标 | 指标归类 |
|---|---|---|
| 《中国区域创新能力评价报告2016》 | 地区 GDP、人均 GDP、地区 GDP 增长率、第三产业增加值 | 社会经济文化基础 |
| 《区域创新评价——理论、方法与应用》 | 财政收入和支出、国内投资额、居民消费水平、年人均图书消费量 | |
| 《中国创新发展报告》 | 工业增加值、人均 GDP | |
| 《我国区域知识竞争力研究》 | 人均图书拥有量、公共图书馆数量、科技图书馆数量 | |
| 王斌（2015） | 工业废水、废气、固体废弃物排放量 | 区域自然生态环境 |
| 《中国创新发展报告》 | 单位能耗对应的 GDP 产出、工业固体废弃物综合利用率 | |
| 《2010 国家创新体系发展报告——创新型城市建设》 | 万元 GDP 综合能耗、空气综合污染指数、食物和饮用水安全 | |
| 《国家创新指数报告 2016》 | 单位能耗的经济产出 | |
| 王斌（2015） | 旅游总人数、国内旅游收入、国际旅游外汇收入 | 旅游接待规模变化 |
| 蒋亚珍（2015） | 旅游收入、旅游接待人数 | |
| 江珂（2012） | 旅游收入年增长率、旅游外汇收入占总收入比重 | |
| 《中国创新发展报告》 | 国内生产总值、百万人个人电脑、电话、互联网拥有数 | 区域经济发展绩效 |
| 《国家创新指数报告 2016》 | 劳动生产率、产业集群发展情况 | |
| 《2010 国家创新体系发展报告——创新型城市建设》 | 全员劳动生产率、基尼系数、生活基础设施情况 | |

续表

| 文献来源 | 要素指标 | 指标归类 |
|---|---|---|
| 蒋亚珍（2015） | 旅游从业新增人数、每年企业从业人数 | 旅游行业从业人数 |
| 许鹏（2009） | 旅游招聘人数、居民就业率 | |
| 《创新综合评价指标的质量评估》 | 中高技术及高技术制造业就业人员占制造业和服务业比重 | |
| 《我国区域知识竞争力研究》 | 高技术产业就业人数、占总就业人数比例 | |
| 《2010 国家创新体系发展报告——创新型城市建设》 | 失业率 | |
| 江珂（2012） | 从业人员接受高等教育、岗位培训比重 | |
| 《国家创新能力评价指标》 | 反垄断程度、知识产权保护程度 | 创新环境治理效果 |
| 《中国创新发展报告》 | 专有权利使用费和特许费收支比例 | |
| 《2010 国家创新体系发展报告——创新型城市建设》 | 知识产品创造、运用和保护力度 | |
| 《世界竞争力年鉴》 | 知识产权是否能得到区域保护 | |

注：作者自制

# 第二节　区域旅游创新的要素系统重建

借鉴文献梳理和专家评判法，对区域旅游创新各要素进行解构、筛选和归纳，最终得到六大维度 24 个影响要素，它们共同构成区域旅游创新要素系统。那么这些影响要素是如何推动区域旅游创新发展的？旅游创新系统中这些要素又呈现怎样的层次结构？本节即运用解释结构模型（ISM）对筛选后的影响要素进行层次分析与系统重建，以厘清旅游创新系统中的各要素的层次关系。

### 一、要素系统重建方法与过程

#### （一）ISM 解释结构模型

解释结构模型（ISM）是由美国学者 John Warfield 于 1973 年作为分析复杂社会经济系统结构问题而开发的一种方法（汪应洛，1998①）。该方法基于有向图形与矩阵结构，可以对复杂的研究系统进行分解，以探求研究对象中各类构成要素的直接或间接关系，通过对各类要素进行分解和层次组合，最终可得到一个层级清晰的多级递阶有向图。解释结构模型可以将研究系统中模糊不清的思想、概念以及要素间难以描述的关系，用形象而直观的图形方式表达出来，因此，该模型在能源（王敬敏、康俊杰，2017)②、交通（王健、曹阳，2017③；李爱玲、姜海鹏，2017④；任新惠、徐小冰，2017⑤)、

---

① 汪洛应. 系统工程理论、方法与应用［M］. 北京：高等教育出版社，1998.

② 王敬敏，康俊杰. 基于解释结构模型的能源需求影响因素分析［J］. 中国电力，2017，50（9）：31-36.

③ 王健，曹阳. 基于模糊解释结构模型的客运交通结构优化方法［J］. 交通信息与安全，2017，35（4）：112-118.

④ 李爱玲，姜海鹏. 基于 ISM 模型的高速公路投资控制分析［J］. 工程经济，2017，27（8）：15-18.

⑤ 任新惠，徐小冰. 基于 ISM 模型的低成本航空公司基地选择研究：以春秋航空公司为例［J］. 综合运输，2017，39（8）：93-100.

环境影响（杨月巧、郭继东等）①、地区规划（陈志鹏、叶继红等，2017）②
等领域得到广泛应用。

解释结构模型具有操作流程简单、容易掌握的特点，无须借助复杂的软
件平台即可得出结果。同时，可通过专家咨询、文献收集法等方法，基于可
达矩阵计算和有向图形绘制，来清晰地阐述研究系统中各要素间的层次结构
关系。

（二）区域旅游创新系统重建过程

（1）对区域旅游创新研究咨询小组进行问卷调查，得出要素间的相互关
系，据此建立邻接矩阵 $A$（表13）。共有24个构成要素，则邻接矩阵即为
24×24阶，规定当要素 $i$ 对要素 $j$ 有直接影响时，邻接矩阵元素等于1，要素
$i$ 对要素 $j$ 无直接影响时，对应矩阵 $A$ 元素等于0。可表示为：

$$A_{ij} = \begin{cases} 1, & S_i \text{ 对} S_j \text{ 有直接影响} \\ 0, & S_i \text{ 对} S_j \text{ 无直接影响} \end{cases}$$

邻接矩阵 $A$ 具有以下性质：

第一，邻接矩阵是系统内部各要素间相互关系的表示方式，邻接矩阵是
唯一确定的。

第二，邻接矩阵内所有元素以0和1两类呈现。若邻接矩阵中第 $j$ 列所
有元素均为0，则表明其他要素对要素 $j$ 均无影响；若第 $i$ 行所有元素均为1，
表明 $i$ 对其他要素均产生直接影响。

第三，在 $k$ 阶的矩阵 $A_k$ 中，如果 $A_{ij}$ 为1，说明要素 $i$ 经过 $k$-1 个要素对要
素 $j$ 产生了影响。

① 杨月巧，郭继东，袁志祥. 基于ISM的地震灾后恢复重建影响因素分析［J］. 数学的
实践与认识，2017，47（11）：26-34.
② 陈志鹏，叶继红，郭建，等. 基于ISM的海上船舶通航安全影响因素分析［J］. 中国
水运，2017（4）：22-23.

### 表 13　区域旅游创新影响要素的邻接矩阵

|  | $S_1$ | $S_2$ | $S_3$ | $S_4$ | $S_5$ | $S_6$ | $S_7$ | $S_8$ | $S_9$ | $S_{10}$ | $S_{11}$ | $S_{12}$ | $S_{13}$ | $S_{14}$ | $S_{15}$ | $S_{16}$ | $S_{17}$ | $S_{18}$ | $S_{19}$ | $S_{20}$ | $S_{21}$ | $S_{22}$ | $S_{23}$ | $S_{24}$ |
|---|---|---|---|---|---|---|---|---|---|---|---|---|---|---|---|---|---|---|---|---|---|---|---|---|
| $S_1$ | 0 | 0 | 1 | 0 | 0 | 1 | 0 | 0 | 0 | 0 | 0 | 0 | 0 | 0 | 0 | 0 | 0 | 0 | 0 | 0 | 0 | 0 | 0 | 0 |
| $S_2$ | 0 | 0 | 1 | 0 | 0 | 0 | 0 | 0 | 0 | 0 | 0 | 0 | 0 | 0 | 0 | 0 | 0 | 0 | 0 | 0 | 0 | 0 | 0 | 0 |
| $S_3$ | 0 | 1 | 0 | 0 | 0 | 0 | 0 | 0 | 0 | 0 | 0 | 0 | 0 | 0 | 0 | 0 | 0 | 0 | 0 | 0 | 0 | 0 | 0 | 0 |
| $S_4$ | 1 | 1 | 1 | 0 | 0 | 0 | 0 | 0 | 0 | 0 | 0 | 0 | 0 | 0 | 0 | 0 | 0 | 0 | 0 | 0 | 0 | 0 | 0 | 0 |
| $S_5$ | 1 | 1 | 1 | 0 | 0 | 0 | 1 | 0 | 0 | 0 | 0 | 0 | 0 | 0 | 0 | 0 | 1 | 0 | 0 | 0 | 0 | 0 | 0 | 0 |
| $S_6$ | 0 | 0 | 1 | 0 | 0 | 1 | 0 | 0 | 0 | 0 | 0 | 0 | 0 | 0 | 0 | 0 | 0 | 0 | 0 | 0 | 0 | 0 | 0 | 0 |
| $S_7$ | 0 | 0 | 0 | 0 | 0 | 1 | 0 | 1 | 0 | 0 | 0 | 0 | 0 | 0 | 0 | 1 | 0 | 0 | 0 | 0 | 0 | 0 | 0 | 0 |
| $S_8$ | 0 | 0 | 0 | 0 | 0 | 1 | 0 | 0 | 0 | 0 | 0 | 0 | 0 | 0 | 0 | 0 | 0 | 0 | 0 | 0 | 0 | 0 | 0 | 0 |
| $S_9$ | 0 | 0 | 0 | 0 | 0 | 0 | 0 | 0 | 1 | 0 | 0 | 0 | 0 | 0 | 0 | 0 | 1 | 0 | 0 | 0 | 0 | 0 | 1 | 1 |
| $S_{10}$ | 0 | 0 | 0 | 0 | 0 | 0 | 0 | 0 | 0 | 0 | 1 | 0 | 0 | 0 | 0 | 0 | 0 | 0 | 0 | 1 | 0 | 0 | 1 | 0 |
| $S_{11}$ | 0 | 0 | 0 | 0 | 0 | 0 | 0 | 0 | 0 | 0 | 0 | 0 | 0 | 0 | 0 | 0 | 0 | 0 | 0 | 0 | 0 | 0 | 1 | 0 |
| $S_{12}$ | 0 | 0 | 0 | 0 | 0 | 0 | 0 | 0 | 0 | 0 | 0 | 0 | 0 | 0 | 0 | 0 | 0 | 0 | 0 | 0 | 0 | 0 | 0 | 0 |
| $S_{13}$ | 0 | 0 | 0 | 0 | 0 | 0 | 0 | 0 | 0 | 0 | 0 | 0 | 0 | 1 | 1 | 1 | 0 | 0 | 0 | 0 | 0 | 0 | 0 | 0 |
| $S_{14}$ | 0 | 0 | 0 | 0 | 0 | 0 | 0 | 0 | 0 | 0 | 0 | 0 | 0 | 0 | 0 | 1 | 0 | 0 | 0 | 0 | 0 | 0 | 0 | 0 |
| $S_{15}$ | 0 | 0 | 0 | 0 | 0 | 0 | 0 | 0 | 0 | 0 | 0 | 0 | 0 | 0 | 1 | 0 | 0 | 0 | 0 | 0 | 0 | 0 | 0 | 0 |
| $S_{16}$ | 0 | 0 | 0 | 0 | 0 | 0 | 0 | 0 | 0 | 0 | 0 | 0 | 0 | 0 | 0 | 0 | 0 | 1 | 0 | 0 | 0 | 1 | 0 | 0 |
| $S_{17}$ | 0 | 0 | 0 | 0 | 0 | 1 | 1 | 0 | 0 | 0 | 0 | 0 | 0 | 0 | 0 | 0 | 0 | 0 | 0 | 0 | 0 | 0 | 0 | 0 |
| $S_{18}$ | 0 | 0 | 0 | 0 | 0 | 0 | 0 | 0 | 0 | 1 | 0 | 0 | 0 | 0 | 0 | 0 | 0 | 0 | 1 | 0 | 0 | 0 | 1 | 1 |
| $S_{19}$ | 0 | 0 | 0 | 0 | 0 | 0 | 0 | 0 | 0 | 0 | 0 | 0 | 0 | 0 | 0 | 0 | 0 | 1 | 0 | 0 | 0 | 0 | 0 | 0 |
| $S_{20}$ | 0 | 0 | 0 | 0 | 0 | 0 | 0 | 0 | 0 | 0 | 0 | 0 | 0 | 0 | 0 | 0 | 0 | 0 | 1 | 0 | 0 | 0 | 0 | 0 |
| $S_{21}$ | 0 | 0 | 0 | 0 | 1 | 0 | 1 | 0 | 0 | 0 | 0 | 1 | 0 | 0 | 0 | 0 | 1 | 0 | 0 | 0 | 0 | 0 | 0 | 1 |
| $S_{22}$ | 0 | 0 | 0 | 0 | 0 | 0 | 0 | 1 | 1 | 0 | 0 | 0 | 0 | 0 | 0 | 0 | 0 | 0 | 0 | 0 | 0 | 0 | 1 | 0 |
| $S_{23}$ | 0 | 0 | 0 | 0 | 0 | 0 | 0 | 0 | 0 | 0 | 1 | 0 | 0 | 0 | 0 | 0 | 0 | 0 | 1 | 0 | 0 | 0 | 0 | 1 |
| $S_{24}$ | 1 | 0 | 0 | 0 | 0 | 0 | 0 | 0 | 0 | 0 | 0 | 0 | 0 | 0 | 0 | 0 | 0 | 0 | 0 | 0 | 0 | 0 | 0 | 0 |

注：根据专家咨询判定所得

（2）建立区域旅游创新影响要素的可达矩阵 $M$。可达矩阵 $M$（表 14）是描述要素 $i$ 通过一定的长度（或要素）对要素 $j$ 影响关系的矩阵，表明了所有构成要素之间是否存在影响关系。根据布尔矩阵运算规则（$0 \times 0 = 0$、$0 \times 1 = 0$、$1 \times 1 = 1$、$0 + 0 = 0$、$0 + 1 = 1$、$1 + 1 = 1$），邻接矩阵 $A$ 与单位矩阵 $I$ 求和，将矩阵 $A+I$ 进行幂运算，直至 $(A+I)^{k-1} \neq (A+I)^{k} = (A+I)^{k+1}$，矩阵 $M = (A+I)^{k}$ 称为可达矩阵，本研究经过 7 次运算，即 $M = (A+I)^{7}$。

**表 14 区域旅游创新影响要素的可达矩阵**

| | $S_1$ | $S_2$ | $S_3$ | $S_4$ | $S_5$ | $S_6$ | $S_7$ | $S_8$ | $S_9$ | $S_{10}$ | $S_{11}$ | $S_{12}$ | $S_{13}$ | $S_{14}$ | $S_{15}$ | $S_{16}$ | $S_{17}$ | $S_{18}$ | $S_{19}$ | $S_{20}$ | $S_{21}$ | $S_{22}$ | $S_{23}$ | $S_{24}$ |
|---|---|---|---|---|---|---|---|---|---|---|---|---|---|---|---|---|---|---|---|---|---|---|---|---|
| $S_1$ | 1 | 1 | 1 | 0 | 0 | 1 | 1 | 1 | 0 | 0 | 0 | 0 | 0 | 0 | 0 | 0 | 0 | 1 | 0 | 0 | 0 | 0 | 0 | 0 |
| $S_2$ | 0 | 1 | 1 | 0 | 0 | 0 | 0 | 0 | 0 | 0 | 0 | 0 | 0 | 0 | 0 | 0 | 0 | 0 | 0 | 0 | 0 | 0 | 0 | 0 |
| $S_3$ | 0 | 1 | 1 | 0 | 0 | 0 | 0 | 0 | 0 | 0 | 0 | 0 | 0 | 0 | 0 | 0 | 0 | 0 | 0 | 0 | 0 | 0 | 0 | 0 |
| $S_4$ | 1 | 1 | 1 | 1 | 0 | 1 | 1 | 1 | 0 | 0 | 0 | 0 | 0 | 0 | 0 | 0 | 0 | 0 | 0 | 0 | 0 | 0 | 0 | 0 |
| $S_5$ | 1 | 1 | 1 | 0 | 1 | 1 | 1 | 1 | 0 | 0 | 0 | 0 | 0 | 0 | 0 | 0 | 0 | 0 | 0 | 0 | 0 | 0 | 0 | 0 |
| $S_6$ | 0 | 1 | 1 | 0 | 0 | 1 | 0 | 0 | 0 | 0 | 0 | 0 | 0 | 0 | 0 | 0 | 0 | 0 | 0 | 0 | 0 | 0 | 0 | 0 |
| $S_7$ | 0 | 1 | 1 | 0 | 0 | 1 | 1 | 1 | 0 | 0 | 0 | 0 | 0 | 0 | 0 | 0 | 0 | 0 | 0 | 0 | 0 | 0 | 0 | 0 |
| $S_8$ | 0 | 1 | 1 | 0 | 0 | 1 | 1 | 1 | 0 | 0 | 0 | 0 | 0 | 0 | 0 | 0 | 1 | 0 | 0 | 0 | 0 | 0 | 0 | 0 |
| $S_9$ | 1 | 1 | 1 | 0 | 0 | 1 | 1 | 1 | 1 | 1 | 1 | 0 | 0 | 0 | 0 | 1 | 1 | 0 | 1 | 0 | 0 | 0 | 1 | 1 |
| $S_{10}$ | 1 | 1 | 1 | 0 | 0 | 1 | 1 | 1 | 0 | 1 | 1 | 0 | 0 | 0 | 0 | 0 | 1 | 1 | 1 | 0 | 0 | 0 | 1 | 1 |
| $S_{11}$ | 1 | 1 | 1 | 0 | 0 | 1 | 1 | 1 | 0 | 1 | 1 | 0 | 0 | 0 | 0 | 0 | 1 | 1 | 1 | 0 | 0 | 0 | 1 | 1 |
| $S_{12}$ | 0 | 0 | 0 | 0 | 0 | 0 | 0 | 0 | 0 | 0 | 0 | 1 | 0 | 0 | 0 | 0 | 0 | 0 | 0 | 0 | 0 | 0 | 0 | 0 |
| $S_{13}$ | 1 | 1 | 1 | 0 | 0 | 1 | 1 | 1 | 0 | 1 | 1 | 0 | 1 | 1 | 1 | 1 | 1 | 0 | 0 | 0 | 0 | 0 | 1 | 1 |
| $S_{14}$ | 1 | 1 | 1 | 0 | 0 | 1 | 1 | 1 | 0 | 1 | 1 | 0 | 1 | 1 | 0 | 1 | 1 | 1 | 1 | 1 | 0 | 0 | 1 | 1 |
| $S_{15}$ | 1 | 1 | 1 | 0 | 0 | 1 | 1 | 1 | 0 | 1 | 1 | 0 | 1 | 0 | 1 | 1 | 1 | 1 | 1 | 0 | 0 | 1 | 1 | 1 |
| $S_{16}$ | 1 | 1 | 1 | 0 | 0 | 1 | 1 | 1 | 0 | 1 | 1 | 0 | 1 | 0 | 0 | 1 | 1 | 1 | 1 | 0 | 0 | 1 | 1 | 1 |
| $S_{17}$ | 0 | 1 | 1 | 0 | 0 | 1 | 1 | 1 | 0 | 0 | 0 | 0 | 0 | 0 | 0 | 0 | 1 | 0 | 0 | 0 | 0 | 0 | 0 | 0 |
| $S_{18}$ | 1 | 1 | 1 | 0 | 0 | 1 | 1 | 1 | 0 | 1 | 0 | 1 | 1 | 0 | 0 | 0 | 0 | 1 | 1 | 1 | 0 | 0 | 1 | 1 |

| | $S_1$ | $S_2$ | $S_3$ | $S_4$ | $S_5$ | $S_6$ | $S_7$ | $S_8$ | $S_9$ | $S_{10}$ | $S_{11}$ | $S_{12}$ | $S_{13}$ | $S_{14}$ | $S_{15}$ | $S_{16}$ | $S_{17}$ | $S_{18}$ | $S_{19}$ | $S_{20}$ | $S_{21}$ | $S_{22}$ | $S_{23}$ | $S_{24}$ |
|---|---|---|---|---|---|---|---|---|---|---|---|---|---|---|---|---|---|---|---|---|---|---|---|---|
| $S_{19}$ | 1 | 1 | 1 | 0 | 0 | 1 | 1 | 1 | 0 | 1 | 1 | 0 | 0 | 0 | 0 | 0 | 1 | 1 | 1 | 0 | 0 | 0 | 1 | 1 |
| $S_{20}$ | 1 | 1 | 1 | 0 | 0 | 1 | 1 | 1 | 0 | 1 | 1 | 0 | 0 | 0 | 0 | 0 | 1 | 1 | 1 | 1 | 0 | 0 | 1 | 1 |
| $S_{21}$ | 1 | 1 | 1 | 0 | 1 | 1 | 1 | 1 | 0 | 0 | 0 | 1 | 0 | 0 | 0 | 0 | 1 | 0 | 0 | 0 | 1 | 0 | 0 | 1 |
| $S_{22}$ | 1 | 1 | 1 | 0 | 0 | 1 | 1 | 1 | 1 | 1 | 1 | 0 | 0 | 0 | 0 | 0 | 1 | 1 | 1 | 0 | 0 | 1 | 1 | 1 |
| $S_{23}$ | 1 | 1 | 1 | 0 | 0 | 1 | 1 | 1 | 0 | 1 | 1 | 0 | 0 | 0 | 0 | 0 | 1 | 1 | 1 | 0 | 0 | 0 | 1 | 1 |
| $S_{24}$ | 1 | 1 | 1 | 0 | 0 | 1 | 1 | 1 | 0 | 0 | 0 | 0 | 0 | 0 | 0 | 0 | 1 | 0 | 0 | 0 | 0 | 0 | 0 | 1 |

注：可达矩阵公式计算所得

（3）根据区域旅游创新要素间的关系划分层级结构。在生成的可达矩阵 $M$ 中，计算可达集和先行集，可达集 $R（S_i）$ 即从 $S_i$ 出发可以到达全部要素的集合，可通过查找 $M$ 的第 $i$ 行上值为 1 的列对应的要素求得；先行集 $Q（S_i）$ 即可以到达 $S_i$ 全部要素的集合，可以通过查找 $M$ 第 $j$ 列上值为 1 的行对应的要素求得。

$M$ 中可达集为：$R（S_i）= \{ S_i/m_{ji} = 1 \}$

$M$ 中先行集为：$Q（S_i）= \{ S_i/m_{ji} = 1 \}$

判断 $R（S_i）$ 是否等于 $R（S_i）$ 和 $Q（S_i）$ 的交集，如果相等，即可得到结构模型中的最高要素集合（表15），分解可达矩阵并以此方式进行递归演绎，直到 $M$ 中所有元素均被标记，从而完成可达矩阵 $M$ 的逐级分解，并将区域旅游创新划分为一个多层次的要素结构系统。

**表15　第一级区域旅游创新要素可达集与先行集**

| $S_i$ | $R（S_i）$ | $Q（S_i）$ | $R（S_i）∩ Q（S_i）$ |
|---|---|---|---|
| $S_1$ | 1—3, 6—8, 17 | 1, 4, 5, 9—11, 13—16, 18—24 | 1 |

续表

| $S_i$ | $R(S_i)$ | $Q(S_i)$ | $R(S_i) \cap Q(S_i)$ |
|---|---|---|---|
| $S_2$ | 2, 3 | 1—11, 13—24 | 2, 3 |
| $S_3$ | 2, 3 | 1—11, 13—24 | 2, 3 |
| $S_4$ | 1—4, 6—8, 17 | 4 | 4 |
| $S_5$ | 1—3, 5—8, 17 | 5, 21 | 5 |
| $S_6$ | 2, 3, 6—8, 17 | 1, 4—11, 13-24 | 6—8, 17 |
| $S_7$ | 2, 3, 6—8, 17 | 1, 4—11, 13-24 | 6—8, 17 |
| $S_8$ | 2, 3, 6—8, 17 | 1, 4—11, 13-24 | 6—8, 17 |
| $S_9$ | 1—3, 6—11, 17—19, 23, 24 | 9, 22 | 9 |
| $S_{10}$ | 1—3, 6—8, 10, 11, 17—19, 23, 24 | 9, 10, 11, 13—16, 18, 19, 20, 22, 23 | 10, 11, 18, 19, 23 |
| $S_{11}$ | 1—3, 6—8, 10, 11, 17, 18, 19, 23, 24 | 9, 10, 11, 13, 14, 15, 16, 18, 19, 20, 22, 23 | 10, 11, 18, 19, 23 |
| $S_{12}$ | 12 | 12, 21 | 12 |
| $S_{13}$ | 1—3, 6—8, 10, 11, 13, 14—19, 23, 24 | 13 | 13 |
| $S_{14}$ | 1—3, 6—8, 10, 11, 14, 16—19, 23, 24 | 13, 14 | 14 |
| $S_{15}$ | 1—3, 6—8, 10, 11, 15—19, 23, 24 | 13, 15 | 15 |
| $S_{16}$ | 1—3, 6—8, 10, 11, 16—19, 23, 24 | 13, 14, 15, 16 | 16 |
| $S_{17}$ | 2, 3, 6—8, 17 | 1, 4—11, 13-24 | 6—8, 17 |
| $S_{18}$ | 1—3, 6—8, 10, 11, 17—19, 23, 24 | 9—11, 13—16, 18—20, 22, 23 | 10, 11, 18, 19, 23 |

续表

| $S_i$ | $R(S_i)$ | $Q(S_i)$ | $R(S_i) \cap Q(S_i)$ |
|---|---|---|---|
| $S_{19}$ | 1—3, 6—8, 10, 11, 17—19, 23, 24 | 9—11, 13—16, 18—20, 22, 23 | 10, 11, 18, 19, 23 |
| $S_{20}$ | 1—3, 6—8, 10, 11, 17—20, 23, 24 | 20 | 20 |
| $S_{21}$ | 1—3, 5—8, 12, 17, 21, 24 | 21 | 21 |
| $S_{22}$ | 1—3, 6—11, 17—19, 22—24 | 22 | 22 |
| $S_{23}$ | 1—3, 6—8, 10, 11, 17—19, 23, 24 | 9—11, 13—16, 18—20, 22, 23 | 10, 11, 18, 19, 23 |
| $S_{24}$ | 1—3, 6—8, 17, 24 | 9—11, 13—16, 18—24 | 24 |

注：自行计算所得。

（4）经过计算，可得到区域旅游创新能力要素的顶层要素：$C = \{S_2, S_3, S_{12}\}$。划去其在可达矩阵的所在行和列，依次计算可将区域旅游创新要素分为8个层级（表16）。根据层次结构对所可达矩阵 $M$ 进行行和列的调整，层次较高的元素排在靠上和靠左的位置，从而得到浓缩矩阵 $M_1$ 和骨架矩阵 $M_2$，通过骨架矩阵绘制区域旅游创新的多级递阶有向图（图23）（由于篇幅有限，$M_1$、$M_2$ 未在文中呈现）。

**表16　区域旅游创新要素层级结构**

| 层次 | 节点 | 层次 | 节点 |
|---|---|---|---|
| $L_1$ | 2, 3, 12 | $L_5$ | 10, 11, 18, 19, 21, 23 |
| $L_2$ | 6, 7, 8, 17 | $L_6$ | 9, 16, 20 |
| $L_3$ | 1 | $L_7$ | 14, 15, 22 |
| $L_4$ | 4, 5, 24 | $L_8$ | 13 |

注：自行计算所得。

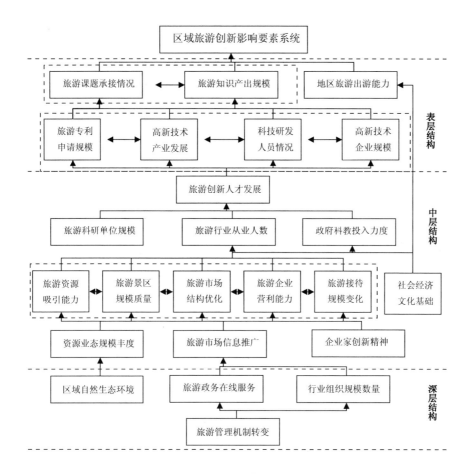

**图 23　区域旅游创新要素的多级递阶有向图**

## 二、区域旅游创新的要素系统结构

为更好地理解区域旅游创新系统中影响要素的相互关系，我们将得到的递阶有向图划分为三大层次，分别为表层结构（$L_1$，$L_2$）、中层结构（$L_3$，$L_4$，$L_5$，$L_6$）和深层结构（$L_7$，$L_8$）。

（一）区域旅游创新系统的表层结构

区域旅游创新要素系统的表层结构包含旅游课题承接情况、旅游知识产出规模、地区旅游出游能力、旅游专利申请规模、高新技术产业发展、科技研发人员情况、高新技术企业规模七个要素。其中，除旅游出游能力和高新技术企业规模外，第一子层其余要素均属于旅游人才知识创新，第二子层企业要素均属于科学技术创新维度，这说明旅游人才与知识是区域旅游创新的主导因素，而促进高新技术产业发展、增加科技研发人员和专利规模是提升区域旅游创新知识的产出规模和溢出效应的重要途径。

在第二子层中，旅游专利申请、高新技术产业、科技研发人员、高新技术企业通过相互作用共同影响旅游知识产出与旅游研究课题。此外，区域旅游出游能力虽与其他表层结构要素相互独立，但属于区域旅游市场的重要组成和市场创新的前提条件，对区域旅游创新发展具有直接性影响。

（二）区域旅游创新系统的中层结构

第三、四、五、六子层构成了区域旅游创新要素系统的中层结构。中层结构要素涉及区域旅游创新的不同利益相关者，包含政府管理部门的科教投入、信息推广，科研院校的科研单位，旅游企业的营利能力、企业家精神、市场营销、景区规模，以及旅游市场上的旅游接待规模和结构变化等，这些要素通过相互关系来共同促进区域旅游的创新发展。

此外，由图23可知，第六子层的区域旅游资源业态规模丰度、旅游市场信息推广以及企业家创新精神独立影响到旅游资源吸引能力和规模质量、市场规模与结构变化、旅游企业营利等，同时，第五子层各要素均具有提供旅游就业岗位、拉动地区就业人数的作用。最后，旅游从业人数、旅游科研单位和政府科教投入从社会就业、旅游研发及政府支持三个方面分别独立对区域旅游创新人才发展起影响作用。旅游人才成为中层结构中的最后引致要素，再次说明旅游人才与知识创新在区域旅游创新能力要素系统中的关键性作用。此外，社会经济文化基础作为区域创新环境要素不仅对旅游从业人数和政府科教投入产生影响，也会作用于地区居民的可支配收入和闲暇时间安排，进而对表层结构中的居民出游能力产生影响。

（三）区域旅游创新系统的深层结构

第七、八子层构成了区域旅游创新能力系统的深层结构，其中，区域自然生态环境会对资源业态丰度产生影响，生态环境良好、自然资源丰富的地区具有更好的旅游开发基础和条件，旅游业态也相对多元。而旅游政务在线服务和行业组织规模等要素对旅游市场中的信息推广和产品促销产生直接性作用。

此外，在区域旅游创新的影响要素系统结构中，自然生态环境、旅游管理机制分别成为制约地区旅游创新的自然环境约束和人文关键因子。旅游管理机制创新成为区域旅游创新能力系统的最底层因素，其影响作用与自然生态环境相比更具潜在性和深层性，因此，旅游管理职能转变与体制机制改革是彻底释放区域旅游创新相关要素活力的根本途径。

# 本章小结

第一，通过文献梳理和系统归纳，得出区域旅游创新由知识人才创新、科学技术创新、资源市场创新、管理体制创新、景区企业创新、创新环境绩效等六大维度36个影响要素组成。通过相关性评判法进一步筛选得出相关度较高的区域旅游创新24个影响要素。

第二，通过解释结构模型（ISM）可知，区域旅游创新要素系统由表层、中层、深层三大主层、8 个细分层次构成。旅游人才知识是区域旅游创新的主导因素，而促进高新技术产业发展、增加科技研发人员投入、增加发展专利产出规模是提升旅游创新知识产出的重要途径；自然生态环境、旅游管理机制分别是地区旅游创新的自然环境约束和人文关键因子。

# 第五章

# 区域旅游创新能力的综合评价

不建立科学、完整的指标体系，就无法对区域旅游创新进行客观评价。近年来，国内外学者陆续创建了诸多旅游创新能力（Perez 等，2006[①]；江珂，2012[②]）、指数（Sundbo 等，2007[③]）、绩效（孙娇，2016[④]）等指标体系，但主要集中于创新投入—创新产出、创新环境—创新支撑—创新绩效、创新基础—创新主体—创新整合等维度，而指标体系的综合性与客观性均有待提高。本章在旅游创新要素识别和系统重构的基础上，构建得出了多维度的区域旅游创新能力评价体系，并以我国 31 个省区为研究对象，对区域旅游创新能力进行综合性评价。

---

① PEREZ A S, BORRAS B C, BELDA P R. Technology Externalities in the Tourism Industry. In Innovation and product development in Tourism［M］. Berlin：Erich Schimidt Verlag，2006：39-55.

② 江珂. 旅游业创新能力测评的指标体系构建及其应用研究［D］. 广州：华南理工大学，2012.

③ SUNDBO J, ORFILA-SINTES F, SOENSEN F. The Innovative Behaviour of Tourism Firms -Comparative Studies of Denmark and Spain［J］. Research Policy，2007，36（1）：88-106.

④ 孙娇. 关系嵌入对我国旅游企业创新绩效影响研究［D］. 延安：延安大学，2016.

# 第一节 区域旅游创新能力的评价体系

## 一、构建思路与原则

### （一）构建思路

增强旅游创新能力是优化旅游产业结构、转变传统增长方式的重要措施。不同于以往旅游创新和区域创新的评价理念，本书将区域旅游创新能力分解为多个利益相关者、多种创新类型、多元创新维度，构建出适合我国的区域旅游创新能力评价体系（表17）。

折射出以下理念：

（1）区域旅游创新能力是多种要素的多类别整合与动态性提升，体系构建考虑了评价指标的多样性和数据来源的面板性。使用面板数据既可探测旅游创新的区域差异，又可了解旅游创新能力的发展过程。

（2）区域旅游创新不仅包括辖区内旅游要素的整合和发展方式的转变，也包含跨区域的知识流动，但为了突出旅游创新的区域性差异，故本部分的研究在评价体系构建中未考虑旅游创新要素的跨区域流动。

（3）人才知识创新是区域旅游创新能力的基础和推动力，评价体系应考虑旅游创新人才的规模与质量、知识的创造与产出等要素。因为，政府在区域旅游创新发展过程中起着主导性作用，所以本部分在构建评价体系时也考虑了政府管理和体制改革等要素。

### （二）构建原则

区域旅游创新能力只有通过对数据进行量化才能得以体现，然而，当前我国旅游产业中统计数据的权威性和统一性相对薄弱，难以进行深入研究的要求。此外，旅游创新系统本身的综合性与复杂性决定了其研究指标的选取要多元和广泛。综上，区域旅游创新能力评价体系的构建遵循了以下原则。

第一，全面性与代表性相结合。区域旅游创新能力由多种要素构成，所以评价体系构建需要注重指标的全面性。本书在维度和指标选取时充分搜寻、广泛评估，从而保证了指标体系的全面性。此外，本书根据要素指标与上层维度的相关性大小，选取了具有代表性的核心指标，保证了维度间的独立性和维度内的相关性。

第二，科学性与可操作性相结合。创新能力评价体系的指标选取不仅应遵循科学性原则，力求所选指标能反映出各要素在不同发展时期的变化特点，还应注重评价体系的实操性，通过构建体系定量得出区域旅游创新的各个单项能力和综合能力，从而为空间差异分析奠定基础。

第三，系统性与层次性相结合。区域旅游创新能力评价体系是一个复杂而综合的系统，内容涉及旅游、文化、社会、经济、科技、环境、资源、科研等多个领域。在其评价过程中需要将区域旅游综合创新能力和单项创新能力加以区别，以保证实证分析的系统性。

**表 17　区域旅游创新能力评价指标体系**

| 维度层 | 因素层 | 指标层 |
|---|---|---|
| 旅游人才知识创新（$TK$） | 旅游创新人才发展（$TK_1$） | 高等院校旅游专业学生人数（$D_1$）、中等职业学校旅游专业学生数（$D_2$）、地区高等院校在校学生数（$D_3$） |
| | 旅游课题承接情况（$TK_2$） | 国家自然科学基金中旅游课题数（$D_4$）、国家社会科学中旅游课题批准数（$D_5$）、地区高校研究与发展项目数（$D_6$） |
| | 旅游知识产出规模（$TK_3$） | 区域旅游论文发表数（$D_7$）、地区高校发表论文数（$D_8$）、地区高校发表国外刊物论文数（$D_9$） |
| | 旅游科研单位规模（$TK_4$） | 含旅游专业的高等院校数（$D_{10}$）、含旅游专业的中等职业学校数（$D_{11}$）、地区高校总数（$D_{12}$） |

续表

| 维度层 | 因素层 | 指标层 |
|---|---|---|
| 旅游科学技术创新（ST） | 政府科技投入力度（$ST_5$） | 高校科技拨入的经费总额（$D_{13}$）、高校科研拨入的经费（$D_{14}$）、研究与发展经费投入（$D_{15}$） |
| | 旅游专利申请规模（$ST_6$） | 旅游三种专利申请授权数（$D_{16}$）、地区三种专利申请授权数（$D_{17}$）、万人拥有旅游专利数（$D_{18}$） |
| | 高新技术产业发展（$ST_7$） | 高技术产业企业数（$D_{19}$）、高技术产业新产品产值（$D_{20}$）、高技术产业研发项目数（$D_{21}$） |
| | 科技研发人员情况（$ST_8$） | 高校研究与发展人员数（$D_{22}$）、地区研究与发展从业人员数（$D_{23}$）、研究与开发全时当量（$D_{24}$） |
| 旅游资源市场创新（RM） | 资源业态规模丰度（$RM_9$） | A级旅游景区数（$D_{25}$）、自然保护区个数（$D_{26}$）、地区森林面积（$D_{27}$）、艺术表演场馆数量（$D_{28}$）、地区文化馆机构数（$D_{29}$）、博物馆机构数量（$D_{30}$） |
| | 旅游资源吸引能力（$RM_{10}$） | 4A级以上旅游景区数（$D_{31}$）、交通客运周转量（$D_{32}$）、每万人拥有公共交通车辆（$D_{33}$） |
| | 旅游市场结构优化（$RM_{11}$） | 入境旅游人数（$D_{34}$）、国际旅游外汇收入（$D_{35}$）、入境过夜游客人均每天花费（$D_{36}$） |
| | 地区旅游出游能力（$RM_{12}$） | 地区居民消费水平（$D_{37}$）、地区城镇居民人均可支配收入（$D_{38}$）、旅行社组织国内游客人数（$D_{39}$） |
| 旅游管理体制创新（MS） | 旅游管理机制转变（$MS_{13}$） | 区域旅游委员会设置数量（$D_{40}$）、旅游法律法规颁布数量（$D_{41}$） |
| | 旅游政务在线服务（$MS_{14}$） | |
| | 行业组织规模数量（$MS_{15}$） | 社会团体单位数（$D_{42}$）、社会组织单位数（$D_{43}$） |
| | 旅游市场信息推广（$MS_{16}$） | 商业报刊旅游信息发布数（$D_{44}$）、互联网普及率（$D_{45}$） |

| 维度层 | 因素层 | 指标层 |
|---|---|---|
| 旅游景区企业创新（SE） | 旅游景区规模质量（$SE_{17}$） | 国家级风景名胜区数量（$D_{46}$）、自然保护区面积（$D_{47}$）、城市公园绿地数量（$D_{48}$） |
| | 高新技术企业规模（$SE_{18}$） | 高新技术企业新产品销售收入（$D_{49}$）、新产品开发项目数（$D_{50}$）、出口新产品销售收入（$D_{51}$） |
| | 旅游企业营利能力（$SE_{19}$） | 旅游企业营业总收入（$D_{52}$）、旅游企业人均实现利润（$D_{53}$）、住宿餐饮业增加值（$D_{54}$） |
| | 企业家创新精神（$SE_{20}$） | 旅游企业增加数（$D_{55}$）、旅游企业营业收入增量数（$D_{56}$） |
| 旅游创新环境绩效（EP） | 社会经济文化基础（$SE_{21}$） | 人均地区GDP（$D_{57}$）、人均图书拥有量（$D_{58}$）、城镇登记失业率（$D_{59}$） |
| | 区域自然生态环境（$SE_{22}$） | 废气排放量（$D_{60}$）、城市生活垃圾清运量（$D_{61}$）、工业污染治理完成投资（$D_{62}$） |
| | 旅游接待规模变化（$SE_{23}$） | 旅游总收入（$D_{63}$）、旅游收入增长率（$D_{64}$）、旅游接待总人次（$D_{65}$） |
| | 旅游行业从业人数（$SE_{24}$） | 住宿餐饮私营企业和个体就业人数（$D_{66}$）、星级饭店从业人员（$D_{67}$）、旅行社从业人员（$D_{68}$） |

注：旅游政务在线服务（$MS_{14}$）因缺少可衡量的指标数据，因而删去；区域旅游委员会设置数量（$D_{41}$）因无显著年际变化，为截面数据

## 二、数据来源与处理

### （一）数据来源与指标阐述

本书选取的指标有两种类型。一类是直接性数据，来自《中国统计年鉴（2005—2016）》《中国旅游统计年鉴（2005—2016）》《中国环境统计年鉴（2005—2016）》《中国文化统计年鉴（2005—2016）》，以及中国知网（CNKI）

数据库、国家社科基金项目数据库、专利数据搜索网站等。另一类为间接性数据，包括万人拥有旅游专利数（$D_{18}$）、万人拥有公共交通车辆（$D_{33}$）、旅游总收入（$D_{63}$）、旅游接待总人次（$D_{65}$）、旅游企业增加数（$D_{55}$）、旅游企业营业收入增加数（$D_{56}$）、旅游收入增长率（$D_{64}$）等，需要经运算得出。数据来源见表18。

**表18　区域旅游创新能力评价体系数据来源**

| 所选指标 | 数据来源 |
|---|---|
| $D_1$、$D_2$、$D_3$、$D_{10}$、$D_{11}$、$D_{25}$、$D_{31}$、$D_{34}$、$D_{35}$、$D_{36}$、$D_{39}$、$D_{65}$ | 《中国旅游统计年鉴（2005—2016）》 |
| $D_{15}$、$D_{19}$、$D_{20}$、$D_{21}$、$D_{49}$、$D_{50}$、$D_{51}$ | 《中国科技统计年鉴（2005—2016）》 |
| $D_{32}$、$D_{33}$、$D_{37}$、$D_{38}$、$D_{39}$、$D_{45}$、$D_{54}$、$D_{57}$、$D_{59}$、$D_{66}$ | 《中国统计年鉴（2005—2016）》 |
| $D_{46}$ | 《中国城市建设年鉴（2007—2016）》 |
| $D_{26}$、$D_{27}$、$D_{47}$、$D_{48}$、$D_{60}$、$D_{61}$、$D_{62}$ | 《中国环境统计年鉴（2005—2016）》 |
| $D_{52}$、$D_{53}$、$D_{55}$、$D_{56}$、$D_{67}$、$D_{68}$ | 《中国旅游统计年鉴（副本）2005—2016》 |
| $D_{28}$、$D_{29}$、$D_{30}$、$D_{58}$ | 《中国文化统计年鉴（2005—2016）》 |
| $D_{63}$、$D_{64}$ | 《中国区域经济统计年鉴（2005—2016）》 |
| $D_{40}$ | 中华人民共和国文化和旅游部 |
| $D_{42}$、$D_{43}$ | 国家数据网站 |
| $D_{44}$ | 高校财经数据库 |
| $D_4$ | 科学基金查询系统 |
| $D_5$ | 国家社科基金项目数据库 |
| $D_7$、$D_{41}$ | 中国知网数据库 |

| 所选指标 | 数据来源 |
|---|---|
| $D_6$、$D_8$、$D_9$、$D_{12}$、$D_{13}$、$D_{14}$、$D_{22}$、$D_{23}$、$D_{24}$ | 国研网统计数据库 |
| $D_{16}$、$D_{17}$、$D_{18}$ | 国家知识产权局 |

在旅游创新人才发展（$TK_1$）因素中，本书将旅游高校（$D_1$）及中等院校的旅游专业人数（$D_2$）作为选用指标，并考虑了区域高校在校学生总数（$D_3$），将其作为旅游产业人才的后备力量；旅游课题承接情况因素（$TK_2$）则重点包括国家自然科学（$D_4$）和国家社科基金中的旅游课题批准数（$D_5$），分别取自科学基金查询系统和国家社科基金项目数据库，是以"旅游"为主题检索得到的，此外，还综合考虑了地区高校研究与发展项目承接数（$D_6$）。旅游相关论文发表数（$D_7$）、高校发表国内论文（$D_8$）和国外刊物论文总数（$D_9$）是地区旅游知识产出规模（$TK_3$）的重要表征，其中，旅游论文发表数源自中国知网（CNKI）期刊数据库，以"旅游 or 游览 or 游憩 or 休闲 or 度假 or 露营 or 酒店"为主题词进行检索，并选其中的 CSSCI 论文作为指标。地区院校是地区旅游科研的重要平台之一，本书将含旅游专业的高等院校数（$D_{10}$）、中等职业院校数（$D_{11}$）以及地区高等院校总数（$D_{12}$）作为旅游科研单位规模（$TK_4$）的表征。

在政府科技投入力度（$ST_5$）中，重点考虑了政府对高校科技（$D_{13}$）与研发（$D_{14}$）的经费投入，此外，还将各地区整体研究与发展费用大小（$D_{15}$）作为政府科技投入指标。旅游三种专利申请授权数（$D_{16}$）源自国家知识产权局网站，以"旅游 or 游览 or 游憩 or 休闲 or 度假 or 露营 or 酒店 or 旅行社 or 导游 or 领队 or 名胜 or 景区 or 景点 or 缆车 or 索道 or 游船 or 园林"为主题词，检索得到我国各省区发明专利、实用新型专利和外观专利三种的申请授权数（$D_{17}$），并进行加总，同时，还将以上旅游专利数除以人口数得出的万人拥有旅游专利数（$D_{18}$）作为指标。高新技术产业发展（$ST_7$）对地区旅游科技创新起重要促进作用，包括高技术企业个数（$D_{19}$）、新产品产值（$D_{20}$）以及高技术产业发明数（$D_{21}$）。此外，科技研发人员（$ST_8$）是旅游科技的创新主体和重要力量，本书选取高校研究与发展人数（$D_{22}$）、地区研究与发展人数（$D_{23}$）以及研究与开发全时当量（$D_{24}$）三种指标进行分析。

旅游资源业态规模丰度因素（$RM_9$）是区域旅游创新发展的前提条件和重要载体，本书选择 A 级旅游景区数（$D_{25}$）、自然保护区个数（$D_{26}$）、地区森林面积（$D_{27}$）、艺术表演场馆数量（$D_{28}$）、地区文化馆机构数（$D_{29}$）、博物馆机构数量（$D_{30}$）等作为旅游资源业态丰富的量化指标。同时，旅游资源吸引能力（$RM_{10}$）不仅受资源本身质量的影响，如区域 4A 级旅游景区（$D_{31}$），而且还受交通运输周转量（$D_{32}$）、公共交通车辆人均拥有量（$D_{33}$）等基础设施的影响。旅游市场结构的优化程度（$RM_{11}$）和出游能力大小（$RM_{12}$）对区域旅游市场创新具有重要影响，在此我们用入境旅游人数（$D_{34}$）、国际旅游外汇收入（$D_{35}$）、入境过夜游客人均每天花费（$D_{36}$）作为旅游市场结构优化的因素，用居民消费水平（$D_{37}$）、城镇居民人均可支配收入（$D_{38}$）、旅行社组织国内游客人数（$D_{39}$）来作为旅游出游的能力大小。

旅游管理机制转变（$MS_{13}$）因素中，本书考虑了近年来全域旅游背景下，区域旅游发展委员会（$D_{40}$）工作机制的促进作用，并认为地区旅游法律法规颁布数量（$D_{41}$）是旅游管理体制健全的重要标志。其中，旅游法律法规数量（$D_{41}$）源自中国知网（CNKI）政府文件数据库，以"旅游"为检索词，对各省法律和政府文件进行检索所得；旅游政务在线服务（$MS_{14}$）因素由于尚未找到合适的量化表征指标因而加以剔除。此外，社会团体（$D_{42}$）和社会组织等单位（$D_{43}$）可作为旅游市场行业组织（$MS_{15}$）的指标表征。最后，本书将商业报刊旅游信息发布数（$D_{44}$）作为旅游市场信息推广

（$MS_{16}$）的数据表征之一，数据来源于高校财经数据库，此外，互联网普及率（$D_{45}$）也是消费者接受旅游市场推广信息的重要条件。

旅游景区与企业是区域旅游创新的重要市场主体，本书将国家级风景名胜区数量（$D_{46}$）、自然保护区面积（$D_{47}$）及城市公园绿地数量（$D_{48}$）等作为旅游景区规模质量（$SE_{17}$）的代表性指标。高新技术企业规模（$SE_{18}$）和旅游企业营业能力（$SE_{19}$）两大因素分别用高新技术企业新产品销售收入（$D_{49}$）、新产品开发项目数（$D_{50}$）、出口新产品销售收入（$D_{51}$）以及旅游企业营业总收入（$D_{52}$）、旅游企业人均实现利润（$D_{53}$）、住宿餐饮业增加值（$D_{54}$）指标予以表征，其中，旅游企业营业总收入（$D_{52}$）为旅游景区、旅行社以及旅游星级饭店营业收入之和，旅游企业人均利润（$D_{53}$）主要指旅行社人均实现利润。此外，企业家创新精神（$SE_{20}$）是区域旅游经济创新发展的重要源泉；旅游企业增加数（$D_{55}$）和旅游企业营业收入增量数（$D_{56}$）可在一定程度上表现该地区旅游企业家的精神。

此外，旅游经济的创新发展需要良好的宏观环境支撑以及创新绩效表征。本书运用人均地区 GDP（$D_{57}$）、人均图书拥有量（$D_{58}$）、城镇登记失业率（$D_{59}$）三个指标来表现区域社会经济文化基础条件（$SE_{21}$）；同时，自然生态环境（$SE_{22}$）为旅游创新发展提供了环境依托，大致可包含地区废气排放量（$D_{60}$）、城市生活垃圾清运量（$D_{61}$）、工业污染治理完成投资（$D_{62}$）等指标；在创新绩效方面，本书运用旅游接待规模变化（$SE_{23}$）和旅游行业从业人数（$SE_{24}$）两大因素来说明，旅游接待规模变化包含旅游总收入（$D_{63}$）、旅游收入增长率（$D_{64}$）、旅游接待总人次（$D_{65}$）三类指标，而旅游行业从业人数可用住宿餐饮私营企业和个体就业人数（$D_{66}$）、星级饭店从业人员（$D_{67}$）、旅行社从业人员（$D_{68}$）指标进行说明。

（二）数据处理

首先，本书所涉评价指标众多，为保证面板数据的年际一致性，需对部分数据进行缺失值补充。其中，2004—2007 年缺失的数据有高技术产业企业数（$D_{19}$）、社会组织单位数（$D_{43}$）、艺术表演场馆数量（$D_{28}$）；2012—2015 年缺失的数据有高技术产业企业数（$D_{19}$）、高技术产业新产品产值（$D_{20}$）、旅游总收入（$D_{63}$）、地区城镇居民人均可支配收入（$D_{38}$）指标；2015 年缺失的数据有入境游客人均每天花费（$D_{36}$）、出口新产品销售收入（$D_{51}$），以上指标均运用线性回归方法，对其进行趋势预测补齐。同时，文中部分数据个别年份缺失值，如 2010 年缺失的星级饭店从业人员（$D_{67}$）、旅行社从业人员（$D_{68}$）等，运用相邻年份均值插入补齐。

其次，区域旅游创新能力的指标数据具有不同的单位和变异程度，这使得系数的实践解释发生困难，因而需要对原始数据进行标准化处理（周成、金川等，2016）[①]。本书运用极差法对其进行标准化处理，从而使各变量的观察值范围都落在 [0，1] 之间。标准化公式为：

正向标准：$x'_{ij} = (x_{ij} - x_i\text{min}) / (x_{ij}\text{max} - x_i\text{min})$

负向标准：$x'_{ij} = (x_{ij}\text{max} - x_{ij}) / (x_{ij}\text{max} - x_i\text{min})$

式中，$x'_{ij}$ 为标准化值；$x_{ij}$ 为原始指标数据；$x_i\text{max}$ 和 $x_i\text{min}$ 分别为 $i$ 项指标的最大值和最小值。


## 第二节　区域旅游创新能力的评价方法


评价是人类社会中一项经常性的、极为重要的认识活动。在前述旅游创新能力评价体系构建的基础上，选用什么样的综合性方法能更有效、更客观

---

① 周成，金川，赵彪，等. 区域经济—生态—旅游耦合协调发展省际空间差异研究 [J]. 干旱区资源与环境，2016，30（7）：203-208.

地评价区域旅游创新能力是本书的重要内容。当前，旅游综合评价方法主要有层次分析法（刘凤虎、杨斌胜等，2016①；张希月、虞虎等，2016②）、模糊综合评判法（卢小丽、武春友，2008③；潘植强、梁保尔，2015④）、数据包络分析法（梁明珠、易婷婷等，2013⑤；邓洪波、陆林，2014⑥；韩国圣、李辉等，2015⑦）、人工神经网络评价法（廖月兰，2008⑧；周秋文、方海川等，2010⑨）、因子分析法（吴志军、胡亚光，2017⑩）以及灰色综合评价法（刘中艳、罗琼，2015⑪；王新越、吴宁宁等，2014⑫）等，本节则运用熵值法客观地得出评价体系中各维度和各指标的权重大小，并运用加权求和、向量求和、多边形法和多面体法对区域旅游综合创新能力进行实证分析，最

---

① 刘凤虎，杨斌胜，张辉. 基于 SWOT-AHP 模型的民族传统体育文化产业发展战略研究 [J]. 北京体育大学学报，2016，39（8）：26-32.

② 张希月，虞虎，陈田，等. 非物质文化遗产资源旅游开发价值评价体系与应用：以苏州市为例 [J]. 地理科学进展，2016，35（8）：997-1007.

③ 卢小丽，武春友. 居民旅游影响感知的模糊综合评价 [J]. 管理学报，2008（2）：199-202，207.

④ 潘植强，梁保尔. 基于模糊综合评价的目的地旅游标识牌解说效度研究：以上海历史街区为例 [J]. 资源科学，2015，37（9）：1860-1870.

⑤ 梁明珠，易婷婷，LI B. 基于 DEA-MI 模型的城市旅游效率演进模式研究 [J]. 旅游学刊，2013，28（5）：53-62.

⑥ 邓洪波，陆林. 基于 DEA 模型的安徽省城市旅游效率研究 [J]. 自然资源学报，2014，29（2）：313-323.

⑦ 韩国圣，李辉，LEW A. 成长型旅游目的地星级饭店经营效率空间分布特征及影响因素：基于 DEA 与 Tobit 模型的实证分析 [J]. 旅游科学，2015，29（5）：51-64.

⑧ 廖月兰. 浙江省入境旅游市场需求研究 [D]. 杭州：浙江大学，2008.

⑨ 周秋文，方海川，苏维词. 基于 GIS 和神经网络的川西高原生态旅游适宜度评价 [J]. 资源科学，2010，32（12）：2384-2390.

⑩ 吴志军，胡亚光. 湘赣两省地级市旅游产业综合竞争力评价与聚类分析 [J]. 经济地理，2017，37（5）：208-215.

⑪ 刘中艳，罗琼. 省域城市旅游竞争力测度与评价：以湖南省为例 [J]. 经济地理，2015，35（4）：186-192.

⑫ 王新越，吴宁宁，秦素贞. 山东省旅游化发展水平的测度及时空差异分析 [J]. 人文地理，2014，29（4）：146-154.

后，通过相关分析来论证得出以上几种评价方法的有效性。

## 一、熵值权重法

熵（Entropy）原为热力学中表示系统无序性的物理量，后被系统科学引用并得到较为广泛的运用（章穗、张梅等，2010）[①]。本书将区域旅游创新能力分为六大维度，运用熵值法计算得出各个维度中指标权重值，即根据数据变化程度对系统的影响来决定指标重要性的大小。具体过程为：

（1）计算各指标数据2005—2015年的均值，并通过极差标准化法，得到其标准化矩阵：

$$
P_{ij} = \begin{bmatrix} x'_{11} & x'_{12} & \cdots\cdots & x'_{1n} \\ x'_{21} & x'_{22} & \cdots\cdots & x'_{2n} \\ & & \cdots\cdots\cdots & \\ x'_{m1} & x'_{m2} & \cdots\cdots & x'_{mn} \end{bmatrix}
$$

（2）运用熵值法计算评价体系中第 $j$ 个指标的熵值 $H_j$，公式为：

$$
H_j = - k \sum_{i=1}^{m} (f_{ij} ln f_{ij})
$$

式中，$k = (lnm)^{-1}$，$m$ 为省区数，本书中 $m = 31$；同时，为避免 $ln\, f_{ij}$ 无意义，规定：$f_{ij} = (1+x'_{ij}) / \sum_{i=1}^{m} (1+x'_{ij})$

（3）计算指标 $j$ 的信息权重 $w_j$ 值，公式为：

$$
w_j = (1 - H_j)/(n - \sum_{i=1}^{n} H_j)
$$

（4）根据标准化矩阵 $P_{ij}$ 和指标权重向量 $w_j$，可计算得到区域旅游创新能力的各维度评价值，公式为：

$$
A_{TK} = \sum_{i=1}^{n} x'_{ij} w_j
$$

---

① 章穗，张梅，迟国泰. 基于熵权法的科学技术评价模型及其实证研究 [J]. 管理学报，2010，7（1）：34-42.

### 二、综合评价法

#### （一）多边形法

多边形法分为序排列多边形和全排列多边形两种方法。序排列多边形面积法是以某固定点为共点的多条线段向外延伸，形成多边形，共点的多条线段分别代表特定维度项，线段长度为对应维度评价值，以序排列方式计算共点的相邻线段形成的各三角形面积，得到多边形面积，并以多边形面积作为综合评价值。与全排列多边形法相比，序排列多边形法各指标项所对应的线段固定，便于单元之间直观对比（李裕伟，2013)①。

由六大维度构成的六边形如图 24 所示，$O$ 为原点，$O-TK$、$O-ST$、$O-RM$、$O-MS$、$O-SE$、$O-EP$ 分别代表旅游人才知识创新（$TK$）、科学技术创新（$ST$）、资源市场创新（$RM$）、管理体制创新（$MS$）、景区企业创新（$SE$）、创新环境绩效（$EP$），$\alpha$ 为六边形对角线间的夹角（$\alpha = 360°/6$），六边形面积大小被称为区域旅游综合创新能力（$RTI\,A_{\_A}$）。计算公式为：

$$RTI\,A_{\_A} = 1/2 \times \sin\alpha (A_{TK} \times A_{ST} + A_{ST} \times A_{RM} + A_{RM} \times A_{MS} + A_{MS} \times A_{SE} + A_{SE} \times A_{EP} + A_{EP} \times A_{TK})$$

式中：$A_{TK}$ 为旅游人才知识创新能力值；$A_{ST}$ 为科学技术创新能力值；$A_{RM}$ 为资源市场创新能力值；$A_{MS}$ 为管理体制创新能力值；$A_{SE}$ 为景区企业创新能力值；$A_{EP}$ 为创新环境绩效评价值。

---

① 李裕伟. 多边形法矿产储量估计 [J]. 地质与勘探，2013，49（4）：630-633.

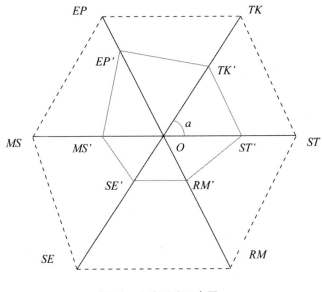

**图 24  六边形法示意图**

（二）多面体法

多面体法是一种以多面体内的固定点（亦称原点）与各顶点连接形成的线段代表各维度项，以线段长度代表对应维度评价值的大小，以多面体的体积作为区域旅游综合创新能力的测度方法（徐勇、段健等，2016）①。

由六大维度构成的八面体如图 25 所示，*O* 为原点，*O-TK*、*O-ST*、*O-RM*、*O-SE*、*O-EP* 分别代表人才知识创新（*TK*）、科学技术创新（*ST*）、资源市场创新（*RM*）、管理体制创新（*MS*）、景区企业创新（*SE*）、创新环境绩效（*EP*），α 为它们之间的夹角（α = 360°/4）；*O-MS*、*O-EP* 垂直于四边形 *TK-ST-RM-SE*，分别代表旅游管理体制创新、旅游创新环境绩效，则这

① 徐勇，段健，徐小任. 区域多维发展综合测度方法及应用 [J]. 地理学报，2016，71（12）：2129–2140.

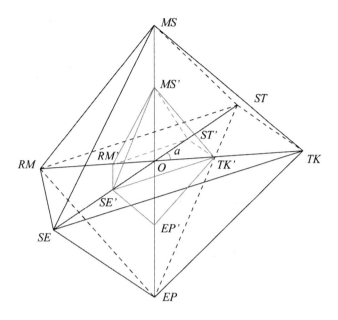

**图 25　八面体法示意图**

个八面体的体积即被定义为区域多维发展指数（*RTI C_V*），计算公式为：

$$RTI\ C_{\_V} = 1/6 \times \sin\alpha\,(A_{TK} \times A_{ST} + A_{ST} \times A_{RM} + A_{RM} \times A_{SE} + A_{SE} \times A_{TK}) \times (A_{MS} + A_{EP})$$

式中：各符号同多边形法计算公式。

（三）加权求和法

加权求和法是目前区域多维发展综合测度常用的方法，*HDI* 和 *PQLI* 都是典型的加权求和法（方琰、卞显红，2015①）。其中，六大维度等权重的加权求和法（*RTI A_W*）计算公式为：

$$RTI\ A_{\_W} = 1/6 \times (A_{TK} + A_{ST} + A_{RM} + A_{MS} + A_{SE} + A_{EP})$$

---

① 方琰，卞显红. 长江三角洲旅游资源地区差异对旅游经济的影响研究［J］. 旅游论坛，2015，8（1）：53-60.

式中：各符号同多边形法计算公式。

（四）向量和法

向量和法主要是将区域旅游每一维度的创新能力视为一个向量，向量模为对应的维度值（邱本花，2015①），则各维度对应的向量和（$RTIA\_{M}$）即为区域旅游综合创新能力评价值，其公式如下：

$$RTIA\_{M} = \sqrt{A_{TK}^2 + A_{ST}^2 + A_{RM}^2 + A_{MS}^2 + A_{SE}^2 + A_{EP}^2}$$

式中：各符号同多边形法计算公式。

# 第三节　区域旅游创新能力的实证结果

分别从人才知识创新（$TK$）、科学技术创新（$ST$）、资源市场创新（$RM$）、管理体制创新（$MS$）、景区企业创新（$SE$）、创新环境绩效（$EP$）六大维度出发，运用加权求和法对区域旅游创新单项能力进行实证。进一步运用 SPSS 和 EXCEL 软件对多边形法、多面体法、向量和法、加权求和法的相关性进行测度，以论证四种方法在旅游创新能力评价中的有效性。最后，运用多边形法对 2005—2015 年区域旅游综合创新能力的发展历程与空间形态进行实证。

## 一、区域旅游创新单项能力分析

运用加权求和法可计算得出 2005—2015 年我国各省区的六大单项旅游创新能力值，为更好地呈现区域差异，此处选取各省区旅游单项创新能力的多

---

① 邱本花. 河南省城市旅游竞争力综合评价模型的应用研究 [J]. 河南教育学院学报（自然科学版），2015，24（1）：39-42.

年均值，并运用自热断裂法将内地 31 个省、市、自治区分为超高、高、较高、中等、较低和低 6 个等级类型。

（一）旅游人才知识创新

我国旅游人才知识创新（TK）能力的空间分布由东南向西北方向递减，整体上与我国经济发展水平、教育资源空间分布较为一致。旅游人才知识创新高水平的省区为江苏省，该省旅游高等院校众多，拥有较多数量的旅游专业学生和科研人才，为旅游论文发表和相关课题产出提供重要条件。旅游人才知识创新较高等级的省区有北京、广东、四川，其所辖地区亦有较强的旅游科研院所和旅游研究队伍，为地区旅游产业发展和旅游研究培养出了众多的创新型人才。

此外，北方的山东、辽宁，中部的湖北、湖南、安徽、河南，以及西部的广西、陕西、重庆等地处于旅游人才知识创新中等水平；新疆、内蒙古、宁夏、青海、西藏等地由于旅游教育水平和科研实力较为落后，而且旅游经济发展规模和质量与中东部地区相比存在较大差距，因此，这些省区的旅游人才知识创新处于低水平。

（二）旅游科学技术创新

我国旅游科学技术创新（ST）能力表现为东部沿海和长江沿线省区较高，而西北、西南大部分地区较低。旅游科学技术创新尚未有超高和高等级省区，较高等级省区有江苏、广东、北京，与旅游人才知识创新前三名相同，这说明旅游知识创造和流动、旅游人才培育和创新为地区旅游科学技术创新提供了重要动力与支撑条件。

此外，处于中等水平的省区有浙江、上海、山东，而其余省区多处于科学技术创新低水平等级，这说明旅游科技创新能力在我国具有较大的地域需求和提升空间，与此同时，与我国整体科技创新发展水平相比，旅游产业作为服务型经济，其企业和景区的科技创新能力相对较低且亟须提升。

（三）旅游资源市场创新

旅游资源市场创新（RM）能力的空间分布较为密集，且中等和较低等级的省区数量较多。旅游资源市场创新能力最高的省区为广东，主要原因是广东拥有丰富多样的自然风光、城市景观等旅游资源，同时，广东有比邻港澳地区的优越区位条件，其入境旅游市场规模较大且发展较成熟。此外，浙江和江苏两省基于较雄厚的社会经济基础、处于长三角的优越区域条件、较好的旅游资源禀赋以及较强的出游市场能力，其资源市场创新能力仅次于广东省。

此外，华北、华中大部分省市以及四川省的旅游资源市场创新能力处于东部沿海较高等级和西部较低水平之间。与此同时，旅游资源市场创新属于低水平的省区有青海和宁夏两个省区，高原地区旅游资源相对单一，加之旅游接待规模受限等原因，如宁夏地域空间狭小，限制了以上省区旅游资源和市场创新能力的提升。

（四）旅游管理体制创新

我国旅游管理体制创新（MS）与其他单项旅游创新能力相比明显较高，且尚无显著的分布规律。排名第一、第二的省区为山东和北京，处于旅游管理与体制创新能力高等级，这归功于近几年来山东和北京在旅游资源打造、市场营销方面的努力，众多旅游行业协会、社会团体的市场协调，以及全域旅游背景下旅游发展委的成立等。

湖北、黑龙江、甘肃、河北、辽宁等省区近年来在旅游管理体制改革、部门职能转化，以及旅游市场整顿等方面取得较为显著成果，其管理与体制创新能力处于较高等级。此外，上海在管理体制改革、区域旅游合作机制搭建上等创新不断，但其旅游管理部门的设置未有突破、旅游市场宣传相对乏力，所以在此维度上，其旅游创新能力相对较低，这与其打造全球著名旅游城市的目标不相匹配，亟须得到相应补足与强化。

（五）旅游景区企业创新

我国旅游景区企业创新（*SE*）亦呈现东高西低的空间分布格局。排名第一的省区为广东省，而排名前三的省区有广东、江苏、浙江，这与旅游资源市场创新能力的空间分布相一致，说明区域旅游景区和企业的规模数量受到旅游资源多样性以及旅游市场规模的影响，其中，旅游景区具有明显的资源导向性，而旅行社、旅游酒店等企业倾向布局在旅游市场发展成熟或游客规模较大的地区。

与此同时，上海、北京、山东等省市由于自身社会经济基础雄厚、旅游市场规模较大，旅游创新创业活跃以及线上旅游布局的加快等因素，其创新能力在全国保持优势地位，排名在广东、江苏、浙江之后。此外，其余省区的旅游景区和企业创新均处于较低和低等级，这说明我国多数省区的旅游景区与企业仍处于传统的发展模式中，旅游网络智能景区和旅游线上平台企业尚需大力发展和广泛布局。

（六）旅游创新环境绩效

我国旅游创新环境绩效（*EP*）较高的地区集中于"长三角"、"珠三角"及北京、山东等地区。就全国范围而言，未出现创新环境绩效低等级省区，这说明近年来我国社会经济发展、自然生态保护为旅游业发展提供了良好的宏观环境，且在旅游创新发展绩效所表征的旅游收入、人次、就业等方面均取得了长足的发展。

从排名来看，广东省旅游创新环境绩效仍处于全国第一，北京、江苏、浙江、山东、上海分列第二到第六名，以上省区在社会经济、生态环境、旅游规模和旅游就业等方面均处于全国领先水平。此外，辽宁、河南、湖北以及四川、海南处于旅游创新环境绩效中等水平，其余省区处于较低等级水平，以上地区需要从优化旅游创新发展环境、深化旅游体制机制改革等方面促进区域旅游创新能力的发展。

## 二、区域旅游创新综合能力分析

### （一）四种测度方法的有效性分析

在计算我国内地 31 个省区旅游创新单项能力的基础上，本研究运用多边形法、多面体法、加权求和法以及向量和法，分别得出各省市区域旅游创新综合能力值。通过 SPSS 和 EXCEL 软件对其进行相关分析和拟合（表 19，图 26），以验证四种方法在旅游创新综合测度方面是否具有等效性。由表 19 可知，任意两种评价法的结果都在 0.01 的水平下显著相关，这说明以上四种测度方法在区域旅游创新综合能力的测评中具有等效性。

表 19　四种测度方法的相关性分析

| 方法 | 指标 | 多面体 | 多边形 | 向量和 | 加权求和 |
|---|---|---|---|---|---|
| 多面体 | 皮尔逊相关性 | 1 | .992** | .951** | .943** |
| | 显著性（双尾） | | .000 | .000 | .000 |
| | 个案数 | 31 | 31 | 31 | 31 |
| 多边形 | 皮尔逊相关性 | .992** | 1 | .982** | .981** |
| | 显著性（双尾） | .000 | | .000 | .000 |
| | 个案数 | 31 | 31 | 31 | 31 |
| 向量和 | 皮尔逊相关性 | .951** | .982** | 1 | .988** |
| | 显著性（双尾） | .000 | .000 | | .000 |
| | 个案数 | 31 | 31 | 31 | 31 |

续表

| 方法 | 指标 | 多面体 | 多边形 | 向量和 | 加权求和 |
|------|------|--------|--------|--------|----------|
| 加权求和 | 皮尔逊相关性 | .943＊＊ | .981＊＊ | .988＊＊ | 1 |
| | 显著性（双尾） | .000 | .000 | .000 | |
| | 个案数 | 31 | 31 | 31 | 31 |

注：＊＊. 在 0.01 级别（双尾），相关性显著

　　四种评价方法拟合曲线如图 26 所示，其中，多面体与多边形法符合幂指数函数关系，其复相关指数为 0.981，系数最高，说明在区域旅游创新综合能力测度中，以上两种方法相关度最大，效果最好。此外，多面体法与向量和法、多面体法与加权求和法、多边形法与加权求和法均符合多项式函数关系，其复相关系数分别为 0.805、0.937、0.848。向量和法与加权求和法、多边形法与向量和法符合线性函数关系，复相关系数分别为 0.979、0.887。由于多边形法与多面体法测度效果最好，故后文拟选用多边形法进一步对我国内地 31 个省区 2005—2015 年区域旅游创新综合能力进行实证分析，进而揭示其发展历程与空间差异。

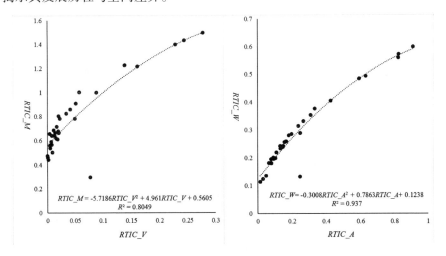

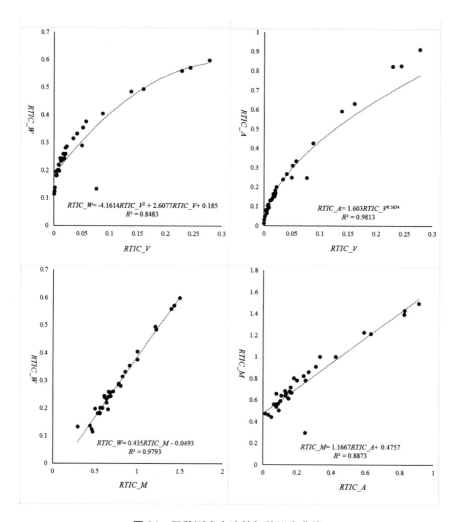

**图 26　四种测度方法的相关拟合曲线**

### （二）旅游综合创新能力区域分布

基于多边形法可计算得出各省区域旅游综合创新能力值，我国区域旅游综合创新能力呈沿海向内陆递减的区域分布。从各省排名来看，2004、2007年北京旅游综合创新能力排名第一，随后为广东、江苏。山东、浙江从 2004

年的第五名、第六名，上升到 2007 年的第四名、第五名。2011、2015 年广东、江苏基于旅游双创人才集聚、旅游市场规模扩大、资源业态开发加速以及行政管理体制改革等，旅游综合创新能力跃升为第一名、第二名，而北京则被两省赶超，居于排行榜第三名，其后为浙江、山东和上海，均为我国东部沿海地区。

2004 年，新疆区域旅游综合创新能力处于倒数第一，但随后几年由于国家的政策扶持以及旅游投资的不断涌入加速了新疆旅游经济的创新发展，2007 和 2011 年其排名不断上升。宁夏幅员地域狭小、旅游资源单一、经济基础落后及双创活力不足，多年来均处于区域旅游综合创新能力最后位置，可见其亟须通过对口支援、跨区合作、文化挖掘、体制改革等方法加以提升。

从所处等级来看，2004、2007、2011 年属于区域旅游综合创新能力高水平的省区有两名，而到 2015 年，广东省从高等级跃升到超高等级，而属于高等级的江苏省创新能力也同样有所提升；与此同时，较高水平等级省区由 2004 年的两个，上升到 2007、2011、2015 年的三个省区，其中，山东、浙江两省旅游创新能力异军突起，成果显著；中等水平等级由 2004、2007 年的两个省区，扩大到了 2011、2015 年的三个省区，其中，四川、湖北、辽宁等省区区域旅游综合创新能力提升明显。

此外，低水平省区有向西部内陆集聚分布的趋势。为数众多的较低和低等级地区是未来我国旅游创新能力的着重提升区，探索中西部省区旅游创新能力的提升路径，克服西部地区经济发展局限，发挥地区旅游资源独特性优势是关系到全国旅游经济创新发展的系统性工程。

# 本章小结

第一，我国旅游人才知识创新（TK）能力空间分布由东南向西北方向递减，整体上与我国经济发展水平和教育资源空间分布较一致。旅游科学技术创新（ST）能力表现为东部沿海和长江沿线省区较高，而西北、西南大部分地区较低。旅游资源市场创新（RM）空间分布较为聚集，且处于中等、较低等级的省区为数较多。旅游管理体制创新（MS）与其他单项旅游创新能力相比明显较高，且尚无显著的分布规律。旅游景区企业创新（SE）呈东高西低的空间分布格局。旅游创新环境绩效（EP）较高的地区集中于"长三角"、"珠三角"及北京、山东等地区。

第二，多边形法、多面体法、加权求和法、向量和法在区域旅游创新综合能力测评中具有等效性，任何两种评价法都在0.01的显著水平下呈显著相关。其中，多面体法与多边形法复相关指数最高，测评有效性最大。

第三，我国区域旅游综合创新能力的区域分布由沿海向内陆递减。2005—2015年，广东、江苏旅游综合创新能力跃升明显，新疆、宁夏的区域旅游综合创新能力排名靠后，亟须通过对口支援、跨区合作、文化挖掘、体制改革等方法加以提升。

第六章

# 区域旅游创新能力的空间差异

地区间资源禀赋、生态环境、社会经济及旅游效益的非均衡性，使得区域旅游创新能力具有空间差异特征。旅游创新能力在我国的空间差异是否显著，创新能力呈现怎样的空间集散形态，旅游创新重心呈现怎样的移动轨迹？本章即运用不平衡指数、动态变动指数、空间重心法及重心耦合法对我国区域旅游创新综合、单项能力进行实证分析，以便了解其在我国的空间差异和重心演化。

## 第一节　旅游创新能力的区域差异分析

区域差异是区域在发展过程中出现的一种必然现象，区域差异的形成因素具有多元性，例如，自然地理条件、资源禀赋、历史文化、经济发展水平等（何秀芝，2015）①。衡量区域差异的方法主要有两类，一类是指数型方

---

① 何秀芝. 我国社会保障水平的区域差异、影响因素与政策优化路径［D］. 南京：南京大学，2015.

法，主要包括地理集中度（周成、冯学钢，2015①；苏建军、孙根年，2017②；李宜聪、张捷等，2016③）、赫芬达尔指数（王凤娇，2016④；方法林，2016⑤）、泰尔系数（汪德根、陈田，2011⑥；林炜铃、邹永广等，2014⑦；赵俊远、苏朝阳等，2008⑧）等，以上方法在区域差异研究中简便明了，能较好地说明要素的空间总体差异和变化趋势等；另一类则根据区域经济学、空间经济学等理论构建模型进行实证研究，如空间自相关模型（张广海、李华，2013⑨；孙盼盼、戴学锋，2014⑩）、空间面板数据模型（黄泰、席建超等，2017⑪；李在军、管卫华等，2013⑫）、空间马尔科夫链（肖

① 周成，冯学钢. 泰国旅华市场时空结构与拓展策略研究［J］. 世界地理研究，2015，24（4）：142-151.

② 苏建军，孙根年. 中国旅游投资与旅游经济发展的时空演变与差异分析［J］. 干旱区资源与环境，2017，31（1）：185-191.

③ 李宜聪，张捷，刘泽华，等. 自然灾害型危机事件后国内旅游客源市场恢复研究：以九寨沟景区为例［J］. 旅游学刊，2016，31（6）：104-112.

④ 王凤娇. 京津冀区域旅游经济差异及影响因素研究［D］. 秦皇岛：燕山大学，2016.

⑤ 方法林. 长江经济带旅游经济差异时空格局演化及其成因分析［J］. 南京师大学报（自然科学版），2016，39（1）：124-131.

⑥ 汪德根，陈田. 中国旅游经济区域差异的空间分析［J］. 地理科学，2011，31（5）：528-536.

⑦ 林炜铃，邹永广，郑向敏. 旅游安全网络关注度区域差异研究：基于中国31个省市区旅游安全的百度指数［J］. 人文地理，2014，29（6）：154-160.

⑧ 赵俊远，苏朝阳，黄宁. 西北5省（区）区域旅游经济差异变化：基于泰尔指数的测度［J］. 资源开发与市场，2008（3）：214-217.

⑨ 张广海，李华. 中国旅游产业集群发展水平评价及空间格局演变［J］. 旅游论坛，2013，6（2）：24-30.

⑩ 孙盼盼，戴学锋. 中国区域旅游经济差异的空间统计分析［J］. 旅游科学，2014，28（2）：35-48.

⑪ 黄泰，席建超，葛全胜. 高铁影响下城市群旅游空间的竞争格局分异［J］. 经济地理，2017，37（8）：182-191.

⑫ 李在军，管卫华，蒲英霞，等. 山东省旅游经济的时空演变格局探究［J］. 经济地理，2013，33（7）：176-181.

刚、杜德斌等，2016①；张伟丽，2015②）等。本节以我国区域旅游综合能力值为数据来源，分别运用区域不均衡指数、动态变动指数对其空间分布的均衡性、集聚度给予研究。

### 一、区域差异研究方法

#### （一）区域不平衡指数

为定量反映我国 31 个省区旅游创新能力等级程度，本书采用经济等级体系的不均衡指数（王泽宇、雪凤等）③，计算公式为：

$$S = \Big[ \sum_{i=1}^{n} Y_i - 50(n+1) \Big] / \big[ 100n - 50(n+1) \big]$$

式中：$S$ 为不平衡指数；$Y_i$ 为规模等级，是各省区按照占所有省区旅游创新能力值加总的比重从大到小排序后，第 $i$ 级的累计百分比；$n$ 取 31。如果研究单元经济规模平衡分布，则 $S=0$；如果分布极不平衡，集中在一个研究单元内，则 $S=1$。如果随着时间变化 $S$ 变大，则区域旅游创新向不平衡方向发展；反之，则向平衡方向发展。

#### （二）动态变动指数

动态变动指数是研究某一区域在一定时间范围内的属性值变化幅度与速度的度量方法（周彬、钟林生等，2015）④。本书运用动态变动指数对我国各个省区旅游创新能力的变化情况进行分析。计算公式：

---

① 肖刚，杜德斌，李恒，等.长江中游城市群城市创新差异的时空格局演变［J］.长江流域资源与环境，2016，25（2）：199-207.

② 张伟丽.中国区域经济增长俱乐部趋同及其演变分析：基于时空加权马尔科夫链的预测［J］.经济问题，2015（3）：108-114.

③ 王泽宇，卢雪凤，孙才志，等.中国海洋经济重心演变及影响因素［J］.经济地理，2017，37（5）：12-19.

④ 周彬，钟林生，陈田，等.浙江省旅游生态安全的时空格局及障碍因子［J］.地理科学，2015，35（5）：599-607.

$$K = \frac{U_{max} - U_{min}}{U_{min}} \times \frac{1}{T} \times 100\%$$

式中：$K$ 为研究时段内某研究单元旅游创新能力的变动值，$K$ 值越大，表明研究时段内旅游创新能力变动越大，$K$ 值越小，则表示创新能力较为稳定，变幅不大；$U_{max}$，$U_{min}$ 是研究期内区域旅游创新能力的最大值和最小值，$T$ 为研究时段长度（林龙飞、凌世华，2016）[1]。

### 二、旅游创新能力的空间差异特征

运用不均衡指数公式对 2004—2015 年我国旅游创新综合能力进行计算，并将其结果进行图形呈现。由图 27 可知，我国区域旅游创新综合能力的不均衡指数整体呈现下降趋势，从 2004 年的 0.5042 下降到 2015 年的 0.4806。以 2008 年为界，2008 年以前不均衡指数呈逐年递减趋势，在北京、上海、天津、浙江等东部地区旅游创新稳定发展的同时，中西部地区旅游经济发展规模不断扩大，政策支持力度不断加强，使其在旅游知识人才、资源业态、企业市场等方面的创新能力得到较大提升，从而促使区域旅游创新在全国层面向均衡化方向发展。

2008 年以后不均衡指数呈波动性下降的发展态势，其中，2008—2010 年、2013—2014 年区域旅游创新不均衡指数有显著上升特点，说明这些年份区域旅游创新能力在我国呈集聚化发展，原因可能是全球金融危机对我国尤其是中西部地区的入境旅游市场产生了重大影响。同时，我国东部如北京、江苏、浙江等省区旅游创新能力上升明显，而西部地区旅游经济发展乏力导致区域旅游不均衡指数有所提高。总体而言，2004—2015 年随着我国旅游经济的稳步发展和整体经济结构调整步伐的加速，各省区或依托自身旅游资源

---

[1]　林龙飞，凌世华. 新马泰旅华市场时空分布研究 [J]. 广西社会科学，2016 (8)：67-73.

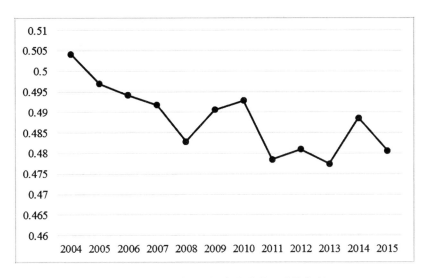

**图 27　区域旅游创新综合能力的不均衡指数**

　　与市场基础；或基于自身的旅游知识与人才储备；或凭借国家和地方政府的政策支持，区域旅游创新能力提升较快，且各地区之间的旅游创新能力差距进一步缩小，促进了我国区域旅游创新向平衡化发展。

　　用动态变动指数公式可计算得出 2004—2015 年我国各省区域旅游创新综合能力的总体变动值（表 20）。从变动值大小来看，区域旅游创新能力变化最大的省份是海南省，平均每年以 16.17% 的幅度变化，其次是宁夏、安徽、上海、重庆，这些省区年均变动幅度均在 7% 以上，动态变动指数较大表明这些省区的旅游创新内部资源整合较快、结构变动较大，具有较强的旅游创新发展潜力。

　　此外，河南、山东、天津、湖南、广东等省市旅游创新变动值较小，说明这些省区旅游创新处于平稳发展状态，创新内部各维度和各要素间的结构相对稳定，其中，广东在我国 31 个省区中动态变动值也较低，仅为 2.68%，这主要是由于广东省区域旅游创新发展起点较高，旅游市场规模、资源禀赋与其他省份相比已处于较高的发展阶段。

表20 区域旅游综合创新能力的动态变动指数

| 省区 | 2004—2015 $U_{max}$ | 2004—2015 $U_{min}$ | 绝对变动值 | 动态变动指数 | 排名 |
|---|---|---|---|---|---|
| 北京 | 0.8901 | 0.6504 | 0.2397 | 3.3506 | 20 |
| 天津 | 0.1049 | 0.0836 | 0.0214 | 2.3238 | 29 |
| 河北 | 0.2165 | 0.1664 | 0.0500 | 2.7327 | 25 |
| 山西 | 0.1174 | 0.0824 | 0.0351 | 3.8707 | 15 |
| 内蒙古 | 0.1177 | 0.0862 | 0.0315 | 3.3177 | 22 |
| 辽宁 | 0.3353 | 0.2248 | 0.1104 | 4.4657 | 12 |
| 吉林 | 0.1120 | 0.0739 | 0.0381 | 4.6961 | 10 |
| 黑龙江 | 0.2064 | 0.1505 | 0.0559 | 3.3751 | 19 |
| 上海 | 0.6086 | 0.3328 | 0.2758 | 7.5339 | 4 |
| 江苏 | 0.8844 | 0.5737 | 0.3107 | 4.9229 | 9 |
| 浙江 | 0.6337 | 0.4222 | 0.2114 | 4.5524 | 11 |
| 安徽 | 0.1943 | 0.1057 | 0.0886 | 7.6228 | 3 |
| 福建 | 0.1845 | 0.1146 | 0.0700 | 5.5499 | 6 |
| 江西 | 0.1510 | 0.1090 | 0.0421 | 3.5084 | 17 |
| 山东 | 0.5976 | 0.4805 | 0.1171 | 2.2152 | 30 |
| 河南 | 0.1652 | 0.1344 | 0.0308 | 2.0829 | 31 |
| 湖北 | 0.3504 | 0.2672 | 0.0831 | 2.8286 | 24 |
| 湖南 | 0.2569 | 0.1989 | 0.0580 | 2.6490 | 27 |
| 广东 | 0.9643 | 0.7449 | 0.2194 | 2.6782 | 26 |
| 广西 | 0.1355 | 0.0992 | 0.0363 | 3.3240 | 21 |

续表

| 省区 | 2004—2015 $U_{max}$ | 2004—2015 $U_{min}$ | 绝对变动值 | 动态变动指数 | 排名 |
|------|------|------|------|------|------|
| 海南 | 0.0958 | 0.0345 | 0.0613 | 16.1728 | 1 |
| 重庆 | 0.1665 | 0.0932 | 0.0732 | 7.1387 | 5 |
| 四川 | 0.3495 | 0.2541 | 0.0954 | 3.4145 | 18 |
| 贵州 | 0.0949 | 0.0590 | 0.0358 | 5.5172 | 7 |
| 云南 | 0.1865 | 0.1342 | 0.0524 | 3.5470 | 16 |
| 西藏 | 0.0655 | 0.0424 | 0.0230 | 4.9359 | 8 |
| 陕西 | 0.1510 | 0.1194 | 0.0316 | 2.4067 | 28 |
| 甘肃 | 0.0847 | 0.0576 | 0.0270 | 4.2675 | 14 |
| 青海 | 0.0387 | 0.0295 | 0.0092 | 2.8315 | 23 |
| 宁夏 | 0.0212 | 0.0111 | 0.0102 | 8.3503 | 2 |
| 新疆 | 0.0989 | 0.0672 | 0.0317 | 4.2900 | 13 |

注：根据动态变动指数计算所得

# 第二节 旅游创新能力的空间重心演化

重心概念源于牛顿力学，是指物体各部分所受合力的作用点，该点上各个方向的力量对比保持相对平衡。旅游重心是重心的一种具体体现，它兼备地理学重心研究的共性，国内多位学者（孙根年，2008）[1] 基于游客接待人

---

① 孙根年，杨忍，姚宏. 基于重心模型的中国入境旅游地域结构演变研究 [J]. 干旱区资源与环境，2008（7）：150-157.

数、年末旅游收入等指标，对旅游重心进行了相关实证分析，以探求区域旅游业的空间结构演化过程。本节引入空间重心和重心耦合方法，以上文中区域旅游创新能力值作为指标，对我国区域旅游创新能力的重心移动和演化特征进行分析。

## 一、空间重心研究方法

### （一）空间重心法

区域经济重心在时间维度上的变化可以说明经济空间差异的动态演化特征（彭国强、舒盛芳，2016)①。旅游创新重心迁移实证研究不仅有助于探寻旅游创新能力在某一国家或区域中的发展平衡及未来方向，也有助于对空间发展政策的效果进行评估（张海霞、张旭亮，2012②)。通过对 31 个省区的旅游创新综合能力，以及知识人才、科学技术等旅游创新单项能力的空间重心分析，来反映我国区域旅游创新能力的空间动态演化特征（王哲宇，2012③)。公式如下：

$$\bar{x} = \sum_{i=1}^{n} M_i X_i / \sum_{i=1}^{n} M_i$$

$$\bar{y} = \sum_{i=1}^{n} M_i Y_i / \sum_{i=1}^{n} M_i$$

式中：$(\bar{x}, \bar{y})$ 为区域旅游创新能力的重心坐标；$(X_i, Y_i)$ 表示各研究单元的经纬度坐标，本文选取我国各省省会城市的地理坐标，$M_i$ 分别取各省区旅游创新综合能力和单项能力评价值；$n$ 取 31。

---

① 彭国强，舒盛芳. 中国体育战略重心转移的历史回眸与未来瞻望［J］. 武汉体育学院学报，2016，50（10）：5-12.
② 张海霞，张旭亮. 自然遗产地国家公园模式发展的影响因素与空间扩散［J］. 自然资源学报，2012，27（4）：705-712.
③ 王哲宇. 改革开放以来中国旅游重心的时空演化研究［D］. 宁波：宁波大学，2012.

## （二）重心耦合法

重心耦合法是用来描述两个空间重心的距离和偏移方向的分析方法，一般用空间重心的重叠性和变动方向的一致性加以考虑。重叠性表示属性重心之间的耦合程度，一般用同一年份不同属性重心的距离来度量（朱振亚、陈丽华等，2017[①]），距离越近则耦合程度越高，反之则耦合性越低（樊杰、陶岸君等，2010）[②]。重心耦合法公式为：

$$S = d_{G_m G_n} = R \times \sqrt{(y_m - y_n)^2 + (x_m - x_n)^2}$$

式中：$S$ 表示旅游创新综合能力重心与某单项能力重心之间的距离；$(x_m, y_m)$ 和 $(x_n, y_n)$ 分别表示同一年份旅游创新综合能力和某单项能力重心的坐标；$R = 111.11km$。

一致性表示空间重心偏移方向的关联程度，一般用 2 个重心相对上一时间点所移动的夹角 $\theta$（$0 < \theta < \pi$）的余弦值来表示。根据余弦定理有：

$$\cos\theta = \frac{(\Delta x_m^2 + \Delta y_m^2) + (\Delta x_n^2 + \Delta x_n^2) - [(\Delta x_m^2 - \Delta y_m^2) + (\Delta x_n^2 - \Delta x_n^2)]}{2\sqrt{(\Delta x_m^2 + \Delta y_m^2) + (\Delta x_n^2 + \Delta y_n^2)}}$$

$$= \frac{x_m x_n + y_m y_n}{\sqrt{(x_m^2 + y_m^2) + (x_n^2 + y_n^2)}}$$

式中：$\Delta x_m$ 和 $\Delta x_n$ 分别表示旅游创新综合能力重心和某个单项创新能力重心较上一个时间点经度的变化量；$\Delta y_m$ 和 $\Delta y_n$ 分别表示旅游创新综合能力重心和某个单项创新能力重心较上一个时间点纬度的变化量。当 $\cos\theta = 1$ 时，则表示两个重心偏移的方向相同；而当 $\cos\theta = -1$ 时，则说明两个重心所偏移

---

[①] 朱振亚，陈丽华，姜德文，等. 京津冀地区生态服务价值与社会经济重心演变特征及耦合关系 [J]. 林业科学，2017，53（6）：118-126.

[②] 樊杰，陶岸君，吕晨. 中国经济与人口重心的耦合态势及其对区域发展的影响 [J]. 地理科学进展，2010，29（1）：87-95.

呈相反方向（樊杰、陶岸君等，2010)①。

## 二、旅游创新能力的重心移动分析

运用空间重心法分别对我国区域旅游创新综合能力以及六大单项能力进行计算，并将其重心演化结果进行图形呈现。从图 28 可知，2004—2015 年区域旅游创新综合能力的空间重心在纬度和经度上均呈现波动下降的态势，即创新重心总体上由东北向西南方向偏移，南北偏移约有 86.993 千米，东西偏移约有 49.092 千米，这表明我国南方省市基于丰富的旅游资源、广阔的客源市场、优越的经济基础以及较好的出游能力等优势，区域旅游创新能力与北方地区相比逐年上升。与此同时，凭借西部大开发、一带一路等国家战略的带动作用，以及近年来中西部省市旅游资源与市场的不断挖掘和大力开拓，区域旅游创新综合能力的空间重心有向西部波动性偏移的倾向。

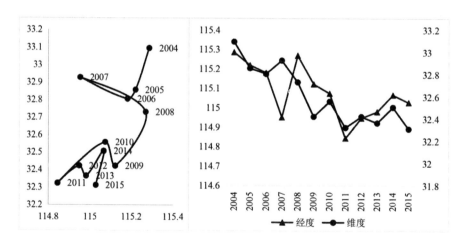

**图 28　区域旅游创新综合能力的空间重心演化**

① 金一，郭建科，韩增林，等. 环渤海地区港口体系与其城市经济的偏移增长及重心耦合态势研究［J］. 地理与地理信息科学，2017，33（1）：117-123.

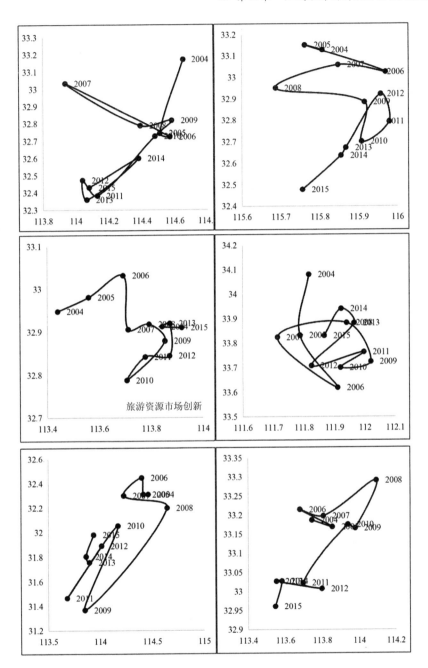

**图 29 区域旅游创新单项能力的重心轨迹**

图 29 为区域旅游知识人才创新（*TK*）、科学技术创新（*ST*）、资源市场创新（*RM*）、管理体制创新（*MS*）、景区企业创新（*SE*）、创新环境绩效（*EP*）单项能力的重心演化图。其中，知识人才创新、景区企业创新、创新环境绩效三项创新能力与区域旅游创新综合能力相似，总体上呈由东北向西南的偏移趋势，这说明在旅游创新综合能力重心位移中，以上三类单项创新能力是主要因素。科学技术创新则呈现由北向南、东西往复的偏移轨迹，这说明专利规模、高新技术、科研实力等旅游创新要素在南北方向上分异明显，其中，南方沿海近年来的经济发展、科技水平的提高，使得旅游科技向南移动。同时，东西方向上的旅游科技创新角力显著，呈现往复性移动。

此外，资源市场创新重心呈现由西向东的移动趋势，表明我国东部省市在旅游资源和业态革新、市场规模和结构优化等方面优势明显，带动了区域旅游资源与市场创新重心的东移。最后，管理体制创新重心呈不规则移动，这说明我国旅游管理体制机制转变、旅游政府在线服务以及行业组织规模数量等方面并未存在显著的空间差异，旅游管理与体制创新在我国各个省区均亟待改善。

### 三、旅游创新能力的重心耦合分析

以区域旅游创新综合能力的重心为分析标准，运用重叠性公式和一致性公式，分别计算六类旅游创新单项能力的重心与综合能力的重心偏移距离和偏移方向。由图 30 可知，在各类单项能力中，旅游管理体制创新的重心与综合能力重叠性最小，即两者的空间重心偏移距离最大，这主要是旅游管理体制创新的空间重心尚无显著移动规律且偏移距离较小所致。

其次，2004—2015 年，知识人才创新的重心与综合能力重心的重叠性最大，两者的重心偏移距离较小，表明旅游人才规模、知识产出以及科研单位等创新维度对旅游综合创新能力的区域差异贡献较大，知识人才创新的重心移动很大程度上导致了综合创新能力的空间移动。此外，资源市场创新能力的空间重心重叠度呈现波动上升趋势，说明其与综合创新能力重心的距离越加接近，旅游资源品质、业态以及市场结构、规模，出游人次、能力等要素对区域旅游创新发挥着越来越重要的作用和影响。

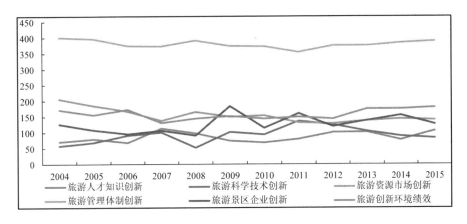

**图30　各单项创新能力与综合能力的重心重叠性**

重心一致性是对两类研究对象空间重心偏移方向大小的描述。运用一致性公式计算六种旅游创新单项能力与综合能力间的重心偏移夹角的余弦值，并在图31中呈现。由图可知，旅游人才知识创新重心在2005年、2007年、2008年、2011年、2013年、2014年均接近于1，这表明在这些年份旅游创新综合能力与人才知识创新能力的重心移动方向相一致，与之前空间重心重叠性分析所得出的结论相印证。其次，管理体制创新、企业景区创新、创新环境绩效等单项能力的重心移动方向与综合创新能力的一致性指数在较多年份中均大于0，这说明在这些年份中，各单项创新能力与旅游创新综合能力的移动方向趋同。此外，科学技术创新、资源市场创新能力的重心与综合创新能力所得的一致性指数多数年份均小于0，这表明这些年份中以上单项创新能力与旅游综合创新能力的重心移动方向的差异性较大甚至为相反方向。

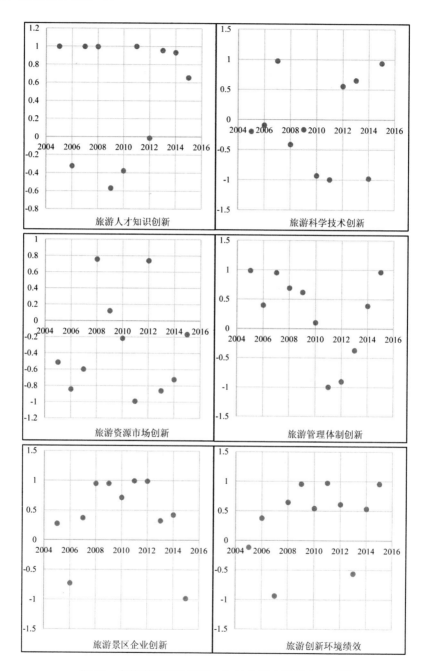

**图31 各旅游创新单项能力与综合能力的重心一致性**

# 本章小结

第一，2004—2015 年，区域旅游创新能力在我国的空间差异不断减小，旅游创新能力均衡化有利于区域间的旅游创新要素的优势互补与协调发展。

第二，2004—2015 年，区域旅游创新综合能力重心在纬度和经度上均呈波动下降的态势，即总体呈现由东北向西南方向偏移。在六类单项旅游创新能力中，知识人才创新、景区企业创新、创新环境绩效等三项能力空间重心与区域旅游创新综合能力相似，这表明在区域旅游创新综合能力的空间重心位移中，以上三项创新能力是主要因素。

第三，2004—2015 年，旅游人才知识创新与综合创新能力的重心重叠性最大，重心一致性最高，这表明知识人才创新的重心移动很大程度上导致了综合创新能力的空间差异。此外，管理体制创新、企业景区创新、创新环境绩效等单项创新能力与旅游创新综合能力移动方向趋同。

第七章

# 区域旅游创新的发展效率测度

　　旅游创新的内在要素是否完全发挥作用、旅游创新的产出效果是否实现了最大化是衡量区域旅游创新的重要指标，在创新要素投入一定的情况下产出最多，或在创新要素转化为经济产出一定的情况下投入最小即实现了区域旅游创新效率的最大化。因此，本章在考虑了环境因素和随机效应的情况下，对我国31个省区的旅游创新发展效率进行了实证测度，进而得出各地区旅游创新的效率等级与空间差异。

## 第一节　区域旅游创新发展效率的评价体系

　　在区域旅游创新能力评价体系中，虽然考虑了创新绩效与环境维度，但未能从创新要素的投入和产出角度来考察旅游创新的发展效率。因此，本节在参考旅游效率相关文献（蒋亚珍，2015①；张鹏、于伟等，2014②；金春

①　蒋亚珍. 区域旅游创新能力评价研究［D］. 南宁：广西大学，2015.
②　张鹏，于伟，徐东风. 我国省域旅游业效率测度及影响因素研究：基于 SFA 和空间 Durbin 模型分析［J］. 宏观经济研究，2014（6）：80-85，112.

雨、王伟强，2014①）和旅游创新能力评价的基础上，尝试选取旅游创新的投入产出指标，并将外在环境因素进行量化，构建出了区域旅游创新的发展效率评价体系。

**一、指标体系的构建原则**

在区域旅游创新发展效率体系构建过程中，本文重点遵循如下原则：

第一，简约与代表性原则。一般而言，创新投入要素众多，包括土地、资金、人力、科研、生态等，但旅游创新投入要素并未涉及土地、生态等要素，本书重点从旅游创新人才和科研投入方面进行分析。此外，旅游创新产出涉及知识产出、科技产出、经济效益、相关产业带动效应等，但本书选择旅游创新过程中最有代表性的产出，即科技成果和经济收益两方面。选取投入产出双变量指标较为简洁，且代表性较强。

第二，系统与客观性原则。本书根据创新效率相关研究成果，从投入、产出、环境三大维度，人力投入、资金投入、科技成果、经济收益以及社会经济、消费水平、科技基础和网络设施等八类要素入手，构建区域旅游创新效率评价体系，且运用可量化、可操作的指标数据给予表征，以保证本体系的系统性和客观性。

本文选取各省区 2004—2015 年指标数据的多年均值作为分析依据。如表 21 所示。

**表 21　区域旅游创新的发展效率评价指标体系**

| 维度 | 要素 | 指标 | 单位 |
|---|---|---|---|
| 旅游创新投入 | 人力投入 | 旅游部门从业人数（$D_1$） | 人 |
| | 资金投入 | 高校科研事业拨入经费（$D_2$） | 万元 |

---

① 金春雨，王伟强. 环境约束下中国旅游业动态效率的测算与分析：基于三阶段 Malmquist 指数模型的实证分析 [J]. 技术经济，2014，33（12）：46-53.

续表

| 维度 | 要素 | 指标 | 单位 |
|------|------|------|------|
| 旅游创新产出 | 科技成果 | 旅游专利申请授权数（$D_3$） | 项 |
| | 经济收益 | 地区旅游总收入（$D_4$） | 万元 |
| 旅游创新环境 | 社会经济 | 人均地区生产总值（$D_5$） | 元/人 |
| | 消费水平 | 居民消费水平（$D_6$） | 元 |
| | 科技基础 | 国内三种专利申请授权数（$D_7$） | 件 |
| | 网络设施 | 互联网用户数与人口比重（$D_8$） | % |

注：指标数据来源于《中国旅游统计年鉴》《中国科技统计年鉴》《中国区域经济统计年鉴》《中国统计年鉴》等

## 二、指标阐述和数据来源

在旅游创新投入维度中，人力和资金要素是旅游创新的投入主体。就业规模是地区旅游创新人力投入要素的重要指标之一，本文考虑了指标的统计口径和数据短板问题，所选的旅游部门从业人数=旅行社从业人数+旅游景区从业人数，数据源于《中国旅游统计年鉴》。此外，资金投入是旅游创新的重要因素，而地区旅游高等院校是旅游知识和技术创新的关键主体，基于数据可得性，此处选取地区高校科研事业拨入经费作为评价指标，数据来源于《中国科技统计年鉴》。

在旅游创新产出维度中，本书重点考虑了旅游创新科技成果和旅游创新的经济效益两大方面。其中，相关专利申请授权数是旅游科技创新的良好表征，选取"旅游 or 游览 or 游憩 or 休闲 or 度假 or 露营 or 酒店 or 旅行社 or 导游 or 领队 or 名胜 or 景区 or 景点 or 缆车 or 索道 or 游船 or 园林"作为检索关键词，对各省区旅业相关专利进行检索，旅游专利申请授权数（$D_3$）=旅游发明专利+旅游外观专利+旅游实用新型专利，数据源于国家知识产权局网站。旅游经济效益以地区旅游总收入为表征，旅游总收入（$D_4$）＝国内旅游收入＋入境旅游收入×当年平均汇率，数据源于《中国旅游统计年鉴》和《中国区域经济统计年鉴》。

在旅游创新环境维度中，选取社会经济、消费水平、科技基础及网络设施等作为区域旅游创新短期内不可控的外部因素。社会经济是区域旅游经济发展和产业创新的基础条件，而消费水平会对旅游出游能力和收入规模产生重要影响。与此同时，科技基础和网络设施为旅游创新发展提供信息与科技保障，以上四类环境因素分别用人均地区生产总值（$D_5$）、居民消费水平（$D_6$）、国内三种专利申请授权数（$D_7$）和互联网用户数与人口比重（$D_8$）给予代表，数据源于《中国统计年鉴》和《中国科技统计年鉴》。

## 第二节　区域旅游创新发展效率的测度模型

三阶段 DEA 模型由 Fried 等人（2002）[1] 提出，是一种评价决策单元（Decision making units，DMU）效率的非参数方法。较之于传统的 DEA 模型，三阶段 DEA 模型可以将由于环境因素和随机误差而造成的效率差异进行剔除（李向东等，2014）[2]，以使得实证分析结果更加接近于真实水平。该模型包含两种效率模型、三个分析阶段。

---

① FRIED H O, LOVELL C A K, SCHMIDT S S, et al. Accounting for Environmental Effects and Statistical Noise in Data Envelopment Analysis [J]. Journal of Productivity Analysis, 2002, 17 (1/2): 157-174.

② 李向东，刘东皇，季庆庆. 基于三阶段 DEA 的中国地区高校知识生产效率研究 [J]. 生态经济, 2014, 30 (1): 74-78.

## 一、传统 DEA 效率模型

第一阶段，即采用传统的 DEA 进行效率值估计（黄莉芳、杨向阳，2015）①。传统的 DEA 模型可分为 CCR 和 BCC 两种类型（Charnes 等，1978②；Banker 等，1984③）。本研究选取 BCC 模型作为三阶段 DEA 实证分析的基础模型，该模型可以把技术效率进一步分解为纯技术效率和规模效率（王元地，陈禹，2017）④，这有助于我们判别各地区旅游创新效率是受纯技术因素还是规模因素的影响。

设有 $n$ 个决策单元 DMU，每个决策单元 DMU$_j$ 有 $m$ 种投入（以 x$_j$ 表示）和 $s$ 种产出（以 y$_j$ 表示），DEA-BCC 模型如下列公式所示：

$$\min\left[\theta - \varepsilon\left(\sum_{i=1}^{m} s_i^- + \sum_{r=1}^{s} s_r^+\right)\right] = v_d(\varepsilon)$$

$$s.\ t.\ \begin{cases} \sum_{j=1}^{n} \lambda_j x_j + s_i^- = \theta x_0 \\ \sum_{j=1}^{n} \lambda_j y_j + s_r^+ = \theta y_0 \\ \sum_{j=1}^{n} \lambda_j = 1 \\ \theta,\ \lambda_j,\ s_i^-,\ s_r^+ \geq 0 \end{cases}$$

---

① 黄莉芳，杨向阳. 中国城市旅游业的投入产出效率 [J]. 城市问题，2015（3）：54-61，74，104.

② CHARNES A, COOPER W W, RHODES E. Measuring the Efficiency of Decision Making Units [J]. European Journal of Operational Research，1978，2（16）：429-444.

③ BANKER R D, CHARNES A, COOPER W W. Some Models for Estimating Technical and Scale Inefficiencies in Data Envelopment Analysis [J]. Management Science，1984，30：1078-1092.

④ 王元地，陈禹. 区域"大众创业，万众创新"效率评价：控制环境因素后的测量 [J]. 科技进步与对策，2017，34（20）：101-107.

其中，$\theta$ 为决策单元的效率值，$s_i^-$，$s_r^+$ 为松弛变量，$\varepsilon$ 为非阿基米德无穷小量，$\sum\limits_{j=1}^{n} x_j = x_0$，$\sum\limits_{j=1}^{n} y_j = y_0$。式中，当 $\theta = 1$，且 $s_i^- = s_r^+ = 0$ 时，该决策单元为 DEA 有效，纯技术效率与规模效率也均有效；当 $\theta = 1$，且 $s_i^-$，$s_r^+ > 0$ 时，该决策单元为弱 DEA 有效，表明该决策单元接近资源配置相对最优；当 $\theta < 1$ 时，该决策单元非 DEA 有效（洪名勇、潘东阳等，2017)[1]。

### 二、SFA 随机前沿模型

第二阶段，运用 SFA 模型实现投入冗余修正。令 $s_{ij}$ 为第 $j$ 个决策单元第 $i$ 种投入变量的冗余值，假设 $s_{ij}$ 受到 $p$ 个环境变量的影响，构建 SFA 回归方程如下：

$$s_{ij} = f^j(z_j, \ \beta^j) \ + v_{ij} + \mu_{ij}$$

其中，$\beta_j$ 为待估参数，$f^j(z_j, \ \beta^j)$ 表示环境变量对冗余值的映射，映射形式为 $f^j(z_j, \ \beta_j) = z_j\beta^j$；$v_{ij} + \mu_{ij}$ 为回归的混合误差项，$v_{ij}$，$\mu_{ij}$ 独立不相关，$v_{ij} - iidN^+(0, \ \sigma_{vi})$ 反映随机误差影响，$\mu_{ij} - iidN^+(0, \ \sigma_{\mu i})$ 反映管理无效率影响。令 $\gamma = \dfrac{\sigma_{\mu i}^2}{\sigma_{vi}^2 + \sigma_{\mu i}^2}$，可知，当 $\gamma$ 趋近于 1 时，管理无效率影响占主导地位，当 $\gamma$ 趋近于 0 时，随机误差影响占主导地位（贾帅帅、王孟欣，2017)[2]。

第二阶段对投入变量冗余值的调整，目的是将所有决策单元置于相同的外部环境和统计噪声中，即要排除 $Z_{pj}$ 与 $v_{ij}$ 对决策单元的干扰。运用罗登跃（2012)[3] 应用 JLMS 方法推导出三阶段 DEA 中管理无效率估计的计算方法

---

① 洪名勇，潘东阳，吴昭洋，等. 农村减贫效率及其空间差异研究：基于 DEA-ESDA 模型的分析 [J]. 中国农业资源与区划，2017，38（11）：179-184，197.

② 贾帅帅，王孟欣. 基于三阶段 DEA 的工业企业科技创新效率研究 [J]. 科技管理研究，2017，37（16）：197-202.

③ 罗登跃. 三阶段 DEA 模型管理无效率估计注记 [J]. 统计研究，2012，29（4）：104-107.

进行计算，公式如下：

$$E(\mu_i \mid \varepsilon_i) = \frac{\lambda\sigma}{1+\lambda^2}\left[\frac{\varphi(\varepsilon_i\lambda/\sigma)}{\Phi(\varepsilon_i\lambda/\sigma)} + \frac{\varepsilon_i\lambda}{\sigma}\right]$$

其中，$\sigma^2 = \sigma_v^2 + \sigma_\mu^2$，$\varepsilon_i = v_{ij} + \mu_{ij}$，$\lambda = \sigma_\mu/\sigma_v$，$\varphi(.)$，$\Phi(.)$ 分别为标准正态分布的密度函数和分布函数。进一步得到随机误差条件估计，公式如下：

$$E(v_i \mid \varepsilon_i) = s_{ij} - f^j(z_j, \beta^j) - E(\mu_i \mid \varepsilon_i)$$

基于最有效的决策单元，以投入变量为基准，对其他决策单元投入变量进行调整，调整之后的公式为：

$$x_{ij}^* = x_{ij} + [\max\{z_j, \beta^j\} - z_j\beta^j] + [\max_j\{v_{ij}\} - v_{ij}]$$

其中，$x_{ij}^*$，$x_{ij}$ 分别为调整后与调整前的投入变量值，等式右侧第一个中括号内的含义为所有决策单元均置于最坏的环境中，等式右侧第二个中括号内表达式的含义为所有决策单元均遇到随机极端误差，调整之后可使所有决策处于共同自然状态中（相天东，2017）[①]。

第三阶段，DEA 模型测算调整投入变量后的效率值。运用 DEA-BCC 对第二阶段所得投入变量调整值与原始产出变量值进行效率测算，这时所得结果即为剥离环境因素和随机误差后的效率值（刘景，2017[②]；杨基婷，2016[③]；杨春梅、赵宝福，2014[④]）。

---

① 相天东. 我国区域碳排放效率与全要素生产率研究：基于三阶段 DEA 模型 [J]. 经济经纬，2017，34（1）：20-25.
② 刘景. 基于三阶段 DEA 的我国旅游上市公司经营效率评价研究 [D]. 绵阳：西南科技大学，2017.
③ 杨基婷. 长江经济带旅游产业效率评价研究 [D]. 合肥：安徽大学，2016.
④ 杨春梅，赵宝福. 中国著名旅游城市旅游业的效率研究 [J]. 旅游科学，2014，28（1）：65-75.

# 第三节 区域旅游创新发展效率的实证结果

我国各个省区旅游创新效率值大小如何？考虑外部环境和随机效应后，旅游创新效率的结果会发生怎样的变化？这均是区域旅游创新效率测度中所要解决的重要问题。本节即依托 DEAP 2.1 和 Frontier 4.1 软件平台，运用三阶段 DEA 效率模型，以我国各个省区旅游投入产出相关数据为依据，对其旅游创新效率大小以及环境因素所产生的影响进行实证分析。

## 一、未考虑环境因素的旅游创新效率

将我国内地 31 个省区旅游创新效率投入产出指标放入 DEAP2.1 软件中进行第一阶段 DEA-BCC 效率测评，如表 22 所示。在不考虑外在环境和随机因素影响时，我国区域旅游创新综合效率均值为 0.58，离创新效率前沿面尚有一定距离，其主要原因在于纯技术效率较低。从具体省区而言，天津、浙江、河南、四川、贵州的旅游创新综合效率值为 1，投入产出转化率达到了100%。其他省区则面临不同的创新效率提升空间，其中，西藏、宁夏、青海、甘肃等地的综合效率较低的主要原因是其较低的规模效率，所以增加对这些地区旅游资金、技术及人才等投入，是提升其旅游创新综合效率的重要途径。

表 22 第一阶段 DEA 旅游创新的发展效率值

| 地区 | 综合效率 | 纯技术效率 | 规模效率 | 地区 | 综合效率 | 纯技术效率 | 规模效率 |
|------|---------|-----------|---------|------|---------|-----------|---------|
| 北京 | 0.39 | 0.45 | 0.86 | 湖北 | 0.53 | 0.53 | 1.00 |
| 天津 | 1.00 | 1.00 | 1.00 | 湖南 | 0.54 | 0.54 | 1.00 |

| 地区 | 综合效率 | 纯技术效率 | 规模效率 | 地区 | 综合效率 | 纯技术效率 | 规模效率 |
|------|---------|-----------|---------|------|---------|-----------|---------|
| 河北 | 0.31 | 0.33 | 0.95 | 广东 | 0.62 | 0.97 | 0.64 |
| 山西 | 0.49 | 0.50 | 0.98 | 广西 | 0.42 | 0.44 | 0.96 |
| 内蒙古 | 0.56 | 0.64 | 0.86 | 海南 | 0.45 | 1.00 | 0.45 |
| 辽宁 | 0.79 | 0.94 | 0.85 | 重庆 | 0.57 | 0.61 | 0.94 |
| 吉林 | 0.57 | 0.66 | 0.86 | 四川 | 1.00 | 1.00 | 1.00 |
| 黑龙江 | 0.61 | 0.67 | 0.91 | 贵州 | 1.00 | 1.00 | 1.00 |
| 上海 | 0.60 | 0.76 | 0.79 | 云南 | 0.45 | 0.46 | 0.98 |
| 江苏 | 0.94 | 1.00 | 0.94 | 西藏 | 0.18 | 0.88 | 0.21 |
| 浙江 | 1.00 | 1.00 | 1.00 | 陕西 | 0.42 | 0.44 | 0.96 |
| 安徽 | 0.55 | 0.55 | 1.00 | 甘肃 | 0.23 | 0.56 | 0.40 |
| 福建 | 0.93 | 0.95 | 0.98 | 青海 | 0.22 | 1.00 | 0.22 |
| 江西 | 0.56 | 0.61 | 0.92 | 宁夏 | 0.21 | 1.00 | 0.21 |
| 山东 | 0.56 | 0.61 | 0.92 | 新疆 | 0.31 | 0.70 | 0.45 |
| 河南 | 1.00 | 1.00 | 1.00 | 平均 | 0.58 | 0.74 | 0.81 |

注：根据DEAP2.1软件计算处理得出

为进一步分析区域旅游创新效率的空间分布特征，本书运用等距法将其划分为高等、中高、较低、低等四大类型。第一阶段DEA旅游创新效率在我国大致呈东部高、西部低的空间分布，创新效率高等级类型的辽宁、天津、江苏、浙江、福建、河南等多数处于中东部地区，而创新效率低等级类型的西藏、青海、甘肃、宁夏均处于我国西部内陆。与此同时，区域旅游创新纯技术效率、规模效率亦会受所在环境和随机效应影响而被高估或低估，不能科学地反映实际的旅游创新效率，因此，有必要将其外部环境和随机效应加以剔除来进行分析。

### 二、环境因素对旅游创新效率的影响

以第一阶段投入变量的松弛值作为因变量，将社会经济、消费水平、科技基础、网络设施等环境因素作为自变量，利用 Frontier 4.1 软件建立 SFA 回归模型，该模型实质上是分析环境因素与各投入冗余之间的线性关系，并进一步分析了各环境因素对两种投入松弛变量的系数。当回归系数为正时，说明环境变量增大将提高投入松弛值，这意味着将降低投入要素的利用率（高云虹、李学慧，2017）[1]；反之，回归系数为负时，说明环境变量增大有利于提高投入要素的技术效率（成定平、淦苏美，2017[2]）。

由表 23 可知，$\sigma^2$、$\gamma$ 都通过了显著性检验，且 $\gamma$ 趋近于 1，这表明外部环境因素对区域旅游创新效率的影响比随机效应更为重要。在 SFA 回归方程中，多数环境变量的系数都是显著的，表明环境因素对各投入的调整影响较为显著，也说明进行第二阶段 SFA 回归分析的必要性（任毅、丁黄艳等，2016）[3]。

（1）社会经济环境。人均地区生产总值对旅游就业人数和高校科研拨入经费的投入松弛变量的回归系数均为负，且 $t$ 值均在 0.01 的水平下通过了显著性检验。这表明社会经济发展越发达的地区，地方政府和相关企业在资金充足的条件下越有能力减少旅游相关投入的浪费，进而促进区域旅游创新综合效率的提升。

（2）消费水平环境。居民消费水平对旅游就业人数和高校科研拨入经费的投入松弛变量的回归系数为正，且同样通过了显著性检验。地区旅游消费规模增长，消费水平提升，虽扩大了旅游就业人数和区域研发经费等相关投

---

① 高云虹，李学慧. 西部地区文化产业效率研究 [J]. 财经科学，2017 (2)：112-121.
② 成定平，淦苏美. 长江经济带高技术产业投入产出效率分析 [J]. 长江流域资源与环境，2017，26 (3)：325-332.
③ 任毅，丁黄艳，任雪. 长江经济带工业能源效率空间差异化特征与发展趋势：基于三阶段 DEA 模型的实证研究 [J]. 经济问题探索，2016 (3)：93-100.

入，但并未带来旅游科技和收入规模的同比产出，且在一定程度上造成了旅游投入浪费的增加。

（3）科技基础环境。国内专利申请授权数的增加有利于旅游从业人数松弛变量的减少，且 $t$ 值在 0.01 的水平下通过了显著性检验，这表明旅游发明成果转化，新型科技应用等提高了区域旅游就业人数的利用效率。但对于科研经费投入松弛变量而言，两者关系为正，但 $t$ 值未通过显著性检验，这可能是专利申请授权数受到地区科研拨入经费投入大小的反向性影响所致。

（4）网络设施环境。互联网普及率对旅游就业人数投入松弛的回归系数为正，且通过显著性检验，这表明网络基础设施虽为旅游经济发展提供便利条件，但由于从业人员科教水平和用网技能未得到同步提升，因而造成旅游就业投入冗余的增加。此外，互联网普及率与科研经费投入松弛的回归系数显著为负，这说明是网络基础设施的改善很大程度上提高了旅游科研和产出能力，从而促进了科研经费投入松弛变量的减少（沈能、宫为天，2013)①。

表 23　第二阶段 SFA 旅游创新投入松弛回归结果

| 变量 | 旅游从业人数投入松弛 | T 检验 | 高校科研拨入经费投入松弛 | T 检验 |
|---|---|---|---|---|
| 常数项 | −3.22E+04＊＊＊ | −3.22E+04 | −1.67E+05＊＊＊ | −1.67E+05 |
| 社会经济环境（人均地区生产总值） | −7.88E−01＊＊＊ | −3.43E+00 | −4.59E+00＊＊＊ | −8.56E+00 |
| 消费水平环境（居民消费水平） | 1.28E+00＊＊＊ | 8.81E+00 | 2.78E+01＊＊＊ | 1.25E+01 |

---

① 沈能，宫为天. 我国省区高校科技创新效率评价实证分析：基于三阶段 DEA 模型 [J]. 科研管理，2013，34（S1）：125-132.

| 变量 | 旅游从业人数投入松弛 | T 检验 | 高校科研拨入经费投入松弛 | T 检验 |
|---|---|---|---|---|
| 科技基础环境（国内专利申请授权数） | −8.44E−02＊＊＊ | −3.26E+00 | −9.73E−01 | −1.63E+00 |
| 网络设施环境（互联网用户普及率） | 1.35E+03＊＊＊ | 1.35E+03 | −1.35E+02＊＊＊ | −1.35E+02 |
| $\sigma^2$ | 8.96E+08 | 8.96E+08 | 1.22E+10 | 1.22E+10 |
| $\gamma$ | 1.00E+00 | 1.25E+07 | 1.00E+00 | 1.03E+05 |

注：t 值检验解释变量与被解释变量之间是否存在显著相关性，＊表示在 10%的水平下显著，＊＊表示在 5%的水平下显著，＊＊＊表示在 1%的水平下显著

### 三、剔除环境因素后的旅游创新效率

根据第二阶段 SFA 回归公式调整投入变量，再次将调整后的投入变量与原始产出变量导入 DEAP 2.1，进行代入 DEA-BCC 效率测评，即可得出控制环境变量后的我国各省区的旅游创新综合效率、纯技术效率和规模效率值，结果如表 24 所示。

### 表 24　第三阶段 DEA 旅游创新的发展效率值

| 地区 | 综合效率 | 纯技术效率 | 规模效率 | 地区 | 综合效率 | 纯技术效率 | 规模效率 |
|---|---|---|---|---|---|---|---|
| 北京 | 0.61 | 0.62 | 0.98 | 湖北 | 0.60 | 0.72 | 0.84 |
| 天津 | 0.92 | 1.00 | 0.92 | 湖南 | 0.53 | 0.78 | 0.68 |
| 河北 | 0.35 | 0.76 | 0.47 | 广东 | 0.91 | 1.00 | 0.91 |
| 山西 | 0.54 | 0.90 | 0.60 | 广西 | 0.43 | 0.83 | 0.52 |
| 内蒙古 | 0.37 | 0.92 | 0.40 | 海南 | 0.18 | 0.96 | 0.19 |

| 地区 | 综合效率 | 纯技术效率 | 规模效率 | 地区 | 综合效率 | 纯技术效率 | 规模效率 |
|------|----------|------------|----------|------|----------|------------|----------|
| 辽宁 | 1.00 | 1.00 | 1.00 | 重庆 | 0.53 | 0.87 | 0.62 |
| 吉林 | 0.49 | 0.81 | 0.60 | 四川 | 0.94 | 1.00 | 0.94 |
| 黑龙江 | 0.56 | 0.81 | 0.70 | 贵州 | 0.70 | 1.00 | 0.70 |
| 上海 | 1.00 | 1.00 | 1.00 | 云南 | 0.44 | 0.94 | 0.47 |
| 江苏 | 1.00 | 1.00 | 1.00 | 西藏 | 0.07 | 0.81 | 0.09 |
| 浙江 | 1.00 | 1.00 | 1.00 | 陕西 | 0.50 | 0.65 | 0.76 |
| 安徽 | 0.59 | 0.67 | 0.88 | 甘肃 | 0.16 | 0.89 | 0.18 |
| 福建 | 0.65 | 1.00 | 0.65 | 青海 | 0.10 | 1.00 | 0.10 |
| 江西 | 0.44 | 0.87 | 0.50 | 宁夏 | 0.07 | 1.00 | 0.07 |
| 山东 | 0.74 | 0.74 | 1.00 | 新疆 | 0.14 | 0.87 | 0.16 |
| 河南 | 0.93 | 1.00 | 0.93 | 平均 | 0.56 | 0.88 | 0.64 |

注：根据 DEAP 2.1 软件计算处理得出

对比表 22 和表 24 可知，控制环境因素和随机误差后，区域旅游创新效率出现较大变化，综合效率均值由调整前的 0.58 降低到了调整后的 0.56，同时，调整前规模效率较高而纯技术效率较低，调整之后两者关系发生了对调，这表明制约我国旅游创新综合效率提升的主要原因由之前的纯技术效率转变为了规模效率。分地区结果来看，旅游创新综合效率提升的有北京、河北、山西、辽宁、上海、江苏等 11 个省区，其中，辽宁、江苏、上海的创新效率晋升至效率前沿水平，说明剥离环境因素后，这以上地区的旅游创新效率是高效的。创新综合效率下降的有天津、内蒙古、吉林、黑龙江、福建、江西、河南等省区。规模效率的下降导致天津、四川和贵州等省区旅游创新降至效率前沿面以下，说明以上省区之前旅游创新效率较高主要得益于其较好的环境因素。

控制环境因素和随机误差后的旅游创新效率与第一阶段 DEA 相似，在我国总体呈现东高西低的空间分布，且创新低等级省区有数量增加和地域集中的趋势。旅游创新效率高等级省区两个阶段均有 8 个，其中，4 个省区达到了创新效率前沿面，而创新效率中高、较低等级省区分别从第一阶段的 11 个和 8 个减少到第三阶段的 10 个和 7 个，与此同时，海南、新疆由之前的旅游创新效率较低，降至低等级类型，这说明环境因素和随机误差对这两个省区的旅游创新效率评价具有显著影响。

## 本章小结

第一，在不控制环境因素和随机误差的情况下，我国区域旅游创新综合效率、纯技术效率和规模效率的均值分别为 0.58、0.74 和 0.81，距离创新效率前沿面存在一定差距。而在考虑环境因素和随机误差之后，三阶段 DEA 测算三项效率值分别为 0.56、0.88、0.64，较之以前，综合效率、规模效率有所降低，而纯技术效率有一定提高。

第二，外在环境因素对区域旅游创新效率具有较大影响，其中，社会经济水平、科技基础能力的提高可降低旅游就业和高校科研经费的投入冗余，从而提高旅游创新综合效率；地区居民消费水平的上升在扩大旅游就业和高校科研经费投入量的方面，加大了两种投入要素的浪费；此外，网络设施环境的改善在一定程度上对旅游就业冗余具有降低作用。

第三，区域旅游创新效率在我国呈东高西低的空间分布特征，创新效率高、中高等级省区多处于中东部地区，而创新效率低的等级类型多位于西部内陆；将环境因素和随机误差剔除后，旅游创新综合效率高的等级省区数保持不变，而低水平省区数量有所增加且有向西部集聚的趋势。

# 第八章

# 研究结论、提升策略与未来展望

　　旅游创新既是应对区域旅游经济粗放发展和结构矛盾的有效抓手，更是旅游地可持续发展的重要方向。区域旅游创新能力提升和效率发展是一个动态性、综合性、系统性的过程，不仅需要多方面切入和多元化手段的共同应用，而且需要遵循创新要素在我国空间分布差异的基础上，依据一定的挖掘路径和特有原则进行。本章即对区域旅游创新的影响要素解构、能力综合评价、区域空间差异、发展效率测度等研究结论进行总结，并依据实证结果提出区域旅游创新的能力提升与效率发展的策略。

## 第一节　本书的主要结论

### 一、旅游创新的国内外知识图谱对比

　　国内外旅游创新研究表现出较大差异性。从研究脉络和重点内容来看，国外旅游创新主要围绕着其"影响因素的不断细化"这一领域展开，同时，知识作为旅游创新的重要动力来源，一直贯穿整个研究过程。而国内旅游创新则更多地围绕"旅游创新细分类别丰富"这一路径展开，同时，与国外相

比国内研究更侧重旅游创新的案例实证。从涉及的学科和研究深度来看，国外旅游创新研究基本来自旅游、酒店、技术创新以及经济地理领域，多为针对旅游、休闲等产业的研究，具有一定期刊聚焦和研究深度。而国内旅游创新虽然受到旅游、商贸、管理、科技、农业、生态、民族、地理等多种学科的广泛关注，但研究深度有待提升。

此外，国内外旅游创新的研究作者、研究单位间的合作网络密度较低，亟须加强作者和研究单位间的相互合作。同时，国内外旅游创新的影响要素分析较为凌乱，缺少系统要素梳理和系统构建；能力评价多为单维度或区域，缺少多维全面评价和空间差异分析。因此，构建区域旅游创新 FARES 理论分析框架，对要素、能力、空间、效率、策略进行研究具有重要理论和现实意义。

## 二、区域旅游创新影响要素的层次结构

通过文献梳理、类别归纳和相关性评判，得出区域旅游创新由人才知识创新（$TK$）、科学技术创新（$ST$）、资源市场创新（$RM$）、管理体制创新（$MS$）、景区企业创新（$SE$）、创新环境绩效（$EP$）等 24 个影响要素构成。进一步通过解释结构模型分析可知，旅游创新要素系统由表、中、深三大主层，8 个细分层次构成。其中，旅游人才知识是区域旅游创新的主导因素，而促进高新技术产业发展、增加科技研发人员和专利规模是提升区域旅游创新知识产出的重要途径；自然生态环境、旅游管理机制分别是旅游创新的自然环境约束和人文关键因子；旅游管理职能转变与体制机制改革是彻底释放区域旅游创新要素活力的重要途径。

区域旅游创新涉及不同利益相关者，包含政府管理部门的科教投入、信息推广，高等院校的科学研究、知识产出，旅游企业的营利能力、市场营销、景区规模，以及旅游市场上的旅游接待规模和结构变化等，他们通过相

互影响来共同促进地区旅游经济的创新发展。

### 三、区域旅游创新能力的空间差异特征

我国区域旅游创新综合能力由沿海向内陆递减。广东、江苏基于旅游双创人才集聚、旅游市场规模扩大、资源业态开发加速，以及行政管理体制改革等，旅游综合创新能力处于第一、第二位置，其后为北京、浙江、山东和上海等地区，均处于我国东部沿海地区。而宁夏基于幅员地域狭小、旅游资源单一、经济基础落后及双创活力不足等原因，多年来均处于区域旅游创新综合能力的最后位置，亟须通过对口支援、跨区合作、文化挖掘、体制改革等方法加以提升。

旅游创新各单项能力在我国亦呈现出不同的空间分布差异。其中，人才知识创新分布由东南向西北方向递减，与我国经济发展水平和教育资源空间分布较一致；而科学技术创新能力与景区企业创新表现为东部沿海和长江沿线省区较高，西北、西南大部地区较低；管理体制创新尚无显著的分布规律。

此外，我国区域旅游创新综合能力从2004—2015年其空间差异性不断减小，旅游创新能力均衡化有利于区域间的旅游创新要素的优势互补与协调发展。与此同时，区域旅游创新综合能力的空间重心在纬度和经度上呈波动下降的态势，即总体呈现由东北向西南方向偏移的趋势。

### 四、区域旅游创新的发展效率与环境影响

在不考虑外在环境要素的情况下，我国区域旅游创新综合效率离效率前沿面尚有一定距离，其主要原因在于纯技术效率较低。控制环境因素和随机误差后，区域旅游创新综合效率有一定程度降低，同时，制约旅游创新综合效率提升的主要原因是之前的纯技术效率转变为了规模效率。此外，第一阶

段和第三阶段 DEA 实证显示,我国区域旅游创新发展效率总体上呈现东高西低的空间分布特征,创新发展效率高、中高等级省区多处于中东部地区,而创新发展效率低等级类型多位于西部内陆。

最后,外在环境因素对旅游创新发展效率有较大影响,其中,社会经济水平、科技基础能力的提高可降低就业和科研经费的投入冗余,从而提高旅游创新综合效率;地区居民消费水平上升在扩大旅游就业和高校科研经费投入量的同时,加大了两种投入要素的浪费;此外,网络设施环境改善在一定程度上对旅游就业冗余具有降低作用。

# 第二节 区域旅游创新能力与效率提升策略

如何在深入了解区域旅游创新影响因素结构、能力空间差异、创新发展效率的基础上,系统总结旅游创新发展策略不仅是理论研究的内在要务,也是旅游经济转型发展的客观要求。本节即以旅游创新实证结论为依据,提出区域旅游创新能力提升和效率发展的相关策略。

## 一、共同参与发展,多元旅游创新主体的合力推进

### (一)旅游管理创新为主导,发挥政府管理引导作用

现代化、散客化、个性化大众旅游时代的到来,促进了大旅游、大产业、大市场的形成(刘颖,2017)[1]。随着全域旅游的推进,旅游管理体制改革风潮席卷全国,各地通过建立各类旅游发展委员会解决旅游产业中"小马(管理体制)套大车(旅游大产业)"的问题。在旅游管理体制改革中,

---

① 刘颖. 旅游行政管理体制的改革与探索研究[D]. 南昌:江西财经大学,2017.

应重点建立和完善旅游管理体制机制，强化政府管理部门在管理监督审批、公共设施建设、市场秩序监管、资源规划开发、旅游投资建设、重点项目引进、节庆会展策划、产业融合发展和旅游安全管理等方面的职能。此外，还应创新旅游管理机构的设置，如在新的旅游发展委员会的框架内，设立综合协调处、公共服务处、产业促进处、文化会展处等机构。总之，在区域旅游创新过程中，政府部门应通过职能、体制、机构的改革以促进旅游行政管理方式的转变和机制完善（王鑫，2006）①。

近年来，创新受到政府部门的广泛关注，并颁布了相应鼓励性文件、规章、制度，如《国家创新驱动发展战略纲要》《国家中长期科学和技术发展规划纲要》《国务院关于促进旅游业改革发展的若干意见》等，但尚未有关于旅游产业创新的政策和意见出台。未来，各级地方管理部门应强化旅游创新政策的出台和引导，通过旅游企业创新激励、旅游人才创新培养、旅游节假日政策落实、旅游金融创新支撑、旅游科技创新支持、旅游土地供给调整、旅游财税政策创新等方式为区域旅游创新提供顶层政策引导。此外，区域旅游创新能力提高、效率发展离不开创新投入要素的增加，其中，资金是旅游发展的新鲜血液。近年来，一些旅游省份通过成立旅游投资集团，引入PPP模式，调动社会资本进入旅游融资渠道，推动了地区旅游基础设施的投产和大型旅游项目的落地生根（卢林，2015）②。

旅游规划在地区旅游业发展中发挥着重要的方向引导作用。目前，我国大部地区和城市的旅游规划均以国家出台的《旅游规划通则》为主流指导，在规划的操作层面上并不细致和系统，且存在旅游规划从编制到实施的断层

---

① 王鑫. 旅游城市旅游行政管理系统初探［D］. 成都：四川大学，2006.
② 卢林. 旅游景区管理改革创新研究［D］. 南京：南京师范大学，2015.

问题（马耀峰等，2014）①。多数地区旅游规划在于旅游创新方面仅仅停留在旅游市场营销和政策保障上，而未有关于旅游创新的地区专项规划。基于此，本书认为各地政府应在条件允许的条件下制定符合本地情况的旅游业创新发展战略纲要或专项规划，将旅游产品业态创新、科技发明创新、制度体制创新、创新能力绩效等内容加入，从而增强区域旅游创新发展的战略引导。

（二）旅游科技创新为动力，发挥旅游企业主体作用

科学技术的不断进步及其在旅游经济中的广泛应用，大大促进了我国旅游产业的可持续发展，为区域旅游经济转型升级提供重要动力。旅游科技创新需要重视新科技、新技术、新发明与旅游经济的结合度，通过科技研发、专利发明、产业推广等方式，以增强旅游产品、企业运营、市场销售等方面的科技水平。当今世界处于知识经济蓬勃发展的时代，全球旅游业发展的两大重要方向为：更具有人文与观赏性、更富科学性与知识性（徐岸峰，2010）②。在日趋激烈的全球旅游市场竞争环境中，提升区域旅游竞争力的关键即是提高科技在旅游经济中的应用程度和消化能力。

近年来，我国各省区正在加大旅游经济中各个领域的科技投入，积极推进和普及信息化、智能化服务。旅游科技创新主要表现有：一是运用高新技术和先进的设备打造精品旅游主体园区、旅游演艺产品、智慧旅游景区等，如室内滑雪场、主题公园、科技场馆等建设；二是加大旅游网络营销手段，实现现代旅游消费方式，如旅游景区利用微博、微信、直播视频等媒介进行市场推广；三是对旅游住宿设施、娱乐设施进行科技改造，满足消费者对高

---

① 马耀峰，黄毅. 旅游规划创新模式研究［J］. 陕西师范大学学报（自然科学版），2014，42（3）：78-84.
② 徐岸峰. 旅游产业科技创新及科技管理策略研究［J］. 科技管理研究，2010，30（20）：33-35.

科技产品的需求，如科技环保酒店、绿色生态餐厅、VR 技术应用等；四是完善旅游导航、标识、厕所等公共服务设施的科技化、智慧化建设，网络导航中可加入区域旅游景点和服务设施的地图标注等。由以上旅游科技创新的应用可知，当前旅游企业、景区是旅游科技创新的主要力量，未来应加强旅游景区、餐饮、住宿、娱乐、交通等相关部门的科技消化能力和应用程度，运用现代科学技术来促进旅游经济的转型与升级，从而促进旅游产业的科技发展。

（三）旅游知识创新为支撑，发挥科研机构的推动作用

随着知识经济的来临，知识转移、融合、共享和创新已经成为近年来知识管理、合作网络、知识创新等领域的重要研究问题（王彦博等，2015）[①]。知识创新是市场经济主体通过知识、信息的创造、流动、扩散、共享等，将新的知识转化成具有市场价值的产品或者服务的全部过程（Belussi 等，2000）。知识获取、选取、融合、创造、扩散和共享是知识创新过程的六大阶段（芮明杰等，2004）[②]。区域旅游创新能力的提高、效率的提高离不开创新投入要素的增加，而知识产出、流动、溢出亦是旅游创新的重要投入构成，旅游创新知识量化表征包括旅游网络信息资源、旅游科研论文著作、旅游发明科技创造等（张雯，2017）[③]。

旅游知识创新很难凭借某个体得以实现，而是需要旅游企业、科研机构、政府部门等不同的利益主体通过建立正式与非正式工作关系，来促进旅

[①] 王彦博，任慧. 知识网络与合作网络解耦作用下企业创新网络绩效研究［J］. 商业经济研究，2015（10）：100-101.

[②] 芮明杰，李鑫，任红波. 高技术企业知识创新模式研究：对野中郁次郎知识创造模型的修正与扩展［J］. 外国经济与管理，2004（5）：8-12.

[③] 张雯. 旅游学科教师的科研合作网络对知识创新绩效的影响研究［D］. 厦门：华侨大学，2017.

游知识的转移、扩散和共享，进而实现旅游知识的创新发展（Cross 等，2001①；Allen J 等，2007②；杨俊等，2009③）。高等院校、科研机构在区域旅游知识创造中扮演着重要角色，是旅游创新的重要参与者。各地政府部门应通过科研课题发布等方式引导知识的流动方向，旅游企业应通过旅游专利申请以促进旅游知识规模的扩大，高等院校应通过旅游规划咨询科研、论文专著出版等促进旅游科研产出与知识流动。

（四）资源业态创新为抓手，发挥消费升级倒逼作用

随着旅游经济和科技水平的发展，旅游业与相关产业的相互融合性加强，各地区涌现出"旅游+工业、旅游+农业、旅游+生态、旅游+文化"等多种旅游新型业态，为消费市场提供了多样的旅游产品。与此同时，随着市场规模的不断扩大，消费水平的不断升级，倒逼着旅游资源、产品、业态的创新发展以满足消费者更加个性化的消费需求。资源业态创新是区域旅游创新的重要抓手，而旅游与相关产品的融合发展是促进旅游资源业态创新的重要方向。

《"十三五"旅游业发展规划》指出，各地区要实施"旅游+"战略，扩展旅游发展新业态、新领域。一要积极促进"旅游+城镇化"融合发展，建立地区旅游基础设施、完善区域公共服务系统，在旅游经济发展成熟的地区建设大型旅游综合体、主题公园区、中央游憩区等；城市总体规划中，应注

---

① CROSS R, PRUSAK L, PARKER A, et al. Knowing What We Know: Supporting Knowledge Creation and Sharing in Social Networks ［J］. Organizational Dynamics, 2001, 30（2）：100-120.

② ALLEN J, JAMES A D, GAMLEN P. Formal Versus Informal Knowledge Networks in R&D: A Case Study Using Social Network Analysis ［J］. R&D Management, 2007, 37（3）：179-196.

③ 杨俊，张玉利，杨晓非，等. 关系强度、关系资源与新企业绩效：基于行为视角的实证研究 ［J］. 南开管理评论，2009, 12（4）：44-54.

重城市历史文化底蕴的挖掘和特色标志建筑的设计，考虑商业街区与旅游街道的合理布局；在城市道路建设过程中，积极发展森林步道、骑行公园等休闲游路线，拓展城市中的旅游休闲空间。二要大力发展"旅游+工业"之路，在哈尔滨、沈阳等老工业城市以及山西、内蒙等资源型省区，可通过发展工业遗迹利用、厂区创意改造等促进区域经济转型发展；在有条件的地区，积极发展旅游装备制造业，打造一批旅游度假、休闲户外、特色旅游商品等示范企业和制造基地；在传统工业区的转型发展中，积极利用废旧厂房设备等，发展工业创意旅游、共享旅游空间等。三要积极促进"旅游+农业"融合，发展观光、休闲、度假三农旅游，提升乡村、农业旅游中的科技应用水平，同时，着力打造大地乡村艺术景观、社区阳台农艺等旅游业态。四要实施"旅游+文化"产业融合，在发达的旅游城市、成熟的旅游景区大力发展旅游演艺产业，打造具有文化内涵和品牌效应的实景演出、舞台演艺；在少数民族地区和民俗村寨，着力挖掘民族特色、民俗文化，推动"多彩民族"文化旅游示范区的建设。五要积极促进"旅游+教育"融合，将爱国主义和革命教育作为研学旅游的重要内容，通过革命老区参观考察、红色圣地游览学习、烈士陵园缅怀纪念等形式，提升青少年学生的爱国精神和革命精神。针对知名学府、科研院所开展高校研学旅游，成立游学联盟，鼓励对研学旅游给予价格等优惠[1]。此外，还应促进"旅游+医疗""旅游+体育""旅游+商务"等产业融合，通过产品体系构建、资源潜力挖掘来促进区域旅游业的创新发展。

### 二、正视空间差异，促进旅游创新能力的区域协调

区域旅游创新综合能力、单项能力在我国并非均匀分布，而是呈现出显

---

[1] 国务院印发《"十三五"旅游业发展规划》[EB/OL]. 新华网，2016-12-26.

著的空间差异。以区域旅游综合创新能力为例，其空间分布大致呈沿海向内陆递减的格局，同时，各省区的旅游创新能力排序亦有时间变化。因此，旅游创新能力的提升需要在遵循地区旅游资源禀赋差异的基础上，从其现有创新能力出发，制定旅游创新发展策略并采取多元性措施加以解决（周成、冯学钢等，2016)①。针对旅游创新综合能力高和较高等级的广东、江苏、山东、浙江等省区，充分发挥其在经济基础、科研实力、市场规模、资源禀赋、出游能力等优势的基础上，通过改革和创新旅游管理体制机制、完善旅游地公共服务设施、挖掘区域特色文化资源等，形成旅游创新带动效应和辐射效应，通过区域间旅游合作、旅游知识溢出和旅游要素流动来促进周边地区旅游创新能力的提升（冯学钢、周成，2016)②。

区域旅游创新综合能力较低和低等级的省区广泛分布于我国中西部地区。以上地区在旅游创新能力提升和潜力挖掘过程中，要深入了解其旅游创新发展的优势条件和限制因素，如宁夏地区要克服发展地域狭小、旅游资源单一、经济基础落后的劣势情况，通过挖掘塞上风光、民族特色风情、西部美食风味等旅游资源，同时，通过跨区域旅游合作和创新知识流动来促进宁夏地区旅游创新能力的提升；新疆、西藏、青海等地应充分发挥当地特有物产、特有气候、特有地貌等旅游禀赋，开发探险旅游、民俗节庆、宗教朝圣、高原科考等旅游业态，通过资源互补、信息互通、对口援助等形式促进以上地区旅游创新和转型发展。

此外，我国区域旅游创新综合能力的不均衡指数不断下降，表明近年来各省区间加强了旅游创新要素的流动性，通过旅游人才、客源、信息、知

---

① 周成，冯学钢，唐睿. 我国反季旅游发展评价与区域差异：基于旅游供需视角［J］.经济管理，2016，38（10）：155-167.

② 冯学钢，周成. 区域反季旅游概念、特征与影响因素识别［J］. 东北师范大学学报（哲学社会科学版），2016（3）：35-41.

识、资金等要素的跨区流动和优势互补，旅游创新综合能力的空间差异有缩小趋势。未来，各省区应通过资源开发全域化、旅游市场共享化、旅游管理动态化、旅游合作跨区化、旅游安全共担化等方式，来促进我国旅游创新能力的区域协调发展。

### 三、注重环境因素，提升区域旅游创新的发展效率

区域旅游创新发展效率不仅存在东高西低的分布特征，同时，社会经济水平、科技基础能力、地区居民消费、网络设施环境等因素亦对旅游创新效率产生较大影响。本书认为，首先，针对旅游创新发展效率的空间差异，中西部地区可通过设立旅游人才和就业市场的共享平台，促进区内旅游创新投入要素的合理流动，同时，强化中西部与东部沿海地区的旅游企业技术和管理合作，实现跨区资源优势互补；东部沿海地区可充分发挥旅游知识、资本、人才等创新投入要素的优势，在保持自身旅游创新效率的同时，通过资金支援、智力援助、市场共享等方式，发挥其带动和辐射效应（贾帅帅、王孟欣，2017）①。国家层面应加强对西部地区旅游"双创"的政策支持和资金投入，形成旅游创新协调发展机制。

其次，针对区域旅游创新效率的限制因素而言，各地区需在增加旅游人力资源、知识产出和资金投入的同时，注重旅游科技创新的成果转化，广泛吸收和借鉴外来先进技术，通过旅游企业自主创新、政府科技政策引导、行业公共服务提供等措施来提升旅游产业的纯技术效率。

最后，就旅游创新效率的环境因素和随机误差而言，各地区需要通过发展区域经济、提升专利水平、改善网络条件等方式，来降低旅游就业和高校

---

① 贾帅帅，王孟欣. 基于三阶段 DEA 的工业企业科技创新效率研究 ［J］. 科技管理研究，2017，37（16）：197-202.

科研经费的投入冗余，从而提高旅游创新综合效率（李向东、刘东皇等，2014）①。此外，在地区居民消费水平提升的同时，各地区应着力提高旅游就业人员、旅游科研经费等利用水平并减少投入浪费。与此同时，各地区还应全面梳理和探索影响旅游创新效率的社会、生态、产业结构、政策保障等其他影响因素，通过改善外部环境和降低投入冗余来提升区域旅游创新的综合效率，促进旅游创新产出效率的区域协调发展。

# 第三节  现有研究的不足与展望

旅游创新研究是一项多学科交叉、多理论涉入、多视角阐述的系统性工程，涉及概念内涵、类型特征、影响要素、能力评价、发展效率等内容，且受地区经济基础、文化环境、人才状况、科学研究等因素的影响。与此同时，区域旅游创新能力提升、旅游创新效率发展亦需要一个动态的过程和较长的时期。本节在总结本书不足的基础上，对未来方向给予展望。

## 一、研究不足

首先，在分析框架搭建中，本书尚未形成较完整的研究链条。本书通过构建"要素解构—能力评价—区域差异—发展效率—提升策略"的 FARES 理论分析框架，对区域旅游创新的相关内容进行了较全面和系统的分析，以期为旅游创新做出理论贡献和研究借鉴。然而，旅游创新有着广泛的分析外延，其形成条件、影响因素、动力来源、运行机制、表现形式、能力评价、

---

① 李向东，刘东皇，季庆庆. 基于三阶段 DEA 的中国地区高校知识生产效率研究［J］. 生态经济，2014，30（1）：74-78.

区域差异、产出效率、作用后果等均可构成区域旅游创新的研究领域。本书并未充分考虑旅游创新的形成条件、运行机制及作用后果等内容，未形成完整的旅游创新研究链条。

其次，在创新能力评价中，要素指标的选取仍不够全面。本书的突出贡献即构建了基于人才知识、科学技术、资源市场、管理体制、景区企业、环境绩效等维度的区域旅游创新能力评价体系，但相关数据发布的时滞性和部分年份数据缺失，给本文实证分析带来了一定困难。虽然评价体系中部分定性指标运用了专家咨询法，但仍存在统计滞后的局限。与此同时，为将区域旅游创新能力带来更好的量化标准，指标选取中更多地考虑了数据的权威性和可得性，但这也影响到了指标体系的整体性和全面性，旅游创新针对性在一定程度有所削弱。

最后，本书空间差异研究中，缺少对旅游创新效率的实证。空间差异是区域旅游创新研究的重要构成，创新要素、能力、效率等均应成为空间差异的分析对象，通过区域差异和分布形态研究可为各地区提出旅游创新针对性策略提供依据。但基于篇幅所限和笔者精力，本书在空间差异部分着重对旅游创新能力的空间集聚性、重心偏移轨迹进行了实证分析，而缺少对旅游创新发展效率的空间量化研究。


**二、未来展望**

第一，旅游创新能力、发展效率指标体系可进一步完善。旅游创新能力评价体系应该是综合性的、多维度的，量化方法和评价手段也应是多样化的。未来，在区域旅游创新能力的评价方面，可采用数据挖掘、内容分析、扎根理论等方法解决指标数据的缺失问题。此外，在旅游创新能力体系的构建中，可从创新环境—支撑条件—创新绩效，创新条件—创新潜力—创新能力等维度构建区别于本书的旅游创新能力体系。最后，在创新效率评价指标体系中，可添入旅游创新人才和资金等投入要素，发明成果和经济效应等产出要素，以丰富和完善旅游创新的效率测度体系，此外，可考虑加入社会、经济、科技、教育、文化、生态等外部环境指标，分析其他外部环境对旅游创新效率的影响。

第二，研究案例应进一步聚焦，研究地域可进一步细化。区域旅游创新不同于旅行社、酒店、景区、公园等企业创新，而是涉及某一地区内社区居民、企业公司、消费市场、政府部门等创新主体，以及创新要素、创新能力、产出效率等内容的区域创新系统。本书着眼于中观地域层面，以我国31个省区为研究单元，进行要素解构、能力评价与效率测度研究。未来，应进一步细化旅游创新的研究地区，如城市圈旅游创新、城市内部旅游创新等。此外，在构建多维度旅游创新能力评价体系的基础上，本书对旅游科技创新、业态创新、知识创新等领域的案例进行聚焦，从而拓展和深化了旅游创新研究的应用范围和分析深度。

第三，进一步探索区域旅游创新的动力来源、运行机制。本书在旅游创新要素解构和系统重建的基础上，对旅游创新的能力、效率等进行实证分析，但尚未对旅游创新的形成机制、类型归属等进行深入研究，动力来源方面也仅停留在简单阐述层面。创新能力和发展效率是旅游创新的外在表现，而动力来源和形成机制是其内在核心。因此，未来应在完善旅游创新能力评价体系、聚焦旅游创新运用案例的同时，强化旅游创新运行机制、动力来源等方面的研究，进而形成较完整的旅游创新研究框架与分析链条。

# 参考文献

［1］ALLEN J, JAMES A D, GAMLEN P. Formal Versus Informal Knowledge Networks in R&D: A Case Study Using Social Network Analysis ［J］. R&D Management, 2007, 37 (3): 179-196.

［2］ANDERSSON M, KARLSSON C. Regional Innovation Systems in Small & Medium-Sized Regions: A Critical Review & Assessment ［A］. JIBS Working Paper Series, 2002: 2.

［3］ASHEIM B T, ISAKSEN A. Regional Innovation Systems: The Integration of Local Sticky and Global Ubiquitous Knowledge. The Journal of Technology Transfer, 2002, 27 (1): 77-86.

［4］AUTIO E. Evaluation of RTD in Regional Systems of Innovation ［J］. European Planning Studies, 1998, 6 (2): 131-140.

［5］AYAZLAR R A. Dynamic Packaging Applications in Travel Agencies ［J］. Social and Behavioral Sciences, 2014, 131: 326-331.

［6］BAIDAL J, SÁNCHEZ I R, REBOLLO J F V. The Evolution of Mass Tourism Destinations: New Approaches beyond Deterministic Models in Benidorm (Spain) ［J］. Tourism Management, 2013 (34): 184-195.

[7] BANKER R D, CHARNES A, COOPER W W. Some Models for Estimating Technical and Scale Inefficiencies in Data Envelopment Analysis [J]. Management Science, 1984, 30: 1078-1092.

[8] BERGIN - SEERS S, BREEN J, FREW E. The Determinants and Barriers Affecting Innovation Management in SMTES in the Tourist Park Sector [J]. Tourism Recreation Research, 2008, 33 (3): 245-253.

[9] BOOYENS I, ROGERSON C M. Responsible Tourism in the Western Cape, South Africa: An Innovation Perspective [J]. Tourism, 2016, 64 (4): 385-396.

[10] BOOYENS I, ROGERSON C M. Unpacking the Geography of Tourism Innovation in Western Cape Province, South Africa [J]. Bulletin of Geography-Socio-Economic Series, 2016, 31 (31): 19-36.

[11] BUHALIS D. The Tourism Phenomenon: The New Tourist and Consumer [M] // WAHAB C, COOPER C. Tourism in the Age of Globalization. London: Routledge, 2000: 69-96.

[12] CAMISON C, MONFORT-MIR V M. Measuring Innovation in Tourism from the Schumpeterian and the Dynamic-Capabilities Perspectives [J]. Tourism Management, 2012, 33 (4): 776-789.

[13] CAVLEK N, MATECIC I, HODAK D F. Drivers of Innovations in Tourism: Some Theoretical and Practical Aspects [J]. Acta turistica, 2010, 22 (2): 201-220.

[14] CHARNES A, COOPER W W, RHODES E. Measuring the Efficiency of Decision Making Units [J]. European Journal of Operational Research, 1978, 2 (16): 429-444.

［15］ CHEN C M. Cite Space Ⅱ: Detecting and Visualizing Emerging Trends and Transient Patterns in Scientific Literature ［J］. Journal of the American Society for Information Science and Technology, 2006, 57 (3): 359-377.

［16］ CHENG S, CHO V. An Integrated Model of Employees' Behavioral Intention toward Innovative Information and Communication Technologies in Travel Agencies ［J］. Journal of Hospitality & Tourism Research, 2011, 35 (4): 488-510.

［17］ CHOU S F, HORNG J S, LIU C H, et al. Expert Concepts of Sustainable Service Innovation in Restaurants in Taiwan ［J］. Sustainability, 2016, 8 (8): 739.

［18］ COOKE P. Regional Innovation System: An Evaluation of Six European Cases ［C］ //GETIMIS P, KAFKALAS G. Urban and Regional Development in New Europe. Athens: Topos, 1993: 133-154.

［19］ COOKE P. Regional Innovation Systems, Clusters and the Knowledge Economy ［J］. Industrial and Corporate Change, 2001, 10 (3): 945-975.

［20］ COOPER C. Knowledge Management and Tourism ［J］. Annals of Tourism Research, 2006, 33 (1): 47-64.

［21］ CROSS R, PRUSAK L, PARKER A, et al. Knowing What We Know: Supporting Knowledge Creation and Sharing in Social Networks ［J］. Organizational Dynamics, 2001, 30 (2): 100-120.

［22］ CRUZ A D, MARTINEZ E E V, HINCAPIE J M M, et al. Innovation in Tourism Companies, Where Are They and Where Are They Going? An Approach to the State of Knowledge ［J］. Intangible Capital, 2016, 12 (4): 1088-1121.

［23］ DECELLE X. A Dynamiac Conceptual Approach to Innovation in Tourism ［C］. Innovation and Growth in Tourism. Paris: OECD Publishing, 2006:

85-106.

[24] DIZA-BALTEIRO L, HERRUZO C, MARTINEZ M, et al. An Analysis of Productive Efficiency and Innovation Activity Using DEA: an Application to Spain's Wood-Based Industry [J]. Policy and Economic, 2006, 8 (7): 762 -773.

[25] DODGSON M, ROTHWELL R. 创新聚集: 产业创新手册 [M]. 陈劲, 等, 译. 北京: 清华大学出版社, 2000.

[26] DRUCKER P F. Social Innovation Management's New Dimension [J]. Long Range Planning, 1987, 20 (6): 29-34.

[27] FARREL M J. The Measurement of Productive Efficiency [J]. Journal of Royal Statistical Society, 1957, 120 (30): 253-281.

[28] FARSANI N T, SADEGHI R, SHAFIEI Z, et al. Measurement of Satisfaction with ICT Services Implementation and Innovation in Restaurants (Case Study: Isfahan, Iran) [J]. Journal of Travel & Tourism Marketing, 2016, 33 (2): 250-262.

[29] FAVRE-BONTE V, GARDET E, THEVENARD-PUTHOD C. Inter-Organizational Network Configurations for Ski Areas Innovations [J]. European Journal of Innovation Management, 2016, 19 (1): 90-110.

[30] FERNANDEZ J I P, CALA A S, DOMECQ C F. Critical External Factors Behind Hotels' Investments in Innovation and Technology in Emerging Urban Destinations [J]. Tourism Economics, 2011, 17 (2): 339-357.

[31] FOROUGHI A, BUANG N A, SENIK Z C, et al. The Role of Open Service Innovation in Enhancing Business Performance: The Moderating Effects of Competitive Intensity [J]. Current Science, 2015, 109 (4): 691-698.

[32] FREEMAN C. The Nature of Innovation and the Evolution of the Productive System. In OECD (eds.). Technology and productivity-the challenge for economic policy [M]. Paris: OECD, 1991.

[33] FRIED H O, LOVELL C A K, SCHMIDT S S, et al. Accounting for Environmental Effects and Statistical Noise in Data Envelopment Analysis [J]. Journal of Productivity Analysis, 2002, 17 (1/2): 157-174.

[34] HALL C M, WILLIAMS A M. Tourism and Innovation [M]. London: Routledge, 2008.

[35] Hall C M. Innovation and Tourism Policy in Australia and New Zealand: Never the Twain Shall Meet? [J]. Journal of Policy Research in Tourism Leisure and Events, 2009, 1 (1): 2-18.

[36] HJALAGER A M. A Review of Innovation Research in Tourism [J]. Tourism Management, 2010, 31 (1): 1-12.

[37] HJALAGER A M. Innovation Patterns in Sustainable Tourism - An Analytical Typology [J]. Tourism Management, 1997, 18 (1): 35-41.

[38] HJALAGER A M. Repairing Innovation Defectiveness in Tourism [J]. Tourism Management, 2002, 23 (5): 465-474.

[39] HOLT K. The Role of the User in Product Innovation [J]. Technovation, 1988, 7 (3): 249-258.

[40] HUARNG K H, YU T H K, LAI W. Innovation and Diffusion of High-Tech Products, Services, and Systems [J]. Journal of Business Research, 2015, 68 (11): 2223-2226.

[41] JACOB M, FLORIDO C, AGUILO E. Research Note: Environmental Innovation as a Competitiveness Factor in the Balearic Islands [J]. Tourism Eco-

nomics, 2010, 16 (3): 755-764.

［42］JACOB M, TINTORE J, AGUILO E, et al. Innovation in the Tourism Sector: Results from a Pilot Study in the Balearic Islands ［J］. Tourism Economics, 2003, 9 (3): 279.

［43］JACOB M, TINTORÉ J, AGUILÓ E, et al. Innovation in the Tourism Sector: Results from a Pilot Study in the Balearic Islands ［J］. Tourism Economics, 2003, 9 (3): 279-295.

［44］JAMAL T B, GETZ D. Collaboration Theory and Community Tourism Planning ［J］. Annals of Tourism Research, 1995, 22 (1): 186-204.

［45］JAMHAWI M M, HAJAHJAH Z A. It–Innovation and Technologies Transfer To Heritage Sites: the Case of Madaba, Jordan ［J］. Mediterranean Archaeology & Archaeometry, 2016, 16 (2): 41-46.

［46］JIMENEZ-ZARCO A I, MARTINEZ-RUIZ M P, IZQUIERDO-YUSTA A. Key Service Innovation Drivers in the Tourism Sector: Empirical Evidence and Managerial Implications ［J］. Service Business, 2011, 5 (4): 339-360.

［47］KEOGH B. Public Participation in Community Tourism Planning ［J］. Annals of Tourism Research, 1990, 17 (3): 449-465.

［48］LEE C, HALLAK R, SARDESHMUKH S R. Innovation, Entrepreneurship, and Restaurant Performance: A Higher-Order Structural Model ［J］. Tourism Management, 2016, 53: 215-228.

［49］LEE J, MO J. Analysis of Technological Innovation and Environmental Performance Improvement in Aviation Sector ［J］. International Journal of Environmental Research and Public Health, 2011, 8 (9): 3777-3795.

［50］LERNER M, HABER S. Performance Factors of Small Tourism

Venture: the Interface of Tourism, Entrepreneurship and the Environment [J]. Journal of Business Venturing, 2000, 16 (1): 77-100.

[51] LIN L. The Impact of Service Innovation on Firm Performance [J]. Service Industries Journal, 2013, 33 (15/16): 1599-1632.

[52] MARSH N R, HENSHALL B D. Planning Better Tourism: The Strategic Importance of Tourist - Residence Expectations and Interactions [J]. Tourism Recreation Research, 1987, 12 (2): 47-54.

[53] MARTINEZ-ROS E, ORFILA-SINTES F. Training Plans, Manager's Characteristics and Innovation in the Accommodation Industry [J]. International Journal of Hospitality Management, 2012, 31 (3): 686.

[54] MAVRIDIS D G. The Intellectual Capital Performance of the Japanese Banking Sector [J]. Journal of Intellectual Capital, 2004 (1): 92-115.

[55] NORTH D C. The Rise of the Western World: A New Economic History [M]. Cambridge University Press, 1973.

[56] NOVELLI M, SCHMITZ B, SPENCER T. Networks, Clusters and Innovation in Tourism: A UK Experience [J]. Tourism Management, 2006, 27 (6): 1141-1152.

[57] NYBAKK E, HANSEN E. Entrepreneurial Attitude, Innovation and Performance among Norwegian Nature - Based Tourism Enterprises [J]. Forest Policy and Economics, 2008, 10 (7-8): 473-479.

[58] OECD. Innovation and Knowledge - Intensive Service Activities (3nd ed) [M]. Paris: OECD, 2006: 7-13.

[59] OKTADIANA F A. Impact of Innovation Drivers and Types on the Success of Tourism Destination: Findings From Indonesia [C]. Macao, China: the

3rd International Conference on Destination Branding and Marketing, 2009.

[60] ORFILA-SINTES F, CRESPI-CLADERA R, MARTINEZ-ROS E. Innovation Activity in the Hotel Industry: Evidence From Balearic Islands [J]. Tourism Management, 2005, 26 (6): 851-865.

[61] ORFILA-SINTES F, MATTSSON J. Innovation Behavior in the Hotel Industry [J]. Omega – International Journal of Management Science, 2009, 37 (2): 380-394.

[62] OTTENBACHER M, GNOTH J. How to Develop Successful Hospitality Innovation [J]. Cornell Hotel and Restaurant Administration Quarterly, 2005, 46 (2): 205-222.

[63] PADMORE T, GIBSON H. Modeling Systems of Innovation Ⅱ. A Frame work for Industrial Cluster Analysis in Regions [J]. Research Policy, 1998, (26): 625-641.

[64] PAGET E, DIMANCHE F, MOUNET J P. A Tourism Innovation Case: An Actor-Network Approach [J]. Annals of Tourism Research, 2010, 37 (3): 828-847.

[65] PAI C K, XIA M L, WANG T W. A Comparison of the Official Tourism Website of Five East Tourism Destinations [J]. Information Technology & Tourism, 2014, 14 (2): 97-117.

[66] PEREZ A S, BORRAS B C, BELDA P R. Technology Externalities in the Tourism Industry. In Innovation and product development in Tourism [M]. Berlin: Erich Schimidt Verlag, 2006: 39-55.

[67] PIKKEMAAT B, PETERS M. Towards the Measurement of Innovation: Pilot Study in the Small and Medium Sized Hotel Industry [J]. Journal of Quality

Assurance in Hospitality & Tourism, 2005, 6 (3/4): 89-112.

[68] PINTO H, CRUZ A R, COMBE C. Cooperation and the Emergence of Maritime Clusters in the Atlantic: Analysis and Implications of Innovation and Human Capital for Blue Growth [J]. Marine Policy, 2015, 57: 167-177.

[69] PLAZA B, GALVEZ-GALVEZ C, GONZALEZ-FLORES A. Orchestrating Innovation Networks in e-Tourism: A Case Study [J]. African Journal of Business Management, 2011, 5 (2): 464-480.

[70] QUATRARO F. Diffusion of Regional Innovation Capabilities: Evidence from Italian Patent Data [J]. Regional Studies, 2009, 43 (10): 1333-1348.

[71] RADOSEVIC S. Regional Innovation Systems in Central and Eastern Europe: Determinants, Organizers and Alignment [J]. Journal of Technology Transfer, 2002 (27): 87-96.

[72] ROBSON J, ROBSON I. From Shareholders to Stakeholders: Critical Issues for Tourism Marketers [J]. Tourism Management, 1996, 17 (7): 533-540.

[73] ROMEIRO P, COSTA C. The Potential of Management Networks in the Innovation and Competitiveness of Rural Tourism: A Case Study on the Valle Del Jerte (Spain) [J]. Current Issues in Tourism, 2010, 13 (1): 75-91.

[74] ROUSSEAU S, ROUSSEAU R. Data Envelopment Analysis as a Tool for Constructing Scientometric Indicators [J]. Scientometrics, 1997, 40 (1): 45-56.

[75] RYAN C. Equity, Management, Power Sharing and Sustainability: Issues of the "New Tourism" [J]. Tourism Management, 2002 (1): 17-26.

[76] SCHIUMA G, LERRO A. Knowledge - based Capital in Building Regional Innovation Capacity [J]. Journal of Knowledge Management, 2008, 12

(5): 121-136.

[77] SHAW G, WILLIAMS A M. Critical Issue in Tourism. A Geographical Perspective [M]. Oxford: Blackwell Publishing, 1994.

[78] SHAW G, WILLIAMS A M. Knowledge Transfer and Management in Tourism Organizations: An Emerging Research Agenda [J]. Tourism Management, 2009, 30 (3): 325-335.

[79] SOUTO J E. Business Model Innovation and Business Concept Innovation as the Context of Incremental Innovation and Radical Innovation [J]. Tourism Management, 2015, 51: 142-155.

[80] STAMBOULIS Y, SKAYANNIS P. Innovation Strategies and Technology for Experience-Based Tourism [J]. Tourism Management, 2003, 24 (1): 35-43.

[81] SUNDBO J, GALLOUJ F. Innovation in Services: SI4S Project synthesis Work 3/4 [R]. The European Commission, 1998.

[82] SUNDBO J, ORFILA-SINTES F, SOENSEN F. The Innovative Behaviour of Tourism Firms-Comparative Studies of Denmark and Spain [J]. Research Policy, 2007, 36 (1): 88-106.

[83] TRIBE J. The Indiscipline of Tourism [J]. Annals of Tourism Research, 1997, 24 (3): 638-657.

[84] TRIGO A, VENCE X. Scope and Patterns of Innovation Cooperation in Spanish Service Enterprises [J]. Research Policy, 2012, 41 (3): 602-613.

[85] TUGORES M, GARCIA D. The Impact of Innovation on Firms' Performance: An Analysis of the Hotel Sector in Majorca [J]. Tourism Economics, 2015, 21 (1): 121-140.

[86] TURA T, HARMAAKORPI V. Social Capital in Building Regional In-

novative Capability [J]. Regional Studies, 2005, 39 (8): 1111-1125.

[87] VOLO S. A Consumer Based Measurement of Tourism Innovation [J]. Quality Assurance in Hospitality & Tourism, 2006, 6 (3/4): 73-87.

[88] WANG E C. R&D Efficiency and Economic Performance: A Cross - Country Analysis Using the Stochastic Frontier Approach [J]. Journal of Policy Modeling, 2003, 29 (2): 345-360.

[89] WEIDENFELD A, WILLIAMS A M, BUTLER R W. Knowledge Transfer and Innovation among Attractions [J]. Annals of Tourism Research, 2010, 37 (3): 604-626.

[90] WEIDENFELD A. Tourism and Cross Border Regional Innovation Systems [J]. Annals of Tourism Research, 2013, 42, 191-213.

[91] WEIERMAIR K, MATHIES C. The Tourism and Leisure Industry: Shaping the future [M]. Binghamton, NY: The Haworth Press, 2004.

[92] WEIERMAIR K. Product Improvement or Innovation: What is the Key to Success in Tourism [C]. Innovation and Growth in Tourism. Paris: OECD Publishing, 2004: 53-69.

[93] WEIERMAIR K. Prospects for Innovation in Tourism: Analyzing the Innovation Potential Throughout the Tourism Value Chain [J]. Quality Assurance in Hospitality & Tourism, 2005, 6 (3/4): 59-72.

[94] WILLIAMS A M, SHAW G. Internationalization and Innovation in Tourism [J]. Annals ofTourism Research, 2011, 38 (1): 27-51.

[95] ZACH F. Partners and Innovation in American Destination Marketing Organizations [J]. Journal of Travel Research, 2012, 51 (4): 412-425.

[96] 白俊红. 中国区域创新效率的测度与实证研究 [M]. 南京: 南京师

范大学出版社，2016.

[97] 白敏怡.基于共同前沿函数法的中国区域创新体系效率的评估[J].上海管理科学，2007（3）：4-9.

[98] 蔡红，李云鹏.工商管理学院建制下的旅游高等教育模式创新[J].旅游学刊，2008（1）：8-10.

[99] 常颖.旅游品牌创新能力和产业综合实力的耦合分析[D].南京：南京师范大学，2013.

[100] 陈金华，秦耀辰.论武夷山旅游线路的创新[J].福建林业科技，2006（2）：197-200.

[101] 陈劲.中国创新发展报告2015[M].北京：社会科学文献出版社，2016.

[102] 陈劲.中国创新发展报告2016[M].北京：社会科学文献出版社，2017.

[103] 陈文专.传统风景名胜区旅游产品创新开发研究[D].长沙：湖南师范大学，2010.

[104] 陈昕.试论旅游产业竞争力的科技方法创新：以云南为例[J].云南大学学报（社会科学版），2013，12（4）：101-105，112.

[105] 陈音律.温州中小旅行社服务创新能力研究[D].桂林：广西师范大学，2015.

[106] 陈悦，刘则渊.悄然兴起的科学知识图谱[J].科学学研究，2005（2）：149-154.

[107] 陈志鹏，叶继红，郭建，等.基于ISM的海上船舶通航安全影响因素分析[J].中国水运，2017（4）：22-23.

[108] 成定平，淦苏美.长江经济带高技术产业投入产出效率分析[J].

长江流域资源与环境, 2017, 26 (3): 325-332.

[109] 邓洪波, 陆林. 基于 DEA 模型的安徽省城市旅游效率研究 [J]. 自然资源学报, 2014, 29 (2): 313-323.

[110] 董观志, 刘芳. CEPA 背景下粤港澳旅游合作创新战略研究 [J]. 特区经济, 2004 (8): 36-37.

[111] 董观志. 旅游管理 3M 教学法的创新与实践 [J]. 旅游学刊, 2003 (S1): 42-45.

[112] 董观志. 粤港澳大旅游区发展模式创新研究 [J]. 旅游学刊, 2004 (4): 49-52.

[113] 董茂峰. 中部六省区域创新效率及影响因素研究 [D]. 太原: 中北大学, 2017.

[114] 董巧红. 五台山景区管理体制创新研究 [D]. 太原: 山西大学, 2014.

[115] 樊杰, 陶岸君, 吕晨. 中国经济与人口重心的耦合态势及其对区域发展的影响 [J]. 地理科学进展, 2010, 29 (1): 87-95.

[116] 范柏乃, 陈玉龙, 段忠贤. 区域创新能力研究述评 [J]. 自然辩证法通讯, 2015, 37 (5): 95-102.

[117] 方法林. 长江经济带旅游经济差异时空格局演化及其成因分析 [J]. 南京师范大学学报 (自然科学版), 2016, 39 (1): 124-131.

[118] 方澜. 论旅游产品创新开发的主要途径 [J]. 企业经济, 2010 (3): 137-139.

[119] 方琰, 卞显红. 长江三角洲旅游资源地区差异对旅游经济的影响研究 [J]. 旅游论坛, 2015, 8 (1): 53-60.

[120] 冯学钢, 杨勇, 于秋阳. 中国旅游产业潜力和竞争力研究 [M].

上海：上海交通大学出版社，2012.

[121] 冯学钢，周成. 区域反季旅游概念、特征与影响因素识别 [J]. 东北师范大学学报（哲学社会科学版），2016（3）：35-41.

[122] 冯之浚. 国家创新系统研究纲要 [M]. 济南：山东教育出版社，2000.

[123] 傅玮. 对省级旅游管理体制改革的调研与思考 [N]. 中国旅游报，2017-10-17（3）.

[124] 高欢. 儒家人文精神与团队领导力影响要素研究 [D]. 济南：济南大学，2015.

[125] 高云虹，李学慧. 西部地区文化产业效率研究 [J]. 财经科学，2017（2）：112-121.

[126] 顾新. 区域创新系统论 [M]. 成都：四川大学出版社，2005.

[127] 官建成，刘顺忠. 区域创新系统测度的研究框架和内容 [J]. 中国科技论坛，2003（2）：24-26.

[128] 郭峦. 国内外旅游创新研究综述 [J]. 创新，2012，6（2）：47-51，127.

[129] 郭峦. 旅游创新的概念、特征和类型 [J]. 商业研究，2011（12）：181-186.

[130] 国家创新体系建设战略研究组. 2010 国家创新体系发展报告：创新型城市建设 [M]. 北京：科学出版社，2011.

[131] 韩国圣，李辉，LEW A. 成长型旅游目的星级饭店经营效率空间分布特征及影响因素：基于 DEA 与 Tobit 模型的实证分析 [J]. 旅游科学，2015，29（5）：51-64.

[132] 何建民. 基于战略管理理论与国际经验的我国旅游高等教育发展

定位与创新 [J]. 旅游学刊, 2008 (2)：6-7.

[133] 何秀芝. 我国社会保障水平的区域差异、影响因素与政策优化路径 [D]. 南京：南京大学, 2015.

[134] 亨利·埃茨科威兹. 国家创新模式：大学、产业、政府"三螺旋"创新战略 [M]. 周春彦, 译. 北京：东方出版社, 2014.

[135] 洪名勇, 潘东阳, 吴昭洋, 等. 农村减贫效率及其空间差异研究：基于 DEA-ESDA 模型的分析 [J]. 中国农业资源与区划, 2017, 38 (11)：179-184, 197.

[136] 侯兵, 黄震方, 徐海军. 外部性视角的城市旅游公共管理体制变革与创新 [J]. 商业经济与管理, 2009 (6)：74-81.

[137] 侯剑华, 胡志刚. Cite Space 软件应用研究的回顾与展望 [J]. 现代情报, 2013 (4)：99-103.

[138] 胡宝民. 河北省区域创新系统研究 [M]. 石家庄：河北科学技术出版社, 2006.

[139] 胡举华. 上海都市旅游产品创新研究 [D]. 上海：华东师范大学, 2008.

[140] 胡明铭. 区域创新系统：评价、发展模式与政策 [M]. 长沙：湖南大学出版社, 2008.

[141] 胡明铭. 区域创新系统理论与建设研究综述 [J]. 外国经济与管理, 2004 (9)：45-49.

[142] 胡明铭. 区域创新系统评价及发展模式与政策研究 [D]. 长沙：中南大学, 2006.

[143] 胡艳君, 莫桂青. 区域经济差异理论综述 [J]. 生产力研究, 2008 (5)：137-139, 143.

［144］胡宇橙，钱亚妍.CRM 对旅游企业市场营销创新的借鉴及推动分析［J］.企业活力，2007（10）：36-37.

［145］胡志坚，苏靖.区域创新系统理论的提出与发展［J］.中国科技论坛，1999（6）：21-24.

［146］宦震丹，王艳平.企业家精神视角下的工业遗产旅游情景［J］.廊坊师范学院学报（自然科学版），2014，14（4）：80-83.

［147］黄和平.我国旅游季节性的区域差异与开发策略研究［D］.上海：华东师范大学，2016.

［148］黄莉芳，杨向阳.中国城市旅游业的投入产出效率［J］.城市问题，2015（3）：54-61，74，104.

［149］黄鲁成.关于区域创新系统研究内容的探讨［J］.科研管理，2000，21（2）：43-48.

［150］黄泰，席建超，葛全胜.高铁影响下城市群旅游空间的竞争格局分异［J］.经济地理，2017，37（8）：182-191.

［151］黄小葵，王萌萌，张启峰.基于技术变革的内蒙古旅游产业发展与营销模式创新研究［J］.科学管理研究，2013，31（3）：86-89.

［152］黄晓颖.基于三螺旋理论的区域创新模式的研究［D］.大连：大连理工大学，2013.

［153］纪宝成，赵彦云.中国走向创新型国家的要素：来自创新指数的依据［M］.北京：中国人民大学出版社，2008.

［154］贾帅帅，王孟欣.基于三阶段 DEA 的工业企业科技创新效率研究［J］.科技管理研究，2017，37（16）：197-202.

［155］贾玉成.风景区旅游线路的创新设计［J］.改革与战略，2004（10）：54-57.

[156] 江金波，刘华丰，严敏.旅游产业结构及其转型升级的科技创新路径研究：以广东省为例 [J].重庆大学学报（社会科学版），2014（4）：16-24.

[157] 江珂.旅游业创新能力测评的指标体系构建及其应用研究 [D].广州：华南理工大学，2012.

[158] 姜辽，苏勤，杜宗斌.21世纪以来旅游社会文化影响研究的回顾与反思 [J].旅游学刊，2013，28（12）：24-33.

[159] 蒋亚珍.区域旅游创新能力评价研究 [D].南宁：广西大学，2015.

[160] 金春雨，王伟强.环境约束下中国旅游业动态效率的测算与分析：基于三阶段 Malmquist 指数模型的实证分析 [J].技术经济，2014，33（12）：46-53.

[161] 金一，郭建科，韩增林，等.环渤海地区港口体系与其城市经济的偏移增长及重心耦合态势研究 [J].地理与地理信息科学，2017，33（1）：117-123.

[162] 李爱玲，姜海鹏.基于 ISM 模型的高速公路投资控制分析 [J].工程经济，2017，27（8）：15-18.

[163] 李安方.社会资本与区域创新 [M].上海：上海财经大学出版社，2009.

[164] 李冠颖，武邦涛.上海旅游业创新能力影响因素评价模型研究 [J].河北工业科技，2013（4）：223-226，232.

[165] 李冠颖.旅游业创新能力影响因素评价指标体系构建研究 [D].上海：上海交通大学，2013.

[166] 李航星.区域经济差异分析理论的发展对西部大开发的启示 [J].

经济体制改革，2003（5）：151-154.

[167] 李嘉.大巴山苍溪红军渡旅游区红色旅游产品创新开发研究 ［D］.成都：成都理工大学，2006.

[168] 李璐汐.高校旅游管理专业学生创新能力培养研究 ［D］.大连：辽宁师范大学，2014.

[169] 李瑞，郭娟，马子笑，等.我国滨海地区入境旅游市场结构特征分析 ［J］.经济地理，2013，33（12）：202-207.

[170] 李向东，刘东皇，季庆庆.基于三阶段 DEA 的中国地区高校知识生产效率研究 ［J］.生态经济，2014，30（1）：74-78.

[171] 李小菊，李豫新.我国区域经济差异研究的理论与实践评述 ［J］.新疆农垦经济，2006（2）：48-53

[172] 李瑶亭.城市旅游产业发展研究 ［D］.上海：华东师范大学，2013.

[173] 李宜聪，张捷，刘泽华，等.自然灾害型危机事件后国内旅游客源市场恢复研究：以九寨沟景区为例 ［J］.旅游学刊，2016，31（6）：104-112.

[174] 李裕伟.多边形法矿产储量估计 ［J］.地质与勘探，2013，49（4）：630-633.

[175] 李允强.文化旅游产业创新体系评价指标研究 ［D］.济南：山东大学，2010.

[176] 李在军，管卫华，蒲英霞，等.山东省旅游经济的时空演变格局探究 ［J］.经济地理，2013，33（7）：176-181.

[177] 李正欢，郑向敏.国外旅游研究领域利益相关者的研究综述 ［J］.旅游学刊，2006（10）：85-91.

[178] 李志刚. 内蒙古科技人力资本创新效率研究 [D]. 北京: 北京科技大学, 2016.

[179] 梁明珠, 易婷婷, LI B. 基于 DEA-MI 模型的城市旅游效率演进模式研究 [J]. 旅游学刊, 2013, 28 (5): 53-62.

[180] 廖月兰. 浙江省入境旅游市场需求研究 [D]. 杭州: 浙江大学, 2008.

[181] 林德明, 刘则渊. 国际地震预测预报研究现状的文献计量分析 [J]. 中国软科学, 2009 (6): 62-70.

[182] 林龙飞, 凌世华. 新马泰旅华市场时空分布研究 [J]. 广西社会科学, 2016 (8): 67-73.

[183] 林炜铃, 邹永广, 郑向敏. 旅游安全网络关注度区域差异研究: 基于中国 31 个省市区旅游安全的百度指数 [J]. 人文地理, 2014, 29 (6): 154-160.

[184] 林玉虾, 林璧属. 世界遗产的旅游效应及其对遗产保护的影响: 来自中国旅游人数和旅游收入的经验证据 [J]. 经济管理, 2017, 39 (9): 133-148.

[185] 刘春济, 冯学钢. 入境旅游发展与我国经济增长的关系 [J]. 经济管理, 2014, 36 (2): 125-135.

[186] 刘凤虎, 杨斌胜, 张辉. 基于 SWOT-AHP 模型的民族传统体育文化产业发展战略研究 [J]. 北京体育大学学报, 2016, 39 (8): 26-32.

[187] 刘华丰. 旅游企业内部社会资本对服务创新绩效的影响研究 [D]. 广州: 华南理工大学, 2013.

[188] 刘际平. 河南省嵩山少林寺景区文化旅游产品创新开发研究 [D]. 南宁: 广西大学, 2013.

[189] 刘景.基于三阶段 DEA 的我国旅游上市公司经营效率评价研究 [D].绵阳：西南科技大学，2017.

[190] 刘明广.区域创新系统的效率评价与演化 [M].广州：中山大学出版社，2014.

[191] 刘曙光.区域创新系统：理论探讨与实证研究 [M].北京：中国海洋大学出版社，2004.

[192] 刘曙霞.旅游商品营销创新研究 [J].中国流通经济，2009，23（10）：61-64.

[193] 刘树，张玲.我国各省市专利发展有效性的 DEA 模型分析 [J].统计研究，2006（8）：45-48.

[194] 刘顺忠，官建成.区域创新系统知识吸收能力的研究 [J].科学学研究，2001（4）：98-102.

[195] 刘颖.旅游行政管理体制的改革与探索研究 [D].南昌：江西财经大学，2017.

[196] 刘中艳，罗琼.省域城市旅游竞争力测度与评价：以湖南省为例 [J].经济地理，2015，35（4）：186-192.

[197] 柳卸林，胡志坚.中国区域创新能力的分布与成因 [J].科学学研究，2002（10）：550-556.

[198] 卢林.旅游景区管理改革创新研究 [D].南京：南京师范大学，2015.

[199] 卢松，张捷，苏勤.旅游地居民对旅游影响感知与态度的历时性分析：以世界文化遗产西递景区为例 [J].地理研究，2009，28（2）：536-548.

[200] 卢卫，黄武，曾令锋，等.大明山生态旅游创新能力提升研究

[J].广西师范学院学报（自然科学版），2010，27（4）：80-85.

[201] 卢小丽，武春友.居民旅游影响感知的模糊综合评价 [J].管理学报，2008（2）：199-202，207.

[202] 陆林，黄剑锋，张宏梅.基于职业经理人培养目标的旅游本科教育创新发展研究 [J].旅游学刊，2010，25（8）：59-64.

[203] 罗登跃.三阶段 DEA 模型管理无效率估计注记 [J].统计研究，2012，29（4）：104-107.

[204] 罗掌华.区域创新评价：理论、方法与应用 [M].北京：经济科学出版社，2011.

[205] 马丽卿.体验经济视角下的海洋科技旅游与产品创新设计 [J].商业经济与管理，2005（6）：65-69.

[206] 马鹏龙.区域创新系统效率评价 [D].长春：吉林大学，2006.

[207] 马睿智.后发企业国际化过程中资源重构的影响因素研究 [D].大连：大连理工大学，2016.

[208] 马耀峰，黄毅.旅游规划创新模式研究 [J].陕西师范大学学报（自然科学版），2014，42（3）：78-84.

[209] 马耀峰，张春晖.基于瓶颈破解的我国森林旅游发展理念和产品创新 [J].旅游科学，2013，27（1）：84-94.

[210] 马勇，何彪.基于信息时代背景下的旅游业人才培养模式创新 [J].中国人力资源开发，2005（6）：83-85，92.

[211] 马勇，胡孝平.鄂西生态文化旅游圈生态补偿模式创新对策研究 [J].湖北社会科学，2010（10）：73-76.

[212] 聂秀萍.我国区域经济协调发展的财税政策研究 [D].长沙：长沙理工大学，2007.

［213］牛瑞芹．试论环境保护中的公众参与问题［D］．成都：西南交通大学，2008.

［214］潘雄锋，杨越．区域创新体系运行的基本理论框架及中国的实证研究［M］．北京：科学出版社，2015.

［215］潘植强，梁保尔．基于模糊综合评价的目的地旅游标识牌解说效度研究：以上海历史街区为例［J］．资源科学，2015，37（9）：1860-1870.

［216］彭国强，舒盛芳．中国体育战略重心转移的历史回眸与未来瞻望［J］．武汉体育学院学报，2016，50（10）：5-12.

［217］乔晶．我国政府旅游管理体制创新研究［D］．太原：山西大学，2009.

［218］秦长江．基于科学计量学共现分析法的中国农史学科知识图谱构建研究［D］．南京：南京农业大学，2009.

［219］邱本花．河南省城市旅游竞争力综合评价模型的应用研究［J］．河南教育学院学报（自然科学版），2015，24（1）：39-42.

［220］冉斌．我国休闲旅游发展趋势及制度创新思考［J］．经济纵横，2004（2）：25-28.

［221］任新惠，徐小冰．基于ISM模型的低成本航空公司基地选择研究：以春秋航空公司为例［J］．综合运输，2017，39（8）：93-100.

［222］任毅，丁黄艳，任雪．长江经济带工业能源效率空间差异化特征与发展趋势：基于三阶段DEA模型的实证研究［J］．经济问题探索，2016（3）：93-100.

［223］芮明杰，李鑫，任红波．高技术企业知识创新模式研究：对野中郁次郎知识创造模型的修正与扩展［J］．外国经济与管理，2004（5）：8-12.

［224］萨缪尔森，诺德豪斯．经济学［M］．高鸿业，等，译．北京：中

国发展出版社，1992：45-48.

[225] 邵云飞，谭劲松. 区域技术创新能力形成机理探析 [J]. 管理科学学报，2006，9（4）：1-11.

[226] 沈能，宫为天. 我国省区高校科技创新效率评价实证分析：基于三阶段 DEA 模型 [J]. 科研管理，2013，34（S1）：125-132.

[227] 沈鹏熠. 基于顾客价值的旅游目的地营销创新研究 [J]. 经济问题探索，2008（11）：133-138.

[228] 沈玉芳. 产业结构演进与城镇空间结构的对应关系和影响要素 [J]. 世界地理研究，2008，17（4）：17-25.

[229] 宋慧林，马运来. 我国旅游业技术创新水平的区域空间分布特征：基于专利数据的统计分析 [J]. 旅游科学，2010，24（2）：71-76.

[230] 宋慧林，潘雄锋. 中国旅游业专利发展的区域比较研究 [J]. 北京第二外国语学院学报，2010，32（5）：40-44.

[231] 宋慧林，宋海岩. 国外旅游创新研究评述 [J]. 旅游科学，2013（2）：1-13.

[232] 宋慧林. 酒店企业创新的影响因素及效应分析 [D]. 大连：东北财经大学，2012.

[233] 宋娜. 旅游产业技术创新网络模式与特点 [J]. 企业经济，2012，31（6）：156-159.

[234] 宋晓雨. 旅游产业科技创新能力测评研究 [D]. 南京：南京师范大学，2015.

[235] 苏建军，孙根年. 中国旅游投资与旅游经济发展的时空演变与差异分析 [J]. 干旱区资源与环境，2017，31（1）：185-191.

[236] 苏屹，姜雪松，雷家骕，等. 区域创新系统协同演进研究 [J]. 中

国软科学，2016（3）：44-61.

[237] 孙根年，杨忍，姚宏.基于重心模型的中国入境旅游地域结构演变研究［J］.干旱区资源与环境，2008（7）：150-157.

[238] 孙娇.关系嵌入对我国旅游企业创新绩效影响研究［D］.延安：延安大学，2016.

[239] 孙盼盼，戴学锋.中国区域旅游经济差异的空间统计分析［J］.旅游科学，2014，28（2）：35-48.

[240] 孙颖，陈通，毛维.物流信息服务企业服务创新过程的关键影响要素研究［J］.科学学与科学技术管理，2009，30（8）：196-199.

[241] 孙玉景.旅游管理专业研究生创新能力培养研究［D］.沈阳：沈阳师范大学，2011.

[242] 陶斌.我国企业生态化的影响要素研究［D］.大连：大连理工大学，2013.

[243] 田桂成.酒店与旅游产业中的创新与企业家精神［J］.社会科学家，2013（S1）：51-54.

[244] 汪德根，陈田.中国旅游经济区域差异的空间分析［J］.地理科学，2011，31（5）：528-536.

[245] 汪洛应.系统工程理论、方法与应用［M］.北京：高等教育出版社，1998，52.

[246] 汪宇明.关于旅游科学体系建构与人才培养机制创新的思考［J］.桂林旅游高等专科学校学报，2008（1）：3-6.

[247] 王斌.我国滨海旅游产业生态创新及评价研究［D］.青岛：中国海洋大学，2015.

[248] 王波，章仁俊.基于利益相关者理论的国内外旅游应用研究综述

[J]. 特区经济, 2008 (7): 156-158.

[249] 王尔大, 高威. 我国旅游就业影响因素研究: 基于省级面板数据的实证分析 [J]. 商业研究, 2016 (12): 179-184.

[250] 王飞飞, 胡波. "三个课堂联动" 旅游管理创新人才培养模式研究 [J]. 山西财经大学学报, 2016 (S1): 84-86.

[251] 王丰阁. 区域创新系统对产业结构演进的影响 [D]. 武汉: 华中科技大学, 2015.

[252] 王凤娇. 京津冀区域旅游经济差异及影响因素研究 [D]. 秦皇岛: 燕山大学, 2016.

[253] 王健, 曹阳. 基于模糊解释结构模型的客运交通结构优化方法 [J]. 交通信息与安全, 2017, 35 (4): 112-118.

[254] 王敬敏, 康俊杰. 基于解释结构模型的能源需求影响因素分析 [J]. 中国电力, 2017, 50 (9): 31-36.

[255] 王亮. 区域创新系统资源配置效率研究 [M]. 杭州: 浙江大学出版社, 2010.

[256] 王如东. 政府在旅游管理中的作用及制度创新 [D]. 上海: 同济大学, 2005.

[257] 王向华. 基于三螺旋理论的区域智力资本协同创新机制研究 [D]. 天津: 天津大学, 2012.

[258] 王新越, 吴宁宁, 秦素贞. 山东省旅游化发展水平的测度及时空差异分析 [J]. 人文地理, 2014, 29 (4): 146-154.

[259] 王新越. 我国旅游化与城镇化互动协调发展研究 [D]. 青岛: 中国海洋大学, 2014.

[260] 王鑫. 旅游城市旅游行政管理系统初探 [D]. 成都: 四川大

学，2006.

[261] 王彦博，任慧．知识网络与合作网络解耦作用下企业创新网络绩效研究 [J]．商业经济研究，2015（10）：100-101.

[262] 王毅，陈娱，陆玉麒，等．中国旅游产业科技创新能力的时空动态和驱动因素分析 [J]．地球信息科学学报，2017，19（5）：613-624.

[263] 王毅．我国旅游产业科技创新能力时空演变研究 [D]．南京：南京师范大学，2015.

[264] 王元地，陈禹．区域"大众创业，万众创新"效率评价：控制环境因素后的测量 [J]．科技进步与对策，2017，34（20）：101-107.

[265] 王泽宇，卢雪凤，孙才志，等．中国海洋经济重心演变及影响因素 [J]．经济地理，2017，37（5）：12-19.

[266] 王兆峰，杨琴．技术创新与进步对区域旅游产业成长机理作用与动力机制研究 [J]．科技管理研究，2010，30（2）：120-124.

[267] 王哲宇．改革开放以来中国旅游重心的时空演化研究 [D]．宁波：宁波大学，2012.

[268] 王志民．江苏省区域旅游产业与科技创新协同度研究 [J]．世界地理研究，2016，25（6）：158-165.

[269] 吴爱芝，杨开忠，李国平．中国区域经济差异变动的研究综述 [J]．经济地理，2011，31（5）：705-711.

[270] 吴亚平，石培新，陈志永．中国梦语境下红色旅游目的地市场营销创新 [J]．贵州社会科学，2016（1）：128-135.

[271] 吴志军，胡亚光．湘赣两省地级市旅游产业综合竞争力评价与聚类分析 [J]．经济地理，2017，37（5）：208-215.

[272] 夏赞才．利益相关者理论及旅行社利益相关者基本图谱 [J]．湖南

师范大学社会科学学报，2003（3）：72-77.

[273] 相丽玲.我国区域知识竞争力研究［M］.北京：北京邮电大学出版社，2012.04.

[274] 相天东.我国区域碳排放效率与全要素生产率研究：基于三阶段DEA模型［J］.经济经纬，2017，34（1）：20-25.

[275] 肖刚，杜德斌，李恒，等.长江中游城市群城市创新差异的时空格局演变［J］.长江流域资源与环境，2016，25（2）：199-207.

[276] 肖瑶.基于公司治理理论的旅游景区管理模式创新研究［D］.湘潭：湘潭大学，2007.

[277] 辛安娜，李树民.国外旅游创新问题研究的前沿述评［J］.经济管理，2015（6）：110-122.

[278] 徐岸峰.旅游产业科技创新及科技管理策略研究［J］.科技管理研究，2010，30（20）：33-35.

[279] 徐晨.旅游企业创新类型及其产生机理研究［D］.上海：上海师范大学，2014.

[280] 徐海燕.大数据背景下旅游营销创新模式研究［D］.贵阳：贵州财经大学，2016.

[281] 徐勇，段健，徐小任.区域多维发展综合测度方法及应用［J］.地理学报，2016，71（12）：2129-2140.

[282] 许丽丽.基于感知价值的出境修学旅游产品创新研究［D］.济南：山东大学，2009.

[283] 许鹏.旅游企业技术创新能力的要素构成与综合评价［J］.工业技术经济，2009（3）：142-145.

[284] 鄢慧丽.基于投入产出的广义旅游业就业效应测度［J］.系统工

程，2015，33（10）：87-92.

[285] 杨春梅，赵宝福.中国著名旅游城市旅游业的效率研究 [J].旅游科学，2014，28（1）：65-75.

[286] 杨基婷.长江经济带旅游产业效率评价研究 [D].合肥：安徽大学，2016.

[287] 杨俊，张玉利，杨晓非，等 . 关系强度、关系资源与新企业绩效：基于行为视角的实证研究 [J].南开管理评论，2009，12（4）：44-54.

[288] 杨林.旅游企业创新能力测评模型及其应用研究 [D].广州：华南理工大学，2014.

[289] 杨琴.技术创新与旅游产业成长研究 [D].吉首：吉首大学，2010.

[290] 杨月巧，郭继东，袁志祥.基于ISM的地震灾后恢复重建影响因素分析 [J].数学的实践与认识，2017，47（11）：26-34.

[291] 余昌国，曾国军.旅游管理学科人才培养与产业需求 [J].旅游学刊，2016，31（10）：18-19.

[292] 喻玲.谈契约理论为依托的旅游管理制度创新 [J].商业时代，2013（34）：99-100.

[293] 袁梅花，张晶，唐善茂.旅游生态创新评价研究——旅游生态创新问题研究系列论文之二 [J].广西社会科学，2010（7）：55-59.

[294] 曾艳芳.近二十年国外旅游创新研究述评与展望 [J].华东经济管理，2013，27（3）：161-165.

[295] 张芳芳，周宁，余肖生.知识域可视化初探 [J].数字图书馆论坛，2007（2）：16-25.

[296] 张广海，李华.中国旅游产业集群发展水平评价及空间格局演变

[J]. 旅游论坛, 2013, 6 (2): 24-30.

[297] 张海霞, 张旭亮. 自然遗产地国家公园模式发展的影响因素与空间扩散 [J]. 自然资源学报, 2012, 27 (4): 705-712.

[298] 张怀英, 蒋辉. 区域经济差异理论对民族地区经济协调发展的启示 [J]. 科技和产业, 2007 (3): 18-21.

[299] 张金霞. 武汉东湖文化旅游产品创新研究 [J]. 华中师范大学学报 (自然科学版), 2008 (1): 150-154.

[300] 张晶. 旅游生态创新研究 [D]. 桂林: 桂林理工大学, 2009.

[301] 张良祥, 连洪业, 彭迪, 等. 黑龙江省冰雪装备制造业创新成长影响要素与战略研究 [J]. 冰雪运动, 2016, 38 (4): 83-86, 91.

[302] 张明倩. 创新综合评价指标的质量评估 [M]. 上海: 上海人民出版社, 2015.

[303] 张鹏, 于伟, 徐东风. 我国省域旅游业效率测度及影响因素研究: 基于 SFA 和空间 Durbin 模型分析 [J]. 宏观经济研究, 2014 (6): 80-85, 112.

[304] 张伟丽. 中国区域经济增长俱乐部趋同及其演变分析: 基于时空加权马尔科夫链的预测 [J]. 经济问题, 2015 (3): 108-114.

[305] 张文建. 当代旅游业态理论及创新问题探析 [J]. 商业经济与管理, 2010 (4): 91-96.

[306] 张文建. 旅游产业转型: 业态创新机理与拓展领域 [J]. 上海管理科学, 2011, 33 (1): 85-88.

[307] 张雯. 旅游学科教师的科研合作网络对知识创新绩效的影响研究 [D]. 厦门: 华侨大学, 2017.

[308] 张希月, 虞虎, 陈田, 等. 非物质文化遗产资源旅游开发价值评价

体系与应用：以苏州市为例 [J]. 地理科学进展，2016，35 (8)：997-1007.

[309] 张志，李江凤. 我国森林旅游业管理体制创新研究：以大别山国家森林公园为例 [J]. 福建林业科技，2006 (1)：168-170，187.

[310] 章穗，张梅，迟国泰. 基于熵权法的科学技术评价模型及其实证研究 [J]. 管理学报，2010，7 (1)：34-42.

[311] 赵俊远，苏朝阳，黄宁. 西北5省（区）区域旅游经济差异变化：基于泰尔指数的测度 [J]. 资源开发与市场，2008 (3)：214-217.

[312] 赵玉忠. 我国制造业质量管理影响要素分析与评价 [D]. 天津：天津大学，2009.

[313] 赵志峰. 科技创新驱动旅游小城镇的发展路径：以渝东南民族地区为例 [J]. 社会科学家，2016 (11)：107-111.

[314] 甄峰，黄朝永，罗守贵. 区域创新能力评价指标体系研究 [J]. 科学管理研究，2000，18 (6)：16-19.

[315] 中国科技发展战略研究小组，中国科学院大学中国创新创业管理研究中心. 中国区域创新能力评价报告2016 [M]. 北京：科学技术文献出版社，2016.

[316] 中国科学技术发展战略研究院. 国家创新指数报告（2016—2017）[M]. 北京：科学技术文献出版社，2017.

[317] 钟国. 武汉东湖风景区管理体制创新研究 [D]. 武汉：华中科技大学，2006.

[318] 周宾美. 旅行社运营管理创新机制研究 [D]. 长沙：湖南师范大学，2014.

[319] 周彬，钟林生，陈田，等. 浙江省旅游生态安全的时空格局及障碍因子 [J]. 地理科学，2015，35 (5)：599-607.

［320］周彩屏.基于SSM方法的入境旅游市场客源结构分析：以浙江省为例［J］.旅游学刊，2008（1）：46-51.

［321］周成，冯学钢，唐睿.区域经济—生态环境—旅游产业耦合协调发展分析与预测：以长江经济带沿线各省市为例［J］.经济地理，2016，36（3）：186-193.

［322］周成，冯学钢，唐睿.我国反季旅游发展评价与区域差异：基于旅游供需视角［J］.经济管理，2016，38（10）：155-167.

［323］周成，冯学钢.泰国旅华市场时空结构与拓展策略研究［J］.世界地理研究，2015，24（4）：142-151.

［324］周成，金川，赵彪，等.区域经济—生态—旅游耦合协调发展省际空间差异研究［J］.干旱区资源与环境，2016，30（7）：203-208.

［325］周惠.旅游电子商务企业在旅游营销上的模式创新［D］.上海：上海外国语大学，2013.

［326］周继霞.少数民族地区特色旅游商品营销创新研究［J］.商业经济研究，2016（8）：69-70.

［327］周启彬.丽江市旅游管理体制创新研究［D］.昆明：云南大学，2014.

［328］周秋文，方海川，苏维词.基于GIS和神经网络的川西高原生态旅游适宜度评价［J］.资源科学，2010，32（12）：2384-2390.

［329］朱传耿，孙姗姗，李志江.中国人口城市化的影响要素与空间格局［J］.地理研究，2008（1）：13-22，241.

［330］朱龙凤.中国中小型旅行社企业创新力培育研究［D］.南昌：南昌大学，2008.

［331］朱振亚，陈丽华，姜德文，等.京津冀地区生态服务价值与社会

经济重心演变特征及耦合关系 [J]. 林业科学, 2017, 53 (6): 118-126.

[332] 资武成, 罗新星, 陆小成. 基于三螺旋理论的产学研创新集群模式研究 [J]. 科技进步与对策, 2009, 26 (6): 5-8.

# 附　录

## 区域旅游创新的影响要素识别与筛选咨询表

尊敬的_____专家/老师/同学：

您好！感谢您在百忙之中参与本次专家咨询，您的意见对本书具有重要意义。为完成博士论文"区域旅游创新研究：要素解构、能力评价与效率测度"，本人特别设计了区域旅游创新影响要素识别与筛选问卷，旨在从旅游人才知识（$TK$）、科学技术（$ST$）、资源市场（$RM$）、管理机制（$MS$）、景区企业（$SE$）、环境绩效（$EP$）等维度重构旅游创新的影响要素层次系统。

请您根据各初始要素与其所属维度的相关性大小进行重要性打分，以便进一步识别和筛选区域旅游创新要素。问卷只用于学术研究，并采取匿名形式，请您放心填写。

请您在判断相关性大小的基础上，在"攸关""很重要""次重要""一般"四个等级中涂"●"。

表 1　区域旅游创新影响要素的识别与筛选

| 总体 | 维度 | 编码 | 初始要素 | 关联矩阵 | | | |
|---|---|---|---|---|---|---|---|
| | | | | 攸关 | 很重要 | 次重要 | 一般 |
| 区域旅游创新影响要素 | 旅游人才知识创新 | $f_1$ | 政府旅游教育引导 | ○ | ○ | ○ | ○ |
| | | $f_2$ | 旅游创新人才发展 | ○ | ○ | ○ | ○ |
| | | $f_3$ | 旅游课题承接情况 | ○ | ○ | ○ | ○ |
| | | $f_4$ | 旅游知识产出规模 | ○ | ○ | ○ | ○ |
| | | $f_5$ | 旅游科研单位规模 | ○ | ○ | ○ | ○ |
| | | $f_6$ | 知识创新政策效应 | ○ | ○ | ○ | ○ |
| | 旅游科学技术创新 | $f_7$ | 地区科创整体水平 | ○ | ○ | ○ | ○ |
| | | $f_8$ | 政府科技投入力度 | ○ | ○ | ○ | ○ |
| | | $f_9$ | 旅游专利申请规模 | ○ | ○ | ○ | ○ |
| | | $f_{10}$ | 高新技术产业发展 | ○ | ○ | ○ | ○ |
| | | $f_{11}$ | 科技研发人员情况 | ○ | ○ | ○ | ○ |
| | | $f_{12}$ | 科技场馆发展布局 | ○ | ○ | ○ | ○ |
| | 旅游资源市场创新 | $f_{13}$ | 旅游市场秩序维护 | ○ | ○ | ○ | ○ |
| | | $f_{14}$ | 资源业态规模丰度 | ○ | ○ | ○ | ○ |
| | | $f_{15}$ | 旅游资源吸引能力 | ○ | ○ | ○ | ○ |
| | | $f_{16}$ | 旅游市场结构优化 | ○ | ○ | ○ | ○ |
| | | $f_{17}$ | 地区旅游出游能力 | ○ | ○ | ○ | ○ |
| | | $f_{18}$ | 旅游资源规划开发 | ○ | ○ | ○ | ○ |
| | 旅游管理体制创新 | $f_{19}$ | 创新创业激励机制 | ○ | ○ | ○ | ○ |
| | | $f_{20}$ | 旅游管理机制转变 | ○ | ○ | ○ | ○ |
| | | $f_{21}$ | 旅游政务在线服务 | ○ | ○ | ○ | ○ |
| | | $f_{22}$ | 行业组织规模数量 | ○ | ○ | ○ | ○ |
| | | $f_{23}$ | 旅游市场信息推广 | ○ | ○ | ○ | ○ |
| | | $f_{24}$ | 旅游管理平台建设 | ○ | ○ | ○ | ○ |

| 总体 | 维度 | 编码 | 初始要素 | 关联矩阵 | | | |
|---|---|---|---|---|---|---|---|
| | | | | 攸关 | 很重要 | 次重要 | 一般 |
| 区域旅游创新影响要素 | 旅游景区企业创新 | $f_{25}$ | 旅游景区规模质量 | ○ | ○ | ○ | ○ |
| | | $f_{26}$ | 高新技术企业规模 | ○ | ○ | ○ | ○ |
| | | $f_{27}$ | 旅游企业技术研发 | ○ | ○ | ○ | ○ |
| | | $f_{28}$ | 旅游企业营利能力 | ○ | ○ | ○ | ○ |
| | | $f_{29}$ | 企业家创新的精神 | ○ | ○ | ○ | ○ |
| | | $f_{30}$ | 在线旅游企业布局 | ○ | ○ | ○ | ○ |
| | 旅游创新环境绩效 | $f_{31}$ | 社会经济文化基础 | ○ | ○ | ○ | ○ |
| | | $f_{32}$ | 区域自然生态环境 | ○ | ○ | ○ | ○ |
| | | $f_{33}$ | 旅游接待规模变化 | ○ | ○ | ○ | ○ |
| | | $f_{34}$ | 区域经济发展绩效 | ○ | ○ | ○ | ○ |
| | | $f_{35}$ | 旅游行业从业人数 | ○ | ○ | ○ | ○ |
| | | $f_{36}$ | 创新环境治理效果 | ○ | ○ | ○ | ○ |

续说明：

您认为以上表格中是否还有需补充的要素指标？

　　　　　　　　　　　　　　　　□有　　　　□无

如需补充，应该添加哪些区域旅游创新影响要素？

_____

您认为表中是否有区域旅游创新要素指标需修改？

　　　　　　　　　　　　　　　　□有　　　　□无

如需修改，您认为应该如何修改或调整？

_____

您的背景：

姓名：_____职业：_____E-mail：_____电话：_____

咨询问卷到此结束，感谢您的参与，祝您生活愉快！

# 后　记

　　转眼间，博士毕业已两年有余。在参加工作期间，除了课堂教学、申请课题、撰写论文和组建团队之外，我还对博士论文进行了修改和完善。此书付梓便是对旅游创新问题的再思考，对博士学位论文的再提升。两年间，以旅游创新前期研究作为基础，我有幸主持了"夜经济视角下城镇居民夜间休闲体育行为模式、综合效应及发展路径研究"（教育部人文社会科学基金项目）、"山西省旅游产业科技创新发展研究"（山西省高等学校哲学社会科学研究项目）、"基于大数据挖掘的山西省世界遗产地旅游感知模型构建与评价（山西省高等学校科技创新项目）、"乡村振兴背景下山西省农旅深度融合路径研究"（山西省哲学社会科学规划课题）、"山西省旅游产业高质量发展路径研究"（山西省经济社会统计科学研究课题）、"山西省体育、文化与旅游产业协同发展研究"（山西省体育科研课题）、"新冠肺炎疫情对山西省小微旅游企业的影响及应对策略研究"（山西省人民政府发展研究中心规划课题）等多项课题，以上课题的顺利推进亦为本书完成与出版奠定了基础。

　　本书得以付梓，离不开培养我、塑造我的恩师们。感谢我研究生期间的两位导师，硕士生导师李悦铮教授教导我要有厚积薄发、踏实肯干的工作态度，博士生导师冯学钢教授引导我具备敢于挑战、合作共赢的大气格局。有两位导师的科研启蒙和学术培养，才有我对旅游创新问题的系统认识，才有本书的顺利完成和出版……

本书得以付梓，离不开给予我诸多提携和关心的单位领导与同事们。感谢山西财经大学文化旅游学院的马景伟书记、弓志刚院长、马慧强副院长、高楠副院长。感谢程占红教授、赵巧艳教授以及其他同事对我工作以来的帮助和支持……

本书得以付梓，离不开关照我、帮助我的朋友们。他们或作为本研究的专家小组成员，或成为调查问卷的受访对象，或为本书完成提供了诸多建议。感谢河南理工大学的毕剑师兄，渤海大学的鲁小波师兄、吕俊芳师姐，辽宁对外经贸学院的王恒、江海旭师兄，大连民族学院的田冬娜师姐，上海商学院的席宇斌、钟伟、黄和平师兄。感谢华侨大学的邹永广、殷杰老师，海南大学的童昀老师，浙江海洋大学的胡炜伟副教授，越南银行学院的阮氏如月老师，安徽大学的唐睿老师，吉林农业大学的张峰老师，大连理工大学的李鹏升老师，上海师范大学的李丽梅老师，中科院地理所的赵彪博士后……

本书得以付梓，离不开支持我、养育我的亲人们。原以为博士毕业离沪返晋，我会有更多时间陪伴父母以报答养育之恩，可却因工作、出差、置业等原因，变得更加忙碌。父母还是一如既往地给我支助、为我操心。感谢他们，有他们的默默支持与无私奉献才有我的今天。未来，我将回馈父母、帮助弟兄，让家人幸福、生活安康……感谢奶奶、姥姥、舅舅、姨姨和姑姑等亲人们，忘不了，求学路途上你们的加油和鼓劲；忘不了，生活困难时你们的关心与资助；忘不了，工作忙碌时你们的支持与理解……

旅游创新是一个系统性、持续性和复杂性议题，虽然近年来开始受到诸多学者的广泛关注，但其驱动机制、要素机理、创新路径等问题仍需持续拓展和深入。本书出版仅起到抛砖引玉的作用，期待能吸引更多有识之士投入到旅游创新研究之中。本人自知才疏学浅、水平有限，书中也定有不足和疏漏之处，恳请各位同仁批评指正，以便在未来研究中能进一步完善。

周　成

2020 年 4 月 17 日于山西太原